一个人，遇见一本书

TopBook
饕书客

宋毅
主编

幕末维新 2

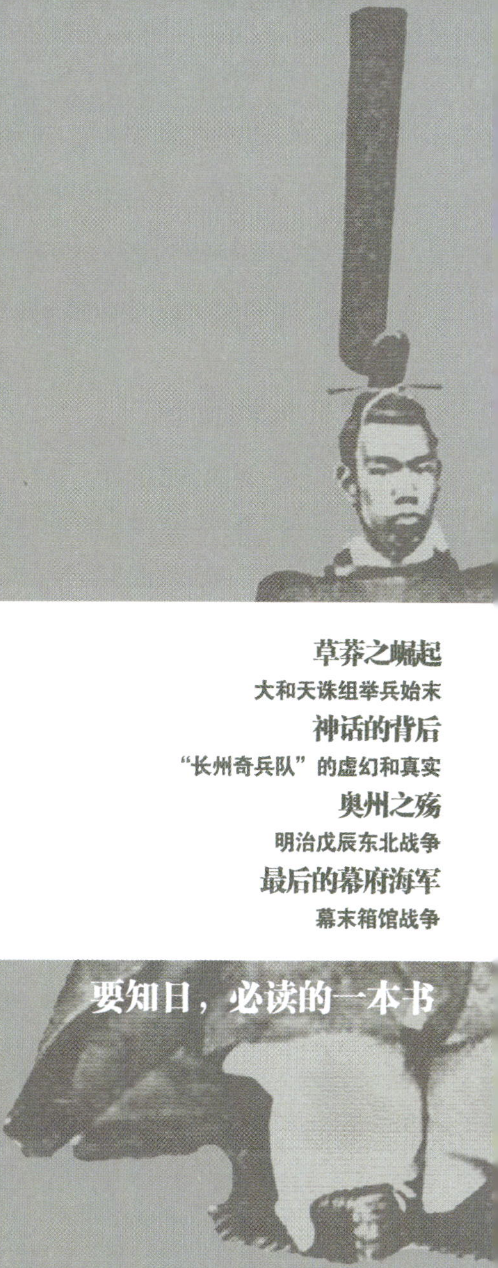

草莽之崛起
大和天诛组举兵始末
神话的背后
“长州奇兵队”的虚幻和真实
奥州之殇
明治戊辰东北战争
最后的幕府海军
幕末箱馆战争

要知日，必读的一本书

褚以炜 张捷闻 著

TopBook 蓍书客
陕西新华出版传媒集团
陕西人民出版社

图书在版编目（CIP）数据

幕末维新. 2 / 宋毅主编 . -- 西安: 陕西人民出版社 , 2015

（战争特典）ISBN978-7-224-11533-8

Ⅰ. ①幕… Ⅱ. ①宋… Ⅲ. ①日本－中世纪史－幕府

时代（1185～1867）Ⅳ.①K313.3

中国版本图书馆CIP数据核字(2015)第127679号

出 品 人：惠西平

总 策 划：宋亚萍

策划编辑：关　宁　韩　琳

责任编辑：王　倩　王　凌

设计制作：毛小丽　唐懿龙　李　静　杨　博　王　芳　张英利　任晓强

张玉民　符媛媛　张　静　任敏玲　张　斌　任海博

战争特典003 · 幕末维新2

主　　编　宋　毅

作　　者　褚以炜　张捷闻

出版发行　陕西新华出版传媒集团　陕西人民出版社

（西安北大街147号　邮编：710003）

印　　刷　陕西金和印务有限公司

开　　本　787 mm × 1092mm　16开　13.25 印张

字　　数　230 千字

版　　次　2015年9月第1版　2015年9月第1次印刷

书　　号　ISBN 978-7-224-11533-8

定　　价　39.80 元

CONTENTS 目录

总序

PERFACE

编译：褚以炜

对幕末戊辰维新战争的再认识

庆应三年（1867）十二月九日，幕府、摄政关白等旧制被萨长倒幕派发动的王政复古政变一道废除，朝廷新设总裁、议定、参与诸职司掌国政，新政府自此诞生。新政府虽然要求德川庆喜辞官纳地，但庆喜不从，政府内部土佐、越前、尾张、宇和岛等主张雄藩联合，以诸藩公议施行新政的公议政体派诸侯和萨摩、长州等主张武力讨伐德川氏，企图建立由他们独揽大权的中央集权政治体制的讨幕派之间发生了激烈的政治斗争。

对于公议政体派所提出的应让诸侯公平参政的公议政体论，新政府一时找不到能够服众的理由将德川氏单独排除出去。由于德川庆胜（尾张）、松平庆永（越前）、山内丰信（土佐）等诸侯的政治反扑，新政府认可了庆喜在形式上的辞官纳地，同意其作为议定参加新政权。可是，拥有压倒日本任何一个大名实力的德川家若成为新政府的议政大臣，萨摩、长州等讨幕派的发言权就肯定会大大缩水，于是对于讨幕派来说，眼下唯一的手段就是挑起战争，将德川家打成“朝敌”。戊辰战争就是这样爆发的。

战争在谁和谁之间进行

对于戊辰战争的性质，日本学界以往是将其作为“权力本质”不同的势力之间的斗争来进行讨论和解读的。

原口清在《戊辰战争》（塙书房 1963）一书中，将这次战争定义为“围绕日本的统一，是采取个别领有权的联合方式，还是采取对个别领有权的否定，将权力统于天皇必然化的方式二者之间的战争”，将前者定义为列藩同盟式的权力，将后者定义为绝对主义权力。在这个意义上，原口认为奥羽越列藩同盟是大政奉还——公议政体路线的继承者。

对此，石井孝在著作《维新的内乱》（至诚堂 1968）中，将戊辰战争定义为“以未来的绝对主义政权为目标的天皇政权和德川政权之间的战争”，将该战争分为三个阶段：第一阶段乃是为“未来的绝对主义全国政权”鹿死谁手而进行的“天皇政府和德川政府之间的战争”，从鸟羽伏见之战到江户和平献城为止，戊辰战争的根本矛盾已在这一阶段解决，之后的战争仅占次要意义。第二阶段的东北、越后战争只是“具备中央政权面目的天皇政府和地方政权‘奥羽越列藩同盟’之间的战争”，他不赞成原口氏将列藩同盟看成之前公议政体路线的继承者的观点，列藩同盟在石井看来不过是“落后的封建领主间松散的联合体”。至于第三阶段的箱馆战争，石井则认为榎本武扬政权和新政府的战争是以“救济失去俸禄的旧幕臣”为目的的“士族叛乱的先驱形态”。

原口和石井二说系战后日本维新史研究者对戊辰战争的两种代表性观点，并形成了所谓“原口—石井争论”。除此之外，秋田县出身的维新史学家佐佐木克在其《戊辰战争》（中公新书 1977）中认为奥羽越列藩同盟是为推翻被萨长讨幕派所垄断的“王政复古”而战斗，强调其“败者的论理”。近年工藤威所著的《奥羽列藩同盟的基础研究》（岩田书院 2002）则认为不应将奥羽越列

◇ 参加戊辰战争的桑名藩士在明治三年的一张合影，其中左二是后来成为陆军大将的立见尚文，后立者则是该藩家老，幕末的大服部家当主，第十二代“服部半藏”服部正义。

藩同盟视作一个政权，而是强调它是以排斥新政府下萨长一派为目的的军事同盟。关于这场战争性质的争论，眼下还在继续。

不管怎样，甫以王政复古政变而建立的新政府，一时间并不能以废除大名的个别领主权、建立统一的郡县制天皇国家为纲领。实际上即便是经过这场战争，政府仍保留了绝大多数的敌对诸侯（仅有上总请西藩被彻底除封），还设置公议所听取诸大名意见。在 1868 年，政府为了树立其正统性，必须公平地汲取所有领主权力的意志来施行政治。

也就是说，要彻底地废除封建领主制度，必须等到废藩置县之后。戊辰战争虽然彻底瓦解了德川政权的权力基础，但新政府也只是站在了实现中央集权课题的入口处，成功与否尚未可知。

战局的各个阶段

1. 从鸟羽伏见到上野战争

庆应四年（1868，同年改元明治）正月，驻跸大坂城的德川庆喜炮制“讨萨表”，将旧幕府军队派向京都。三日傍晚在京都郊外的鸟羽、伏见二地和以萨摩、长州两藩为主体的讨幕派军队发生冲突。只有这场鸟羽伏见战役，才真正称得上旧幕府和萨长讨幕派之间的战争。庆喜战败东逃，最后向政府表示恭顺，这场进行了三天的战斗算是为持续了二百六十余年的德川政权彻底画上句号。

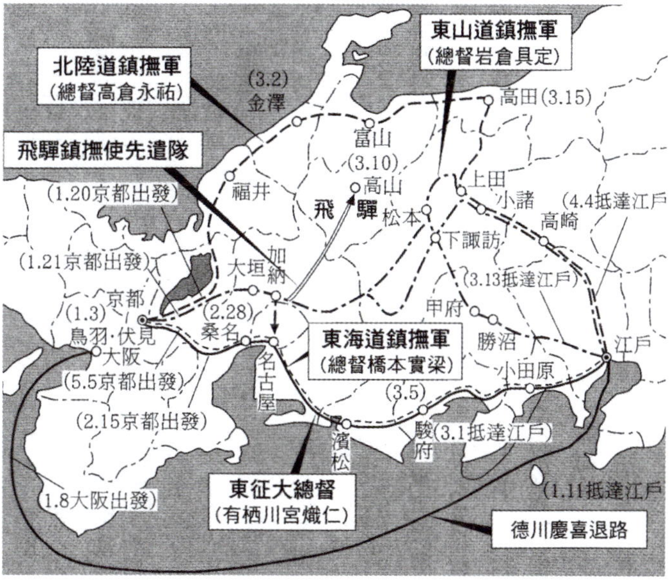

◇ 东征军进发路线图

时局稍稳，新政府立刻东征，四月十一日，江户城被政府军接管。被宣布局外中立的西洋列强置于国际共管的开港所横滨，也在四月二十日被引渡给新政府。其间，旧幕臣中的强硬派率领步兵队、撒兵队等幕府新军陆续结伙出亡，在关东各地和东征军发生冲突。五月十五日，旧幕臣抵抗组织中最大的一股彰义队在上野之战中被歼灭，德川家作为骏河一国七十万石的大名得以存续（静冈藩）。

在这一阶段中，诸大名无论出身，都必须以切断自己和德川家的主从关系，参加和协助东征作为效忠新政权的标志。对天皇的绝对恭顺是他们维持领国的最低条件。

2. 东北、北越战争的发展

另一方面，会津、庄内二藩像二次征长前后的长州藩一般，采取所谓“武备恭顺”态度，结果成为新政府继德川家之后的第二个讨伐目标。奥羽诸藩为回避军事动员，而向新政府派出的镇抚总督请愿赦免会庄二藩。却反遭萨长出身的参谋拒绝。奥羽诸藩乃对新政府的正统性产生怀疑。

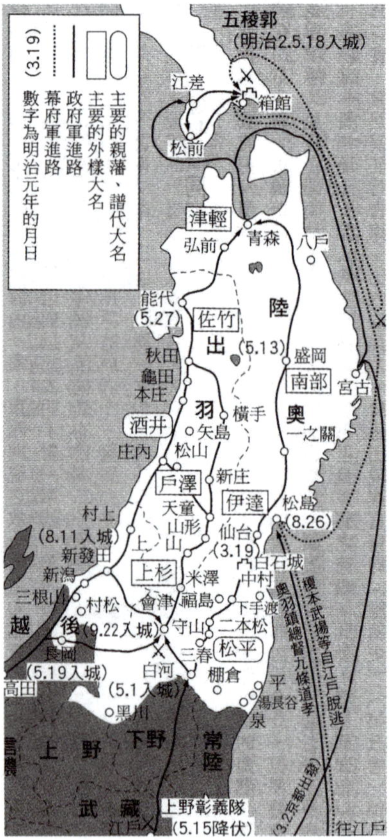

◇ 东北、箱馆战役全过程示意图

五月三日，奥羽列藩联盟在仙台藩的白石城内宣告成立。该同盟将萨长视作天皇君侧之贼，以清除萨长势力为共识，在形式上奉戴政府派出的奥羽镇抚总督九条道孝，设置了列藩集议政事的机构公议所，并制定具有强制力的规定，从起先的集体请愿组织向军事同盟转变。

七月，随着九条总督从仙台逃向秋田，秋田藩脱离同盟宣布“勤王”，同盟发生分裂。失去了统合核心的同盟改立曾被彰义队奉戴的皇族轮王寺宫公现法亲王为军事总裁。设置军务局，起用旧幕府老中担当，增强了和政府分庭抗礼的独立色彩。但同盟在军事上已经陷入困境，八月末会津城陷入包围，九月初同盟诸藩陆续投降。只有庄内藩在秋田战线上连战连胜，因为大势不利才撤回本国，算是一个异数。

3. 箱馆战争和虾夷地

八月末，幕府海军总裁榎本武扬在德川宗家移封静冈后，便率领手头掌握的旧幕府舰队开向北方。在仙台收罗了一些东北诸藩士和旧幕军出亡残部后，以“德川脱走家来”（家来即家臣）自诩的榎本舰队在十月内顺利驱逐了包括松前藩在内的虾夷地新政府方势力，于是榎本军内部选举榎本为总裁，并投票选出各部门领导人，建立了所谓的“虾夷共和国”。

榎本总裁在十二月请求英法二国公使作“本次事件的调解人”，对新政府提出请愿。榎本希望政府能让虾夷政权掌管作为国际港口的箱馆，形成和沙俄间的缓冲地带。并且为救济原德川家臣团，将虾夷地永久下赐予德川家。

但西洋列强解除局外中立后，榎本政权就陷入了被动局面。明治二年（1869）五月，因为局外中立撤废而获得美制铁甲舰“甲铁”的新政府遂动员诸藩围剿榎本政权。持续了一年又四月的戊辰战争由于箱馆五棱郭的陷落而告终。

戊辰战争的军事史意义

1. 武器和军制的革新

戊辰战争在军事方面的第一个特征，就是武器和军制的全面更新。

以所谓扩张式米涅弹为代表的普及型线膛步枪的登场，给19世纪的军事技术带来了很大的变化。之前人们固然也知道在步枪的枪膛上刻上螺旋式的来复线，可以让弹丸旋转，以加强威力的技术，但弹药前装很费工夫，像装填繁琐的耶格尔枪，只单纯作为单发的狙击枪使用。在法军猎兵上尉米涅（Claude Etienne Minié）发明扩张式弹丸后，才使得线膛步枪在19世纪50年代在西欧军队普及，到了60年代，采取各种设计的后装线膛步枪陆续登场，日本当时也先后进口了几十万支新式步枪。如英国恩菲尔德M1853式和法国米涅式这样的前装线膛枪，具备数百米的有效射距，远远胜过日本当时使用的荷兰格沃步枪及和式火绳枪等使用球形弹丸的旧式枪械。随着新式步枪的使用，军队的作战方式也从在50到100距离上以密集队形“排队枪毙”的滑膛枪阶段，进化到在间隔几百米的距离上，士兵分散在掩蔽物之后狙击敌手的散兵战术阶段。西洋军事史上的这一进步在戊辰战争中明显地体现了出来。

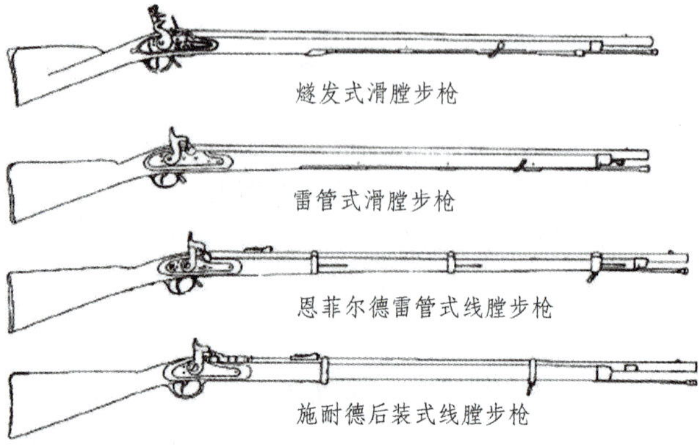

◇　图中 1–3 为前装式步枪，1 和 2 是使用球形子弹的滑膛枪，2 是使用雷管的格沃步枪。3 这样的短管恩菲尔德步枪在戊辰战争前后的日本最为多用

新政府虽然命令诸藩动员和其“国力相应”的兵力参加政府军，但是只要求动员“铳队”和“炮队”等洋式部队。根据新政府军防局二月七日提出的指示，不必要的从者和辎重一概不许动员。下达给诸大名的指示一概是“铳队若干人、右役付若干人、炮若干门，右司令、炮手共若干人，持夫（人夫）若干人”之类的简明格式。新的动员方式一经颁布，以往基于幕府军役令的动员标准便被明确否定了。

日本近世的大名军队通常由使用弓、长枪、火绳枪的足轻（低级步卒）部队，以及乘马武士与其仆役（所谓中间、小者）构成的武士单位两部分组成。作战时一般在弓、铁炮齐射数轮，长枪足轻相继交锋后，再由乘马武士进行突击，决出胜负。作为辅助人员的仆役和人夫泰半都是照顾武士从征的非战斗员，一个武士老爷要好几个下级“奉公人”伺候，作战队伍臃肿不堪。这种近世动员标准在戊辰战争时就发生了很大变化。由于长射程线膛步枪的登场，使足轻队中的弓箭组和长枪组彻底退出了历史舞台。在东征时，很多从征各大名原准备组建步枪和长枪混编的“铳枪队”，但新政府却下令“停止长枪队”（对小浜藩），“严禁长枪”（对熊本藩），遏制这类做法。

以往幕府乃至个别大名虽然采取了洋式军制，但终究也只是在自己的一亩三分地上推行改革，即便是幕府的那些亲法派，也没有强制所有麾下大名一律改用洋式军制。而手掌新政府兵马大权的萨长军事改革派们则一鼓作气，全面推行了洋式军制。在这个意义上，戊辰战争中朝廷方的军事动员尽管还是分别要求各藩出兵出粮，但却以推行统一军事制度的方式介入了原属诸大名的军事动员指挥权，显示出萨长一派的集权趋势。

◇ 江户时代传统的武士和其仆役的从征场景

2. 运用蒸汽船输送兵力

新政府战时用兵的另一个亮点就是利用蒸汽船，进行了两次敌后登陆作战。尽管幕府海军是当时全日本最强的海上力量，理应控制制海权，但榎本武扬在德川家处分未定之前，在江户按兵不动，这无疑有利于新政府。

在北越和东北战争中，新政府通过两次登陆作战，打破了战况的僵持局面。先是在六月十三日，政府搜集诸藩所有的蒸汽船（三邦、富士、飞隼等），在磐城的平潟实施了登陆作战。政府通过这一路径先后运送了一万余兵力，和得到加强的白河口方面政府军配合，到七月末为止逐一地夺取了棚仓、磐城平、三春、二本松诸城，扭转了南奥战局。另外在七月二十五日，政府又用六艘蒸汽船，在新潟北面的大夫浜实施了登陆，一举夺取了同盟方面的补给港新潟港，直接威胁长冈藩等同盟方的后方，还促使新发田藩倒戈，导致北越的同盟方崩溃。本来，指挥东海道方面政府军的西乡隆盛，还担心海上力量占优的德川方使用这一招，但新政府却抢先运用了这种手段进行机动作战。之后在箱馆战争中，新政府军也采取了这种方法快速输送兵力。

3. 兵站、辎重、人夫征调

在戊辰战争中，武器、弹药兵粮和军事物资的搬运，是由动员的民间军夫构

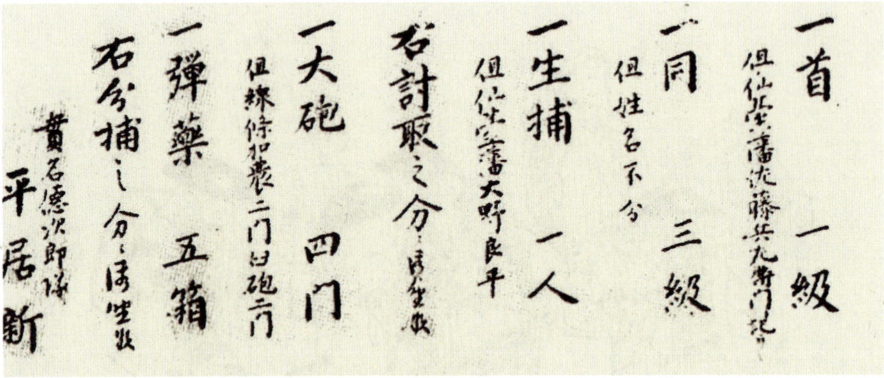

一首　一級
但仙台藩佐藤兵九郎討
一同　三級
但姓名不分
一生捕　一人
但仙台藩大野良平
右討取之分
一大砲　四門
一弾薬　五箱
右分捕之分
貫名徳次郎隊
平居断

◇　东北战争中彦根藩对政府提交的战利品缴获报告

成的辎重队担负的，为此很多军夫从民间被征发到战场。当时，物资的后方搬运可以借助既有的宿驿和助乡制度解决，但在接近战场的地方难以集结这种劳动力，必须征发一定期间内能够独立从事物资输送任务的专门军夫。

在东北战线，下野的乌山藩等四藩被任命为军夫方，给予他们平均每百石 1.5 人的征发权，将调集起来的人夫附属于各藩，供前线使役。在今天的福岛县，就有数万人被拉夫，其中有中流弹而死者，也有被同盟方面所捕杀的，这种军夫征调的相关史料在战场附近都有存世。

顺带一提，明治日本陆军在之后也未能建立完善的后勤保障体系，政府在西南战争之际，依旧从战场周围诸县境内征集了约一千二百万人次（一日平均七万人）的民夫。之后固然改订了征兵令来征调“辎重输卒”，但是人数依旧不够，在甲午、日俄战争时，日军还是动员了多达几十万的民夫才满足后勤需求。

戊辰战争和国际环境

1. 被监视的战争

所谓英国支持萨长，法国支持幕府，幕末英法在日本问题上存在对立的俗说，其实不甚准确。虽然事实上在鸟羽、伏见战役之后，法国公使罗什曾劝说逃归江户的德川庆喜筹备再起，显示了以对日缔约诸国的干涉来镇定事态的可能性。但这无非是罗什本人的独断，不受本国外交部支持，缔约诸国基本保持了局外中立。

当时对日缔约的各国，为护侨而在日本海域集结舰队，以排水量四千四百七十吨的旗舰“海洋”号为首的英国舰队，在庆应三年（1867）十二月就有十二艘舰船在日，远远强于当时日本的海军力量。另外横滨的外国人居留地从文久三年（1863）开始就有数百人规模的英军和法军驻屯，维持治安。当时的英国海军方面认为如果在日本集结兵力，内战的交战双方会认为受到缔约诸国方支持的一派必会胜利，从而会亲近外国。

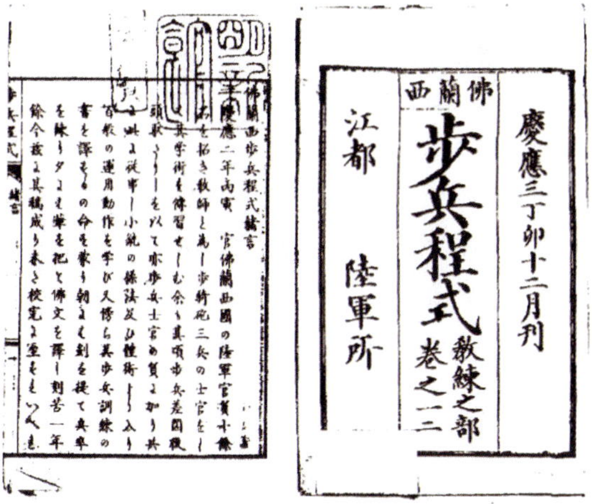

◇ 幕府出版的法国兵制教科书

和过去任何一次内战都不同的是，戊辰战争不可能不被列强的军事压力影响。新政府要发动战争，至少必须拥护既有的通商条约，保护外国人生命财产安全，不采取与缔约诸国间敌对的行动。在这个意义上，戊辰战争是在列强监视下展开的战争。对于政府而言，在鸟羽、伏见之役后，如何应对陆续发生的神户事件、堺事件、巴夏礼袭击事件等涉外杀伤事故，乃是对其外交能力的第一次考验。列强对新政府迅速法办攘夷分子的举措表示赞赏，英方甚至认为“如今的内战将给日本带来光明的未来”（英国海军部档案）。得到外国的支持，乃是新政府赢得内战胜利的重要条件。

2. 争夺开港场所

虽然说列强标榜局外中立，但却无法禁止本国人以个人身份向日本交战两方兜售武器。日本的内战对于西洋的军火商来说当然是绝好的发财机会之一，大量的军火弹药通过当时的开港场进行交易。由新政府一派控制的长崎、兵库两个开放港口，以及之后由于德川庆喜采取恭顺方针而得以顺利接收的当时日本最大的贸易港口横滨，作为新政府方面武器弹药的输入港口，发挥了很大作用。

在之后的战争中，开港地的归属成了决定战局发展的重点。在北越、东北之役中，新政府攻陷了由同盟方面擅自宣布开港的新潟港，在军火补给上制了东北同盟的死命。在此意义上，最后一战以开港地箱馆作为舞台，亦是理所当然。

3. 战时国际法

另一方面，在列强的压力下，戊辰战争第一次引入了战时国际法的概念。由于新政府计划攻击江户时，未做事前通告而使英国居留地受到威胁，英国公使巴夏礼得知此事后，大为恼火。所以在第二年明治二年（1869）三月的箱馆战争时，政府就以箱馆府判事南贞助（长州藩士）的名义，向停泊在箱馆湾的外国舰队指挥官提交了开战通知。文中称政府军不久就要进攻反叛者，请各国海军召回各自国家的侨民，把所有动产都装载在运输船上，到青森湾避难。第二天，英法两国的海军指挥官回复四条，称已经接到天皇政府的通告，军舰将装载侨民及所携财产退至箱馆海湾三海里之外避难，无视警告而逗留者使之自负其责。

不过，居住在箱馆的日本本国人却未能得到开战情报，在19世纪初因解决戈洛夫宁事件而出名的高田屋嘉兵卫的子孙便居住在箱馆，并留下了珍贵的日记，其中四月五日的内容称："官兵终有决定攻打过来的势头，全市大乱"，另外称"外国船一艘不剩地跑掉了"。英国的箱馆领事尤斯汀一直留在箱馆，劝说侨民避难，直到六日接到了必须在二十四小时内退出的警告，遂在七日搭乘英舰"珍珠号"开往青森。

◇ 会津藩的洋式军学者山本觉马，2012年大河剧《八重之樱》的主人公之一

交战开始之后，外国公使和军舰均在箱馆洋面的公海上关注战况，除了前面提到的英舰"珍珠号"外，还有美舰"阿罗斯托克号"和法舰"克埃特罗孔号"等。

4. 新发掘的海外档案

戊辰战争中，一直以来都传闻列藩同盟方面联合外国，和外国资本勾结起来对抗新政府，但没有确实史料可证。对此，最近一些新发掘的海外档案提供了一些的新的信息。

比如荒木康彦等人的研究指出，会津藩士山本觉马（维新后为京都府顾问、议员，也是同志社大学创始者新岛襄夫人新岛八重的兄长）在战争前夕在长崎向普鲁士商人订购了最新的撞针击发式步枪一千三百挺，但是开战前未能运到，不然会津藩无疑会给新政府军带来更大麻烦（宇田川武久编《铁炮传来的日本史》，吉川弘文馆 2006 年）。另外，在东北战争中，为同盟方提供了大量军火的普鲁士军火商斯耐兄弟中的哥哥亨利在上海从事军火生意，和旧幕臣长野桂次郎一道会见了从巴黎万国博览会回国途中的庆喜末弟德川昭武，劝说他前往箱馆，但被随行的涩泽荣一予以拒绝。这个长野曾用名米田桂次郎、立石斧次郎，曾参加万延遣美使节团，诨号“托米”，戊辰战争后起先在北关东作战，负伤后逃往上海（金井圆《对外交涉史的研究》，有邻堂 1988 年）。

近年来，东京大学通过共同研究项目在德国调查档案，也发现了新的史料。在戊辰战争中，普鲁士的冯·布朗特公使曾提出和会津、庄内结盟，在虾夷地获得根据地，建造海军基地的建议。这个建议虽被俾斯麦压下，但仍训令他若发现其他列强欲在日本获得利权时，就要断然施行此策。俾斯麦的训令发到日本时，箱馆战争已经结束，命令遂失意义。另外在英国，剑桥大学还藏有一张契约书的抄本，内容是会津藩把领内的矿山采掘特许权出让给外国，收取五十万元的手续费以及所采矿产的权益金。也许是为了筹钱从美国购买甲铁舰，因为欠缺关联资料，现在难以判定其真伪，此事若实，确实值得注意（箱石大编《戊辰战争的史料学》，勉诚出版 2013）。

列藩同盟的外援寻求策略迷雾重重的地方还有很多，也许今后还会有更多让历史爱好者感到兴奋的新发现。

草莽之崛起
大和天诛组举兵始末

作者：张捷闻

楔子

江户时代的日本，自德川家康创建幕府以来，已过了近三百年的承平之世，战国时代的金戈铁马对于当时的人来说似乎早已成为小说戏文里的故事。然而，在文久三年（即公元1863年，本文日期皆使用日本旧历）的那个夏日，身处日本腹地的大和五条却被一群无权无势的草莽志士打破了平静，他们自号“天诛组”，高举起“尊王攘夷”的大旗，拿着简陋的刀剑枪炮，对德川幕府那个似乎坚不可摧的庞然大物发起了无畏的冲击。这场震惊日本的起义，其究竟何以发生，如何发展，这群堂吉诃德式的攘夷派草莽志士们到底是何结局，对日本的历史进程又有如何的影响。本文将作一简单的阐述。

星火燎原

文久三年的日本，注定是一个多事之秋，所有人都还没有忘记十年前的那个初夏，美国海军准将马休·培理率领四艘小山一般的蒸汽战舰出现在了江户湾内，厉行了二百多年锁国禁令的德川幕府在美国大兵黑洞洞的炮口之前只得保持沉默，被迫接受了对方递交的国书，次年又与美国签订了《日美友好条约》。先例

◇ 草莽崛起思想的开创者，幕末著名尊王攘夷派思想家吉田松阴（1830—1859）

一开，英法荷俄等西方列强如嗅到了鲜血的狼群一般纷至沓来，逼迫日本签订了一系列外交通商条约，从三代幕府将军德川家光开始执行的锁国令被彻底打了个粉碎。但这个二百六十多年与世隔绝的密封世界突然被强行撕开了一个个大口子，立即产生了种种过敏反应。那些欧美各国的“肮脏蛮夷”们在日本修领馆开商铺，甚至前呼后拥招摇过市，对于当时自认为神国子孙的日本人来说无疑是奇耻大辱。而当时的德川幕府面对洋大人们得寸进尺的各种要求束手无策唯唯诺诺，这同样让当时的日本人——特别是社会地位最高的武士阶层们极为不满和失望。其中最为激进的部分下级武士和浪人们开始举起反对卖国幕府和攘除“洋夷”的大旗，史称“草莽崛起”运动。

草莽崛起运动的开拓者，长州藩著名志士吉田松阴早在安政六年（1859）就认为“如今幕府诸侯皆为醉人，无扶持之术，除草莽崛起之士外无可指望者”。在这种思想指导下，全日本各地的草莽志士迅速串联起来，甩开了那个在洋人炮口下尽显纸老虎窝里横本色的德川幕府，转而打出尊王攘夷的口号，拥护已经坐了二百多年冷板凳的京都朝廷。他们通过三条实美等攘夷派公卿，很快与热衷于攘夷的孝明天皇挂上了钩，在数年之内成长为一股不可小觑的政治力量，并开始频频出招。万延元年（1860），官任大老的幕府强硬派政治家井伊直弼在觐见将军途中遭有村次左卫门、关铁之助等十八名浪人袭击，被当场杀死。次年，以有贺半弥为首的水户藩浪人袭击位于江户东禅寺的英国公使馆，打伤数名英国外交官。文久二年（1862）一月，浪人平山兵介等于江户坂下门外行刺幕府执政的老中安藤信正，安藤身受数创死里逃生。同年十二月，长州藩士高杉晋作等夜袭正在建造中的御殿山外国公使馆，一把火将其烧成了白地。当时幕府主幼臣庸，年轻的将军德川家茂外藩入嗣大统，本身根基不牢，幕阁执政班子中亦乏真正忠勇智能之臣，一连串的外交问题以及尊王攘夷派浪士的这几次大动作更是让幕府威严扫地。而在京都被幕府刻意冷藏了多年的天皇朝廷，在这群草莽志士和萨摩、长州等素来不服幕府的雄藩诸侯拥护下，如睡狮一般醒来，缓缓地向渐露空当的最高政治权力中枢伸出了利爪。

文久二年（1862）十月二十七日，幕府在江户城迎来了京都朝廷的敕使三条实美，朝廷在敕书中责令幕府“早决攘夷，布告于大小名”，即马上动手把那些洋夷们统统轰出日本。京都这突如其来的放炮闹得江户城里一团糨糊，将军德川家茂只得破天荒地上京灭火。但京都朝廷并未就此罢休，文久三年（1863）初，孝明天皇又宣布新设国事参政与国事寄人职位，自行重新组建了政权机构。权中纳言三条西季知、左近卫权少将正亲町公董、主水正泽宣嘉等尊攘派公卿纷纷出任这两大要职进入了朝廷中枢，而尊攘派草莽志士领袖真木和泉、平野国臣等也通过加入朝廷重要政治协商机构——“学习院”扩大了对朝政的影响力。在尊攘派公卿志士的大力鼓动下，孝明天皇于文久三年三月和四月带队参拜贺茂、石清水神社，亲自祈祷攘夷战争胜利，以对幕府施加压力。而尊王攘夷派诸侯中的急先锋长州藩于五月更是在没有得到幕府许可情况下先斩后奏，于下关海峡炮击美国与法国的商船，首先点起了攘夷战火。这几套组合拳搞得事实上无力对列强开战的幕府焦头烂额左右为难，甚至在得知天皇要于参拜石清水神社同时赐予将军出征信物——锦旗节刀的消息后，将军德川家茂和将军监护人一桥庆喜居然同时泡起了病号，死都不敢接这烫手山芋。

幕府方面的示弱，对京都朝廷来说却无疑是大大扩展了权威。眼看当前革命形势大好，尊王攘夷派公卿志士们开始乘胜追击，进一步策划王政复古运动，打算干脆彻底让幕府政权团成一团，圆润离开，将日本恢复到古代天皇掌握实权的政治体制中去。届时，作为京都朝廷复权大业的幕后推手，尊王攘夷派自然就是满盘通吃的最大赢家。在这种思想的指导下，尊王攘夷派们迅速开始布局。文久三年四月，朝廷不顾幕府反对，以攘夷战争需要为由从各路诸侯处抽调精壮兵力一千二百余人，组成了由京都朝廷直接指挥的“御亲兵”，以此掌握了强大的武装力量。并用种种手段压制朝野反对意见，先是排挤走了亲幕派的关白近卫忠熙，又图谋以下放关东视察形势为借口把幕府在京都的重要桩脚——时任京都守护的会津藩主松平容保调出京城。最后，再由长州藩在外牵头，三条实美等尊攘派公卿在内响应，向朝廷提议孝明天皇率御亲兵巡幸大和，宣布发动“攘夷亲征”，借此兴兵举事，与幕府彻底摊牌。经过几个月紧张的活动，尊攘派终于说服朝廷在八月十三日正式下达了巡幸大和亲征攘夷的诏书。

揭竿而起

攘夷亲征的风声使当时各地的尊攘派草莽志士们弹冠相庆，认为尊攘大计的成功已是指日可待了。其中部分激进派志士们更是急不可耐，等不及亲征发动就开始自行组织攘夷倒幕的武装斗争，中山忠光、吉村寅太郎、松本奎堂和藤本铁石便是其中急先锋。

中山忠光，弘化二年（1845）出生，身为权大纳言中山忠能的七子，安政五年（1858）十四岁便官封侍从，成为孝明天皇近侍。但作为一个公卿，中山忠光却非常特殊——特殊得不像一个公卿贵族。据说他自幼体格强健，胆大勇猛，喜好冒险，曾衣冠束带横渡湍急的京都大河加茂川，又曾到据说有幽灵出没的鬼屋里独自大睡。及长后，对吟诗作文之类的公卿老本行毫无兴趣，反而最好舞刀弄剑，结交天下豪杰。尊攘运动一起，这位素来便不安分的少爷自然成了活跃分子，很快便和真木和泉、久坂玄瑞等尊攘志士领袖结成莫逆之交。文久三年（1863）五月攘夷战争开始后，他干脆辞了官职离家出走，改名换姓跑去长州参加了炮轰洋船的军事行动，折腾了一个多月后方才返回京都，但仍和吉村寅太郎、松本奎堂等人频繁交往，从事尊攘活动。

吉村寅太郎，天保八年（1837）出生，名重乡，土佐人，庄屋（村长）家庭出身。与土佐藩著名尊攘派志士武市半平太乃是至交，深受其思想影响。在文久元年（1861），武市纠集上百名土佐草莽志士组织著名的土佐尊攘派政治组织“土

◇ 天诛组出发图，中间骑马着大铠者就是主将中山忠光

佐勤王党”时，吉村便是其中重要成员之一。次年趁萨摩藩主监护人岛津久光率军进京参见天皇之机，与宫地宜藏等脱离土佐藩前往京都，欲组织浪人军拥立久光对抗幕府。但不料岛津久光当时并无与幕府翻脸之意，所以反而严厉镇压了部分打算趁机起事的萨摩藩士和尊攘志士，吉村也被遣送回土佐藩，吃了整整八个月的官司。但这几个月的牢饭并没有动摇他尊王攘夷的决心，遇赦获释后，又立即找了个自费留学的理由离藩上京，并且很快成了京都土佐系尊攘志士的带头大哥级人物。

◇ 中山忠光

◇ 吉村寅太郎

其余两位首领松本奎堂与藤本铁石，也是当时尊王攘夷派浪人中响当当的人物。松本原是三河刈谷藩士，自幼好学，有神童之称。虽然在幼年因为练武时发生事故成了独眼，但却深通国学（指日本本土的文史典籍学问），擅长诗文。或许正因为如此，他很早便成了个极其激进的尊王反幕主义者，后因在藩内时常发表反动言论被扫地出门，前往大坂和人合伙开私塾为生，但同时暗地里与淡路的古东领左卫门、河内的水郡善之祐以及京都的各尊攘派志士交通，为其划策。藤本铁石出身备前冈山，早年脱藩上京，学习南画，曾作为画家游历四方，结交了清河八郎等不少尊攘派志士，受他们影响也成了坚定的尊王攘夷论者。后定居京都伏见，以卖画授徒为生，然而他并不仅仅是个艺术家，此人文武双全，精通长沼流兵法（日本中世流行的兵法之一），剑术也十分了得。这二人与中山吉村交情深厚，深得其信任，自然也成为举义密谋的核心。

在得知攘夷亲征诏书即将下达的消息后，这批自号“天诛组”的草莽英雄们群情激奋，认为将腐朽幕府和那些肮脏洋夷统统一锅端的机会终于到来了。于是开始联络同志，购买军火武器，准备立即南下举兵，“募数千之义民以迎御亲征”（《楫取家文书》）。即夺取当时尚有大量幕府直辖领地的大和地区，作为天皇亲兵的先锋，迎接大和巡幸，打响攘夷倒幕战争的第一枪。八月十四日即攘夷亲征诏书下达的次日，忠光一党正式采取行动，是日正八时，按照事先约定，各路志士在相对比

◇ 独眼的天诛组首领松本奎堂

较不引人注目的洛东方广寺集合。当时来会者总共有三十八条好汉，除中山忠光、吉村寅太郎和松本奎堂外，尚有后成为坂本龙马海援队重要成员的土佐乡士池内藏太；维新后担任农工商务次官，封男爵的土佐乡士伊吹周吉（即后来的石田英吉）；曾经暗杀土佐重臣吉田东洋的土佐乡士那须信吾；久留米浪士，起义失败后写下天诛组研究重要史料《大和日记》的半田门吉等人。这支小部队悄悄取道伏见街道南下，当晚来到伏见名叫“鱼久”的船行内，众人带上早已备下的军火武器，沿水路向大坂进发。次日抵达大坂，雇下两艘小船，假称前往长州，但开航不久，便神不知鬼不觉地掉头向南，往和泉国界港飞驰而去。顺利踏上征途的中山忠光在船上出示了军令状，内中宣布“此举只因武家苛政，夷狄猖獗，庶民苦难无限，深扰皇上圣心。（我等）不忍袖手坐视，故不得已而为之”。“凡暴行扰民、贪图财物、淫辱妇女、焚烧寺社、滥杀俘虏等事一概禁止”。起义志士们读了无不慷慨激昂，纷纷在盟约书上签名画押，甚至有几条好汉拔刀割掉了发髻投入海中以明同生共死之志。十五日半夜，在海上颠簸了大半天的忠光一行终于抵达界港登陆，一路进入河内国，在富田林与当地人水郡善之祐父子为首的河内志士会合，很快就拉起了一支一百多人的队伍。十七日，天诛组到达桧尾山观心寺，参拜了南朝勤王英雄楠木正成墓，并与赶来的藤本铁石会合。全军打出象征日本皇室的菊纹锦旗，雄赳赳，气昂昂，跨过千早峠（位于今奈良县），向第一个目标——大和五条代官所挺进。

五条代官所是幕府在大和的重要行政机构，掌管吉野、宇陀、葛上等大和各郡一百五十个村共七万一千余石的幕府直辖领地。如果控制了它，一来可以使幕府在大和一带的行政机能完全瘫痪，方便天诛组取而代之；二来必然能获得大量的武器粮草等军需补给，所以天诛组将其定为第一个攻击目标。十七日七时左右，天诛组包围了五条代官所，中山忠光下令发动攻击。当时日本承平已久，幕府方面做梦都没想到哪里会冒出来这样一支“皇军”，所以代官所内根本无半个幕府兵驻守，只有二十多名官吏与公人，一开始听见战鼓咚咚，竟然还以为是村民在演社戏。等到外面杀声大作，才知道大事不妙。六十多岁的老代官铃木源内刚跑出来想问个究竟，就迎头撞上天诛组先锋上田宗儿等人，结结实实吃了碗板刀面。剩下的人急忙抽刀拔剑想要抵抗，对面枪子炮弹已经是雨点般轰将过来，元缔长谷川岱助等四人很快跟着老上司同赴了黄泉，其余人四散落荒而逃。前后不到一个小时，五条代官所就改姓了中山。

旗开得胜的天诛组扛着缴获的粮草、金银、武器以及战死幕府官吏的脑壳，高奏凯歌，前往附近的樱井寺安营扎寨，设下了本阵。中山忠光等一边将铃木源内的首级号令，贴出大字报布告其罪状“此贼近来受违敕之幕府逆意。专镇压有志之士……仅唱三百年之恩义，忘开辟以来之天恩，是为辱皇国而助夷狄……罪科甚大，故加诛戮也”，一边开始着手搭班子建立政权机构。当日，樱井寺外“御政府”招牌高树，吉村寅太郎亲自召集四邻村落的庄屋、村官、乡老等人开会，宣布此后五条为朝廷天领，百姓为天皇子民，并以孝明天皇名义许诺本年年贡一律减半，虽然孝明老皇爷只怕做梦都没答应过这条减租减息政策，但这张空头支票仍然极大地提升了天诛组的影响力，以伴林光平、乾十郎、林豹吉郎等为首的当地志士纷纷来投。天诛组在樱井寺大本营再次整编，推举中山忠光为主将，藤本铁石、松本奎堂、吉村寅太郎三人为总裁，并任命了监察、御用人、勘定方等各职司。一时大军兵强马壮，士气高昂，四出募兵打粮，也合着附近幕府三在代官内原庄司晦气，成了天诛组第二个袭击目标，虽然脚底抹油溜得快，没下地府去陪铃木源内，可家里资财却被

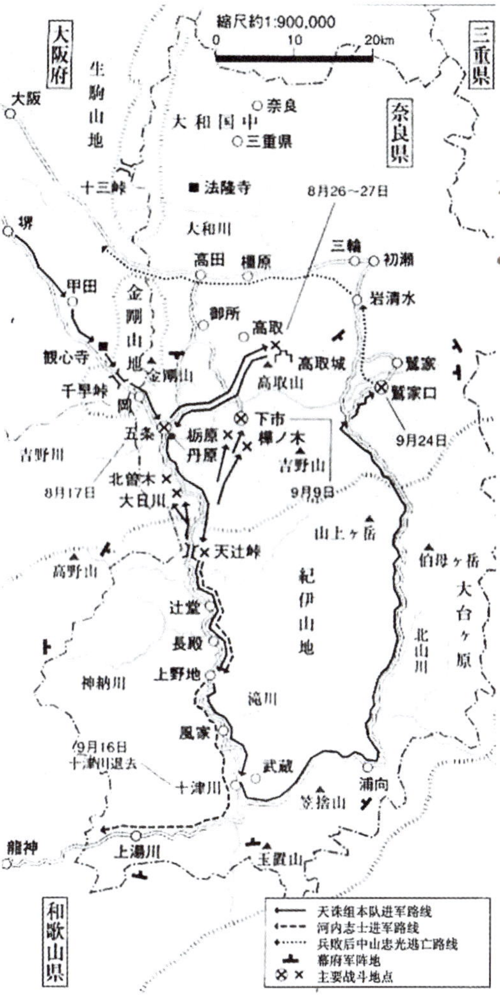

◇ 天诛组行军路线图

◇ 五条代官所长屋外的洗手水钵

抄了个底朝天。正当天诛组的势力和腰包一起蒸蒸日上之时，一个突如其来的晴天霹雳却把这批草莽英雄们打入了无底深渊。

风云突变

十九日，尚沉浸在欢庆气氛之中的天诛组从刚刚自京都赶来的志士平野国臣等人处得知了一个爆炸性的消息——京都发生政变！尊王攘夷势力已被一扫而空！原来孝明天皇虽然热衷于攘夷排外，对洋鬼子天天喊打喊杀，但却完全没有一竿子打倒德川幕府之心，他主张朝廷与幕府应当联合起来以应对国内外局势，即所谓的“公武合体论”。先前重用长州藩为首的尊攘派，原意只是因为京都朝廷在幕府体制下一直遭受压制，手里资本不足，所以借这些雄藩和草莽志士的力量，作为跟幕府讨价还价之筹码，以增加自己在日本政局中的分量。不料随着局势发展，这批人却大有反客为主之势，成天打着孝明天皇的旗号四处串联，大搞倒幕攘夷活动，凡是反对他们的人，在“天诛”的口号下往往不是掉脑袋就是卸零件，搞得原本平静的京都治安大乱，夜里家家关门闭户不敢外出。甚至在朝堂之上，他们也开始借着攘夷的幌子排挤亲幕派公卿诸侯，只要谁与他们意见相左，就扣上卖国贼帽子一脚踢走，根本不把孝明天皇的意见放在眼里。在掌握了御亲兵武装力量，推动攘夷亲征后，更是磨刀霍霍向幕阁，随时准备大干一场。正如当时公武合体派的土佐藩前藩主山内容堂所说，到时候战端一开，这批人没准“攘夷”是假，“攘将军”倒是真。

对于这些愈演愈烈的越轨行为，性格顽固的孝明天皇安肯一直被人骑在头上当病猫？于是，他屡次下密旨给亲信中川宫朝彦亲王与时任京都守护的会津藩主松平容保，命他们相机行事，收拾掉那批不听话的尊攘分子。密旨正中几乎被尊攘派整出京都的松平容保下怀，松平容保秘密联络了当时因涉嫌暗杀公卿姊小路公知而被长州排挤出中央政局的萨摩藩，两藩一拍即合，决定赶在大和行幸之前立即举事。八月十八日凌晨，萨摩、会津二藩突然率军占领皇宫各门，随后孝明天皇亲自下旨，召集中川宫朝彦亲王、前关白近卫忠熙、右大臣二条齐敬等公卿大员及米泽藩主上杉齐宪、备前藩主池田茂政、大洲藩主加藤泰秋等在京诸侯开会，会上当即宣布，免除长州藩界町御门的守卫职务，驱逐出京。给予三条实美为首的亲长州尊攘派公卿停止陛见、禁闭反省等严厉处分，并下令缉拿宫部鼎藏、真木和泉等尊攘派志士领袖。原本在尊攘运动上顺风顺水的长州藩被这一闷棍打得措手不及，在屡次上书辩解无效的情况下，只得带着三条实美、三条西季知等七名尊攘派公卿离开京都，退回藩领，原本在京都活跃的尊攘派勤王党们也纷纷被迫变成了地下党。孝明天皇在清洗了尊攘派公卿志士后，换上柳原光爱、庭田重胤等亲信，并召集岛津久光、伊达宗城、松平庆永等公武合体派诸侯进京，京都一日之间变成公武合体派的天下，史称“八一八”政变。

◇ “八一八”政变的幕后推手孝明天皇

“八一八”政变对于天诛组来说堪称是一个灾难性的事件，天诛组的反幕行动原本是打着天皇大和亲征行幸“皇军御先锋”的旗号，但由于京都政局大变，孝明天皇如今反倒旗帜鲜明地站到幕府一边，并紧急叫停了原由尊攘派主导的大和行幸和攘夷亲征。如此一来，天诛组的存在意义立即烟消云散——既然“皇军”已经不会再来，你这“御先锋”又是什么玩意儿？更要命的是，政变后孝明天皇立马翻脸不认人，指责攘夷亲征诏书乃是“伪敕”，这下反把天诛组打成了伪造诏书的奸臣一党，中山忠光等辛辛苦苦闹了半天革命，一眨眼却全成了反革命，这个结果实在是令人哭笑不得。

当日，天诛组召开会议，商讨对策。平野国臣转达了尊攘派公卿首领三条实美的意见，建议天诛组立即住手，转进长州藩，支援他们正在与美英法列强进行的攘夷战争。但是由于天诛组已经攻占代官所，杀了幕府官吏，甚至连新政府牌子都挂了出来，势成骑虎，再难收手，于是中山忠光等人拒绝了平野国臣的提议。然而就此坐守五条也基本和等死没多大区别，因为由于京都政变，尊攘派成了过街老鼠，天诛组政治上已被孤立，遭到幕府围剿只是时间问题，五条地势平坦，易攻难守，就凭眼下这两三百条人枪，根本没法填幕府军的牙缝。会上商量来商量去，只有一个办法——挥军南下，前往大和国的十津川乡，在那里招兵买马，建立根据地。二十日，天诛组留下池内藏太、安积五郎、水郡善之祐等六十人驻守五条，其余主力向十津川进发，经过一日行军，来到了纪伊山地西北部的天辻峠，由于该地四周群山环绕，地势险要，且背靠十津川乡，进可攻退可守，是绝佳的驻扎地点。于是天诛组决定，就在天辻峠建立本阵，一边雇用工匠制造土炮，一边由吉村寅太郎亲自出马，带人前去十津川募兵。

十津川乡位于大和国腹地，今奈良县以南，自古以来当地居民就以强烈的尊王精神而享有盛名。早在壬申之乱、平治之乱时就曾经多次组织义兵勤王，立下赫赫战功。南北朝时期曾藏匿被镰仓幕府追杀的后醍醐天皇皇子护良亲王，后来又站在南朝皇室一边坚决抵抗室町幕府。大坂之战时，十津川乡民协助德川家康对丰臣氏作战，开辟有功，故被全体赐予武士身份，人称“十津川千本枪”，并享受免缴年贡的待遇。所以，“尊王攘夷”、“天皇行幸御先锋”之类的旗号在当地拥有巨大的号召力，吉村等振臂一呼，应者云集，以野崎主计、深濑繁理为首的十津川乡士拎着长枪短炮快刀利矛各种家伙蜂拥而至，两日之间竟召集了一千二百多人。天辻峠大本营顿时人喊马嘶，好不热闹，由于兵力大大膨胀，让原本情绪低落的天诛组又重新鼓起了士气。

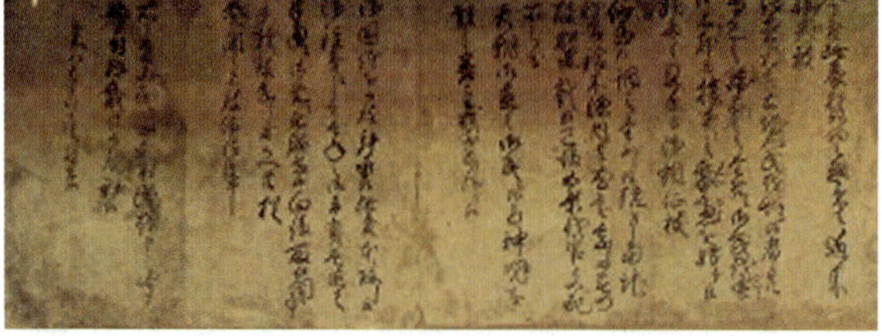

◇ 文久三年八月十八日（“八一八”政变当天）天诛组发出的布告文

不过，在这欣欣向荣的情势背后，却也藏着不小的隐忧，由于十津川乡偏远闭塞，这些踊跃来投的十津川乡士们并不知道由于五天前的京都政变，吉村中山这帮“皇军御先锋”实际上已经是个西贝儿货。随着战局的进展，事情穿帮只是时间问题而已。

高取之战

当吉村寅太郎在十津川大开群英会的同时，天诛组却同时收到了一个坏消息——高取藩变卦了。原来，在天诛组进军大和时，曾派那须信吾为使者，向附近的高取藩主植村家保请求给予粮食资助。高取藩一开始并没有闹明白这支莫名其妙冒出来的“皇军先锋”到底是何来头，所以含糊答应。但等到“八一八”政变消息一到，高取藩恍然大悟，不但没给天诛组送来一粒米，反而立即向京都守护职松平容保写信举报。被放了鸽子的中山忠光少爷哪里咽得下这口恶气，眼见如今手下有大批十津川乡士前来加盟，人多胆壮，于是一时头热，不顾部下反对，做出了起义以来第一件蠢事——进攻高取城。二十五日，中山忠光率领天诛组主力一千余人离开天辻峠，返回五条樱井寺大营，在那里听闻了京都方面已经下令派纪州藩郡山藩等联合高取藩即将前来征剿的风声。中山等决定，必须赶在征讨军到来之前尽快解决高取藩，遂由吉村寅太郎为先锋，松本奎堂为二阵，中山忠光自为中军指挥，与藤本铁石、那须信吾等为合后，全军昼夜兼行，一路北进，直奔高取城。高取城位于五条町东北约五里处，始建于元弘二年（1332），天正十七年（1589）由丰臣秀长的家臣本多利久重建。宽永十七年（1640），德川幕府旗本植村家政受封高取藩两万五千石领地，担任高取城主。城池坐落在标高五百八十三米的高取山上，为连郭式山城，城内面积约一万平方米，是当时日本的名城之一，四周山岭环绕，地势险峻，极是易守难攻。当时高取藩方面参战人数约三百人，少于天诛组，但是他们对天诛组的进攻已有防备，早早地加固工事，登城坚守。

二十六日六时，经过一夜强行军的天诛组到达高取城，与严阵以待的高取藩兵展开激战。由于山路狭窄，天诛组被迫以一路纵队队形前进，发动进攻。而高取藩方面早已经调集了大批火枪队，并在各处险要之地共安下四门大炮，居高临下猛烈扫射。在狭窄小道上排成纵队的天诛组毫无掩蔽，又没处躲藏，几乎成了对方的活靶。天诛组将士虽然拼命冲锋，但上一个倒一个上两个扑一双，连冲了

◇ 江户时代的高取城复原图

几次都被劈头盖脸打回来，白扔了好几条性命却连城墙都没怎么摸到。天诛组将领林豹吉郎连忙指挥炮队开炮掩护，但那门临时制造的木质土炮可能因为来不及做干燥处理，没响两下就直接哑火了，林豹吉郎急了眼，飞起一脚踹将过去，只听“噗”的一声，那门“大炮”居然断成两截，只剩下一群炮手大眼瞪小眼。双方正乒乒乓乓战到酣处，城上突然打出一发开花弹，直接在天诛组新加入的十津川乡士阵中轰然爆炸，顿时血肉横飞，当场炸死一人，重伤二人。毫无战斗经验的十津川乡兵们哪见过这种阵仗，发一声喊就四散跑了个干净。天诛组主将中山忠光在后阵指手画脚，还想收拢队伍，城头上砰砰一排子弹飞来，吓得他胯下坐骑一声长嘶，人立了起来。害得中山少爷一轱辘滚下马来摔了个狗啃泥。负责指挥突击队的监察酒井传次郎头上挨了一炮，虽然因为头盔够结实没有脑袋开花，可也当场晕菜，回去整整闹了三天耳鸣。中山忠光眼见天诛组已经全军崩溃，只得下令暂时向五条方向退却。

但强攻不成的天诛组并不甘心，决定改变策略，夜袭智取。二十六日夜，吉村寅太郎亲自带队，率领壮士二十余人，各带火绳柴草，想趁夜色悄悄潜到高取城下，出其不意来个火烧连营。不料人算不如天算，吉村等先是由于地理不熟，不少人半路上就迷了路，赶到集合地的只有十三个人。而上帝也没有就此眷顾这些路痴们，他们刚摸进城下町，就直接撞上一队高取方面约六十人的巡逻队，双方立即打成了一团。吉村寅太郎一马当先，挺枪突入，手起一枪把对方队长杉野奈良助搠下马来，但杉野奈良助虽然受伤，仍然极其勇猛，爬起来对准吉村劈头一剑，幸好吉村甲厚，未致重伤。两人正刀来枪往打得不可开交之时，突然天诛组方面不知道谁放的一颗乌龙子弹，不偏不倚，正中吉村腰部，当场把他打倒在地动弹不得，眼看就要小命不保，幸得部下中垣谦太郎、小川佐吉等拼死来救，赶散敌兵，背起吉村往后便跑。天诛组因主将重伤，群龙无首，敌人又四面杀来，根本无法放火，只得呼哨一声，全军扯呼，高取城攻击作战以天诛组的完败收场。

事实上，这场天诛组发起的首次真正意义上的正规战，从一开始便屡犯兵家大忌。首先，从五条到高取，皆是山路，崎岖难行，行军极耗体力，而中山忠光等逼迫天诛组从二十五日起到二十六日，急行军一天一夜，而且没有任何休整就直接投入攻城战，使部队原本就处于以劳击逸的极端不利境地。其次，高取城外地形险要，山下皆是羊肠小道，这种地形使天诛组被迫以纵队作战，仅有的兵力优势由于无法展开而化为乌有，反而给高取藩方面创造了各个击破的便利。再次，天诛组装备低劣，主要武器只是刀枪等冷兵器，火器只有少数鸟铳土炮，特别是没有用于攻城的大口径重炮，所以根本无法对城高墙厚的高取城造成任何损伤。以如此装备的部队去强攻拥有坚固城防的据点，毫无疑问可以说是自杀行为。最后，天诛组多为乌合之众，无论是原本的起义志士，还是新招募到的十津川乡士，甚至包括中山忠光、吉村寅太郎等领袖人物，基本都没有经过军事训练，更没有任何实战经验，在战场上面对高取藩正规藩兵，就暴露出了应对无措的弱点，乃至白日攻城时被一发炮弹吓到全军崩溃，夜袭时更闹出误伤己方主将的乌龙事件。

进攻高取城失败给天诛组造成了无法挽回的严重损失，根据高取藩方面战后向幕府报捷的书状记载，前后两战共割取天诛组士兵首级七颗，生擒五十余人，还捡了

◇ 位于现在四国高知的吉村寅太郎铜像

◇ 江户时代的木制土炮，可以看出炮身只是用圆木做成并用绳索固定，极其简陋，威力很有限，经常不是炸膛就是哑火

一地的旗鼓刀枪。而中山忠光和他的小伙伴们于二十七日带着好容易收拢起来的残兵败将们逃回五条时，人数还不到出发时的一半，除战死被俘外，逃散的极多。主要军事负责人吉村寅太郎壮怀激烈出门去，奄奄一息抬回来，从此失去了指挥能力，全军士气低落，人人自危，开小差者络绎不绝。由于害怕高取藩方面的追击，天诛组不敢在五条这四战之地过多停留，便连夜出发，退守天辻峠。因为京都方面的尊攘派势力土崩瓦解，中山忠光等料定幕府方面必然派遣大军前来镇压，以现在败残之师，断然无法抵挡，还是三十六计走为上计。遂决定留下吉村寅太郎、安积五郎、池内藏太、桥本若狭等人及全部河内志士驻扎天辻峠断后，忠光等率主力继续南下，进入十津川山区，伺机从纪州新宫处突围，坐船渡海撤往四国或九州以图后举。二十八日，中山忠光率领天诛组主力离开天辻峠，踏上了逃亡之旅。

应该说，糊涂了半天的中山忠光对于局势终于有了个相对比较准确的判断，“八一八”政变后，朝廷和幕府很快注意到了这支“皇军御先锋”的活动，早在政变两天后的八月二十日，京都朝廷就宣布天诛组的行动“绝非受（天皇）御令而为，当速加镇抚。”九月一日，京都守护松平容保更是向诸藩发布通告：“原中山侍从于五月出奔，已纳还官位并与祖、父等断绝关系，现为庶人身份。据说和州五条乱党借中山中将或中山侍从之名，伪称遵奉圣旨，行无谋之暴乱。当时所称官名全系伪造，且不惧朝权，擅称圣旨，乃是国之乱贼，并非遵奉朝廷旨意者，当早日平定之。”在朝廷幕府联合牵头之下，讨伐军很快完成了组织动员，由郡山、彦根、纪州、高取、芝村、小泉等十三个藩组成的一万三千大军陆续开进大和国，开始布置对天诛组的进攻。

歧路彷徨

九月二日，南下的天诛组主力经长殿村、风屋村等地，到达十津川附近的武藏村。但当时的纪州地区已经集结了纪州、彦根、郡山等藩数千敌军，设下了层层封锁线，天诛组在这个大约一比十的兵力差距下想要冲出去，无异于痴人说梦，中山忠光无奈之下，只得断绝了从新宫一带突围的念头。然而，所谓失之东隅收之桑榆，在中山忠光正无计可施时，却突然收到了留守天辻峠的人马的捷报。原来，在忠光本队开拔不久，以纪州藩兵与高野山僧兵为首的讨伐军先头部队就开始出现在天辻峠附近，在敌众我寡、已成背水之势的情况下，以桥本若狭、水郡善之祐为首的河内志士爆发出了极强的战斗力。九月一日，桥本若狭率军自天辻峠主动出击，趁夜偷袭讨伐军高野僧兵队位于天辻峠以北的基地富贵村，当时夜色已深，月黑风高，天诛组取出早已备好的大堆干柴茅草，乘风放火，大火很快点着了民居，村内顿时烈焰冲天。僧兵们毫无准备，顿时大乱，像没头苍蝇一般到处乱撞。桥本若狭等乘势杀进村内，火光下只要看到光头不管三七二十一举枪就轰。混战一夜后，僧兵们除了部分直接去西天见佛以外，基本全部逃散。

◇ 时任京都守护的会津藩主松平容保

不久后，天诛组又在恋野里击退了来犯的纪州藩兵，一时稳住了大本营四周的防线。天辻峠留守部队连获胜捷的好消息让正被堵在十津川一带进退两难的中山忠光终于看到了一缕曙光。他认为纪州方面敌军防守严密，突破已然不可能，而天辻峠方面的敌军却屡屡被人数极少的留守部队击退，可见战斗力并不强悍，那么，现在何不干脆掉头回军，返回五条，从那些战斗力似乎较弱的敌军阵地处打开突破口，沿来路撤往大坂，然后设法找船渡海去四国呢。于是，在九月七日，他率领天诛组主力从武藏村出发，掉头原路返回，两天后又回到了天辻峠大本营。然而，他万万没有想到的是，在这短短两三天内，天辻峠周边形势已经变得对天诛组大大不利，由于几次前哨战失败，讨伐军调整了部署，调动主力部队开始大

◇ 天辻峠的天诛组本阵遗址

举推进，纪州藩兵进驻富贵，津藩兵占据五条，彦根藩兵屯扎下市，而郡山、高取等藩兵布阵于下渊。讨伐军这次出动的总兵力近一万人，从北、东、西三个方向对天辻峠完成合围，打算将这个天诛组的大本营一口吃掉。中山忠光这时候跑回来，等于一头又撞进了对方的口袋里，这一次，不知老天会不会照应这帮自称天诛组的草莽英雄们呢？

面对敌方强大的军事压力，天诛组向天辻峠以北二里处的要地北曾木转移，试图以此为前进基地，从五条方向跳出包围圈北进。九月七日，发现天诛组动向的津藩兵在主将藤堂新七郎率领下迅速追来，天诛组以安积五郎、水郡善之祐统率的河内志士为先锋，在北曾木通往天辻峠的必经之路大日川布置阻击。大日川一带山高岭峻，天然的丘陵地形犹如城壁，天诛组借此天险早早布置下阵地，对讨伐军发起反击。此战津藩兵虽然拥有六倍于天诛组阻击部队的兵力，但是处在仰攻天险的极端不利形势之下，伤亡甚重，按天诛组成员伴林光平的回忆录《南山踏云录》记载，当时津藩藤堂家的部队“上士即死二人，重伤四人，杂兵死伤四十余人”。而另一位天诛组志士半田门吉的《大和日记》里也记载敌方当场被击毙四五人，打伤四十四人。经过数小时激烈的枪战，屡次猛攻却除了己方尸体外什么都没捞到的讨伐军只得放火烧毁附近民居掩护，沿来路撤回。击退了津藩兵的追击后，天诛组继续挥军北上，将本阵设在北曾木附近的银峰山，该山标高六百一十二米，乃吉野三灵峰之一，下临五条、野原等地，视野开阔，适合布置防守，伺机突围。

九月八日，大日川吃了亏的征讨军开始加大兵力投入，四千余名纪州藩兵如乌云一般向银峰山以北天诛组阵地的桥头堡栃原扑来，而彦根藩兵随后跟进，以为接应。郡山、津藩的部队也向广桥峠等处分头进兵。战斗首先在栃原打响，这一路的征讨军以彦根藩兵为主力，先锋为彦根藩大将长野伊豆，部下兵力约九百人，贯名筑后率兵六百为二阵。一线总兵力达到一千五百人以上，并且装备有大炮。在兵力和火力处于绝对弱势的情况下，天诛组发挥熟悉地形的优势，依托事先挖好的工事，采取灵活机动的战术，坚决贯彻打一枪换一个地方，决不放空枪的策略，给征讨军造成极大的麻烦。当时参战的彦根藩士北川德之允事后记载道："贼中猎师之徒甚多，翻山越岭如履平地。"彦根藩兵猛攻了近一个小时，仍然拿这批不怕山高水又深的游击队员们毫无办法，最后只得派出分队，绕到天诛组阵地后方，前后夹击，猝不及防的天诛组才被迫放弃阵地撤退。而广桥峠的阵地也很快被郡山藩兵攻破，天诛组将领安冈嘉助受伤。乘胜进击的征讨军包围了银峰山，中山忠光只得下令四面放火以为疑兵，自己率领本队向南退到大日川。

在栃原失守、征讨军又步步紧逼的情况下，桥本若狭、水郡善之祐等天诛组将领决定发动出其不意的反击，以打破征讨军十日会师，对大日川基地发动总攻的计划。而突破的目标，则选在了相对战斗力较弱的彦根藩兵大本营下市町，九日深夜，桥本若狭、水郡善之祐指挥以河内志士为主的三十余名突击队员，饱餐战饭，人衔枚，马去铃，疾行北进，直向下市町扑去。下市町位于栃原东北，为彦根藩井伊家本阵所在地，由于得知昨日攻克栃原，天诛组已大部南退，下市的留守部队以为大局已定，所以做梦都没有想到对方会突然前来劫寨，一个个早已倒头大睡，敌人已杀到町口了都还在梦周公。天诛组发一声喊，一拥而入，町内守军从梦中惊醒，措手不及，还没闹明白是哪里来的天降神兵便已被砍翻掷倒无数。天诛组冲进町内，四处放火，顿时火光冲天而起，被摸了热被窝的彦根兵乱成一团，黑灯瞎火地连门都摸不着，有几个回过神来的点起火把想看个究竟，却马上又成了天诛组狙击手的活靶。按半田门吉《大和日记》记载"敌白天合战甚劳，早已入寝，顿时狼狈不堪，四散奔逃，或被刺杀，或被砍倒，或掉入浓烟烈火之中……"这场漂亮的夜袭战打得彦根兵溃不成军，天诛组以零伤亡的代价杀伤大批敌方士兵，甚至有资料说干掉了彦根藩一名家老，缴获战马、武器、甲胄等大量战利品凯旋。

下市偷袭战的胜利一下子打乱了征讨军的部署，由于彦根藩遭受惨重损失，短时间无法再战，不但使征讨军十日会师合攻大日川的计划流产，而且使原本密不透风的包围圈终于露出了一丝裂缝。水郡善之祐率领的河内志士以得胜之师迅速赶回大日川，协助天诛组安积五郎部打退了孤军深入的津藩兵，一路追亡逐北，杀到了与五条近在咫尺的丹原。只要再前进一步顺利进入五条，越过千早峠，便可以按计划往大阪方向逃出生天，在重围之中连日苦战的水郡等人终于看到了胜利的曙光。然而，一只脚已经跨出了逃生之门的水郡等河内志士队却万万没有想到，在丹原他们接二连三派人联络中山忠光本队，叫他们赶紧跟上，一起合兵攻打五条以突围，对方却音信全无。眼看机会转瞬将逝，莫名其妙的河内志士们只得返回大日川基地，不料眼前的基地居然已是人去楼空！

原来，十一日，天诛组本阵召开军议，会上中山忠光认为由于天诛组连日激战导致弹药不足，向五条方向突围难度太大，所以决定放弃北进突围计划，重新南下天辻峠，往十津川方向转移。这个愚蠢举动极为匪夷所思，如此一来，河内志士队连日苦战好容易打开的局面立即化为了泡影，让天诛组丧失了最好的也是唯一的突围机会。况且纪州十津川方向一直有大批敌军堵截，加之地形复杂，一周之前的突围尝试已然碰壁而回，现在再大老远地走回头路，突围难度又岂会比直接攻打五条要小？更让人哭笑不得的是，如此重要的一个决定，作为指挥官的中山忠光居然没有把它转达给正在前线为打通道路而浴血奋战的水郡善之祐等战友，而自顾自地逃之夭夭了。不知水郡等人在事败之后，是否有黄口小儿不足辅之叹。

◇ 描绘了当时天诛组与幕府军激战的和州骚动之图

被中山忠光等这种不负责任的做法气得差点吐了白沫的水郡当即写了一封信叫人带给中山，信中大骂中山等人“言不听计不从，束手待毙，如同儿戏”。并宣布他与所率河内志士全体与天诛组脱离关系，各奔前程。当日，水郡率领河内志士离开大日川南下，从此和天诛组分道扬镳。失去了最为善战的河内志士队，使天诛组实力大打折扣。十二日，在下市吃了大亏的征讨军重整旗鼓，以津藩兵与纪州藩兵为主力开始向天辻峠推进，中山忠光一面留下池内藏太等三十余人殿后，一面率主力带上所有剩余的兵粮枪弹迅速南撤。经过一天一夜的急行军，好容易逃到了长殿村以南的上野地安营扎寨。应该说，两天前河内志士队的叛离与天辻峠的失守已经使天诛组濒临毁灭的悬崖，这时另一拨人的到来又把他们向前推了一大步。

坠入深渊

十四日夜，天诛组中十津川乡士的首领野崎主计、乾十郎等在上野地附近的风屋村会见了刚从京都赶来的十津川乡士代表上平主税与丸田藤右卫门，上平等奉中川宫朝彦亲王之命带来了朝廷令旨，令旨中严斥天诛组起义军为“乱暴浪士”、“国之大害”，并命令十津川乡士不但不得附逆，反而应该对起义军予以讨伐。这张如假包换的朝廷令旨彻底表明了朝廷的态度与对天诛组的定性，天诛组中的十津川乡士们如梦初醒，终于明白了自己一直在为之舍生忘死奋斗的“皇军御先锋”在天皇陛下眼里是些什么货色，顿感被忽悠得不轻。虽然中山忠光等极力劝说挽留，但任他们磨破嘴皮，那些尊王思想极重的十津川乡士们也不肯再跟这些朝廷反贼并肩作战了。次日，除了少数人之外，天诛组中的十津川乡士全部散伙离去。

丧失了河内志士和十津川乡士两大主要战力的天诛组不但在军力方面几乎陷入了绝境，京都方面来的令旨又使原本进十津川乡打游击的计划泡汤。由于十津川乡士的态度来了个一百八十度大转变，天诛组再停留在十津川附近，不但不能得到任何支援掩护，反而分分钟都有被愤怒的当地群众剁成肉泥的危险。于是，天诛组于十六日与从天辻峠撤下来的殿后部队会合后，拔寨南下，自风屋、小原等地，再转向东，打算取道尾鹫、木之本等地向熊野滩突围。为此，天诛组被迫进入十津川山区，翻越标高一千三百五十二米的笠舍山，再横穿大峰山脉，一路攀藤附葛，越岭而行。半田门吉在《大和日记》中写到：“空幽深谷，令人目眩，绝顶高山如屏风般耸立，使人战栗而不敢进。大树森森，见所未见，梢影遮天，

◇ 今天的十津川乡，已是旅游胜地

雾深含露，白云绕腹，咫尺难见。或遇滚木塞道，或逢乱石坎坷，实乃绝人迹而稀鸟兽之所也。”好容易于二十日到达北山乡中的浦向村，搞了好几天登山拉练的全体将士已是精疲力竭，饥肠辘辘了。但是，次日，天诛组派出的探子却带回了不幸的消息——纪州藩兵早已在木之本、鹫香等地的道路上砍断大树，设置路障，派兵据守，彻底堵死了天诛组从东熊野地区突围的道路。当时天诛组已是伤兵满营，能战者不过数十人，总裁之一的吉村寅太郎在攻打五条时受伤后，由于连日山路行军，伤势恶化。另一名总裁松本奎堂由于受伤和过度劳累，右眼也已经失明，失去了指挥能力。起义军要想以现在的军事实力，冲击敌军的封锁线，必然会头破血流。正在日暮途穷之时，军中的大和本地志士桥本若狭提出了另一个突围方案——不走熊野地区，反而从浦向掉头北上，从东吉野兜一个大圈子，重新从河内地区走大坂突围。正如釜中之鱼，笼中之鸟的中山忠光立即同意了这个“天才”的创意，直接把天诛组带上了最终的绝路。

二十一日，中山忠光率军掉头北进，进入白川村，开始做北上突围的准备。然而，由于连日激战与行军操劳，受伤病倒的人员与日俱增，加之当时幕府方面又已发出严令，协助天诛组者严惩不贷，所以天诛组连抬担架扛辎重的民夫都征集不到，无奈之下只得将多余的甲胄、武器、行李等一把火全部烧毁，由天诛组将士亲自运送伤员。在白川村做了整整两天准备后，二十三日全军踏上征途，冒着瓢泼大雨，日夜兼程，越过伯母岳，向决定命运的地点——鹫家口进发。二十四日傍晚，天诛组经和田、武木等地，离鹫家口已不到一里，只要能突破鹫家口这个要隘，面前便是敌军防守松懈的北大和地区。可是由于在白川村做行军准备而耽误了堪称致命的整整两天，征讨军彦根、纪州两藩已经在同一天到达此处，并布下了封锁线。摆在天诛组面前的只有最后一条路——正面突破，决一死战了。经过军议，天诛组做出了最后一次作战部署，决定让吉村寅太郎、松本奎堂、小川佐吉等伤病员的担架队在后，由那须信吾、林豹吉郎、植村定七等六人组成的敢死队为先锋发动第一波突击。这些人可以说是以自己的性命为代价来为战友打开突破口，然后由剩下还能战斗的三十余人随后跟进，设法杀开一条血路，掩护中山忠光等天诛组主要将领脱险。

二十四日夜，天诛组几队人马约定以“天”、“诛”二字为接头暗号，陆续出发，向鹫家口前的宝泉寺进军，驻扎在这里的是彦根藩井伊家的兵马，大约五六十人左右，在寺前燃起篝火，警戒非常严密。天诛组六名敢死队员借黑夜掩护，暗中接近彦根藩兵本阵，齐声呐喊，一拥而上。彦根藩步兵头伊藤弥左卫门只叫得一声“有敌人！开火”就被一马当先的植村定七一把掐住，双方死死扭打在一起滚

◇ 描绘天诛组发动冲锋的铜像，在后指挥者为吉村寅太郎，按剑冲在最前面的是那须信吾

◇ 位于东吉野的宝泉寺，当时彦根藩本阵所在地

进了篝火堆。敢死队长那须信吾随后突入，一杆长枪神出鬼没，早把措手不及的彦根藩队长大馆孙左卫门刺倒，再复一枪，结果了其性命。林豹吉郎、锅岛米之助等人冲进敌群，钢刀翻飞，当即又杀伤数人。趁着敢死队的拼死突击一时打乱了敌军阵势，中山忠光率领全军一鼓作气冲进彦根藩兵本阵，宁静的夜色顿时被枪声、喊杀声、刀剑相击声打破。彦根藩兵虽然遭到突袭，但并非毫无准备，他们迅速集中了火枪队，火光之下瞄准天诛组排枪齐射，冲在最前面的那须信吾身中六弹，大叫一声，倒地气绝。林豹吉郎正举刀冲锋，一颗流弹飞来，正中额头，也当场身亡。在彦根藩兵的猛烈火力射击下，打头阵冲进去的六名敢死队员几乎全部牺牲。但天诛组由于背水一战，已无退路，所以人人奋勇死战，中山忠光亲自挥刀上阵，指挥部下冒着弹雨蜂拥而上，与敌军展开近身肉搏，经过一场苦斗，终于以寡胜众，杀散敌军，冲破宝泉寺的彦根藩封锁线，离突出重围只剩一步之遥。可这一步，终究也没有能跨过去。

二十四日深夜，中山忠光终于率军杀出了鹫家口，但也看到了让他彻底绝望的一幕。面前几大堆篝火正熊熊燃烧，把夜空照如白昼，火光下，大批纪州藩兵已是手执兵刃，严阵以待。而当时中山忠光身边只剩下了上田宗儿、池内藏太、半田门吉等精疲力竭的十七个人……万般无奈之下，中山等人只得决定全军解散，大家化整为零，分头逃走，生死听天由命。中山忠光带领伊吹周吉、上田宗儿、半田门吉等六人往西一头扎进了大和的山区，向大坂方向逃去。一路上为了躲避征讨军搜捕，昼伏夜出，翻山越岭，苦不堪言。《大和日记》里形容道："（我等）若逢持灯火之行人，则避入山中。或偷偷到百姓家询问道路，乞讨食物……"好容易在雇来的本地向导帮助下，躲过了彦根、藤堂等诸藩的哨卡，于二十七日到达大坂，坐小船逃往长州去了。

应该说，中山忠光等人还是幸运的，虽然吃了不少苦头，但毕竟还是跑了出去，而那些被堵在后头的志士们，只能迎来他们悲惨的结局。天诛组三总裁中，双目失明的松本奎堂在侍从村上万吉的搀扶下逃进鹫家口附近的山中，但于二十五日遭遇搜山的纪州藩兵，主仆二人被当场杀死。同日，藤本铁石与战友福浦元吉等在进攻鹫家口纪州藩兵阵地时，被大批敌军包围，剧斗力竭而亡。次日，身受重伤的吉村寅太郎在鹫家口附近被津藩兵赶上，身中数弹，长叹一声："遗憾啊！"倒地气绝。其余的天诛组志士大多战死或切腹，剩下的如安冈嘉助、安积五郎、伴林光平、桥本若狭以及分裂出去的河内志士水郡善之祐父子等人纷纷在征讨军的搜捕下就擒，被押往京都六角狱，除极少数人之外，次年全部在狱内被斩首。而大难不死的中山忠光也没啥后福，他在长州东躲西藏了近一年，在元治元年（1864）长州藩内乱时被长州支藩长府藩派人灭口，对外做病死处理，下达密命的是幕府，还是长州藩俗论派？或是别的什么势力呢？真相至今未明。这场看上去煞有介事的"勤王"举义事件，就此以一场不折不扣的悲剧而落下了帷幕。

◇　战死的突击队长那须信吾，作为土佐著名勤王志士，那须信吾因曾刺杀土佐藩执政重臣，佐幕开国派巨头吉田东洋而享有盛名

结语

天诛组的起义是当时所谓"草莽崛起"运动发展到极致的产物，完全是由浪士自行组织发动，不带任何藩阀政治背景的武装倒幕攘夷事件，正如天诛组领袖吉村寅太郎所说的"首起干戈之事，诸侯难以决之，非浪士无以担开基之任也"。然而，可以看出，正因为这些草莽英雄的局限性，而导致了这场起义的悲剧结局。同中央政局的若即若离，使起义志士们根本不明白他们所遵奉的孝明天皇对自己的实际态度，导致起义的政治目的实际上一开始就与以天皇为首的中央朝廷南辕北辙。虽然"八一八"事变对天诛组来说是一个意外事件，然而，天诛组与中央朝廷之间这场可悲的误会已经注定了他们陷入被效忠对象无情抛弃的尴尬局面。

◇ 天诛组志士之墓

草莽志士们不仅在政治上表现得幼稚，在军事决策和组织上也暴露出了极大弱点。在武士阶层中的下层地位和二百余年的承平之世让这些草莽们既接触不到高端军事技术，又没有实战经验，更缺乏组织起义运动的手腕。这些弱点在起义过程中暴露无遗，战略方向不清，兜圈子来回乱跑，武器弹药等后勤供给缺乏，指挥散漫混乱，朝令夕改，屡犯低级错误，连各部之间基本的信息联络渠道都不畅通，更别提协同作战，甚至出现了前方明明已经打开出路，后方却掉头溜之大吉的荒唐事件，直接造成了天诛组一次最严重的分裂。所以，在幕府及诸藩组织严密的正规军围剿之下，天诛组虽然能凭血气之勇在局部战场获得一些胜利，但毕竟无法避免全军覆没的结局。

天诛组的溃灭，和不久之后几乎同样性质、同样过程、同样结局的另一场草莽志士起义——平野国臣的生野举兵一样，成为草莽崛起运动的高潮，但也同样使草莽崛起运动走入坟墓。这两场起义用事实证明了这些乌合之众根本无法撼动庞大的德川幕府，他们用鲜血和生命发动的起义，注定是一个个先天不足的早产儿，会被敌人轻易碾成粉末。于是，在文久三年（1863）这两场惨痛教训之后，这些草莽维新志士们开始走上了与萨摩、长州、土佐、肥前等西南雄藩结合的道路。只有这些与幕府同样拥有严密的组织和军队，并且更容易接近中央政局的雄藩们，才有可能成为倒幕维新运动真正的主力军与德川幕府最后的掘墓人。

神话的背后

“长州奇兵队”的虚幻和真实

作者：褚以炜

从浪客剑心说起

随着集英社少年 JUMP 杂志上连载的经典时代热血漫画《浪客剑心》被导演了大河剧《龙马传》的大友启史重编为真人电影热映，其主人公绯村剑心牺牲了一切个人幸福，为民请命的义侠形象，想必也让新生代动漫爱好者印象深刻。像笔者这一代的日本 ACG 文化爱好者，不少人都是通过这部漫画接触到明治维新这段激荡人心的历史的。绯村剑心出身农家，因天保年间幕府统治秩序混乱，地方治安恶化而失去了亲人，从而师从高人学剑。在看到开港以后社会的混乱，人民的痛苦之后，奋不顾身地弃师出奔，投身尊王攘夷运动，从参加高杉晋作缔造的长州奇兵队开始走上了他的“志士”道路。估计很多人也是借着这部作品，第一次听到奇兵队这一名词。并且天真地认为奇兵队是一支由革命志士创建，为维护人民利益而建立的军队。

《浪客剑心》无疑是虚构作品，但是在幕末长州藩的实际历史中，确实有不少像剑心这样的百姓子弟，或为报国，或想捞取武士功名，参加奇兵队为首的“诸队”，投身于历史的激流之中。由这样的“有志”之士构成的奇兵队，纵然给人以武士以外之人也能参加，是一支秉承着“横向团结”人民群众理念的“平民军队”的单纯印象，但实际上这只是其中一个方面，封建主从的纵向关系依然牢固地存在于奇兵队之中。

◇ 高杉晋作

今天，我们一提起高杉晋作，就会立即联想到奇兵队。他固然是该部的创建者，但是在奇兵队六年半的历史中，其在籍时间也不过只有最初的三个月。正因为他创造了这样一支“平民军队”，后世的评论家往往说他有志打破以君臣上下的纵向关系为支柱的封建社会，是平等主义、人民革命的先觉者，但实际上一向以“毛利家恩顾臣”自居，以自己身为“吉田以来士”（吉田指长州藩主毛利氏在战国时代的根据地安艺国吉田郡山城）自豪的晋作，拥有强烈的毛利家谱代家臣意识，他纵然因为看不起无能的高禄“肉食士”，而意图建立一支新型军队，但其初衷也绝不是想要破坏封建制度，提高庶民地位。

不管怎么说，过分抬高高杉晋作的“功绩”和“思想”，将之神格化和偶像化，都是脱离史实、倒果为因的错误论调。作为明治维新的“光明”一面，无论是在日本，还是在中国的历史教科书中，奇兵队都享有极高的评价。但这支部队果真是理想的“近代化”革新组织吗？本文将对奇兵队沿革史作一梳理，给读者一个得出自己答案的参考。

奇兵队的创设

光明寺党

文久三年（1863），随着将军德川家茂迫于被攘夷派公家和“志士”挟持的朝廷压力而上京，以实施“奉敕攘夷”，尊王攘夷运动的气焰达到了顶峰。长州藩本地的尊攘派也不甘落后，他们中的活跃分子结成了一支被称为“光明寺党”，统共几十号人的攘夷小团体。他们由吉田松阴门下三杰之一的久坂玄瑞率领，在四月二十八日迎攘夷派公家中山忠光为其名义上的首领。毛利家的官撰维新史《防长回天史》认为这支队伍“实为他日奇兵队组织之根源也”。这伙人在朝廷定下的攘夷期限文久三年五月十日来临之前，向当时位于山口的藩厅请愿前赴马关前线，充当“攘夷先锋”。在前赴马关之前，他们始以竹崎的长东寺，后以细江的光明寺为其啸聚场所。《防长回天史》收录的该队名单，其中确有入江九一、山县小辅（狂介，即山县有朋）、泷弥太郎、天野清三郎（渡边嵩藏）、长野熊之丞、马岛甫仙、赤祢干之丞（赤祢武人）、元森熊次郎、冈千吉、堀平三郎、吉田荣太郎、山田虎之助，藤村英熊（太郎）等日后的奇兵队核心成员人物。从这点来看，《防长回天史》认为这支光明寺党是日后奇兵队的母体的看法也并非没有道理，只不过这些人出身固然不高，但身份也都是下级武士，医生一级，就算是等级低如“仲间”（给正规武士提枪抬辎重的随从，身份低于足轻）级别的山县有朋，也是划在“兵”一线里的，并无一个真正的农商庶民。

◇ 久坂玄瑞

当时长州藩负责马关防御的总奉行是藩主一门六家之一的厚狭毛利家当主毛利元美（通称毛利能登），麾下部署有大组士为核心的正规藩兵六百余人，以坛浦、前田二炮台为中心设防七处，有大小炮二十至三十门。五月十日攘夷决行期限来临当日，光明寺党不听总奉行的制止，炮击了碇泊在马关海峡的美国商船彭布罗克号，打响了攘夷的第一枪。之后又在五月二十二日炮击了停泊在长府丰浦冲的一艘法国海军明轮通信舰，二十五日偶尔通过下关海域的荷兰军舰“美杜莎”号也遭炮击。光明寺党就如疯狗一般，逮住过路的外国船只不论军民都要咬上一口，气焰大张。消极于攘夷的毛利能登遭到光明寺党的指弹和抗议，被罢免了总奉行职，一时代之以其弟毛利宣次郎，到了六月十六日，直接换成了尊攘派家老国司信浓（亲相）。但在之前的五月二十七日，久坂玄瑞接藩命，进京周旋国事，光明寺党因首领不在而自行解体，脱离战线。

六月一日，长州藩因遵诏力行攘夷，获得了朝廷的敕奖，但外国军舰的报复也开始于这一日，下关先后遭到美国军舰“怀俄明”号，以及法国东洋舰队麾下的军舰“塞米拉米斯号”、“唐克雷德号”袭击，马关的炮台遭到重创，前田村毁于炮火，在下关停泊的长州藩舰“庚申丸”、“壬戌丸”也遭击沉。六月五日，就在下关前田炮台遭法军陆战队登陆破坏后，长州藩主毛利敬亲便急召当时赋闲

◇ 被移建到下关长府松小田的白石邸正门“浜门”

在家的高杉晋作问计，高杉答曰：“请以马关之事任臣，臣有一策，请募有志之士创立一队，定名曰奇兵队，然其非专从事以奇兵，奇兵中亦有正有奇也。所谓正兵者总奉行之兵也，对之以奇兵。”毛利敬亲闻之连呼妙计，立时命高杉晋作赴下关任事，组建部队。

这样，集中了“有志之士”的奇兵队，就在马关竹崎的商家白石正一郎（其人为长州支藩清末藩的御用商人）宅中诞生。正如《防长回天史》“夫兵有正奇，战有虚实，知其势者以制胜”之言，该部队初创的定位是为辅助下关防御的“正兵”藩兵而建立的“奇兵”游击队。《奇兵队日记》六月七日条称：“此日奇兵队有十五人”，到六月十日前后扩充到六十余人，奇兵队正式创立。

奇兵队结成纲领

晋作抵达马关，是在文久三年（1863）六月七日，他立即写出一份关于奇兵队的禀议书，提交给山口的藩厅，这份晋作亲笔书写的文件原本藏于毛利博物馆，近年被称为《奇兵队结成纲领》。在这份《奇兵队结成纲领》中，高杉晋作简洁地叙述了奇兵队建军的经过，并且列举五条纲领，阐明了他的建军意图。

第一条，高杉认为奇兵队当是由“有志者”构成的部队，“不撰藩士、陪臣（藩重臣的家臣）、杂卒，同样相交。”眼下应积蓄力量，建设一支“坚固之队”。

第二条，今后若有要事，当以书面向重臣前田孙右卫门提出，拜托他立即向藩主报告。

第三条，高杉预测现有的藩士和下级藩吏中，或许会有主动希望脱离现有单位，移籍到奇兵队中者，因不可夺其“匹夫之志”，将予以认可。但奇兵队决不能主动去挖其他单位的墙角，只能是本人“一旦有志希望参加奇兵队”，才能使之入队。

第四条，之后每有交战，当在“详细调查，提出日记”后，“不论陪臣、轻卒、藩士，速行赏罚”。

第五条，队法“不择和流西洋流”，专以力量为重，以众人各自趁手的兵器作战。

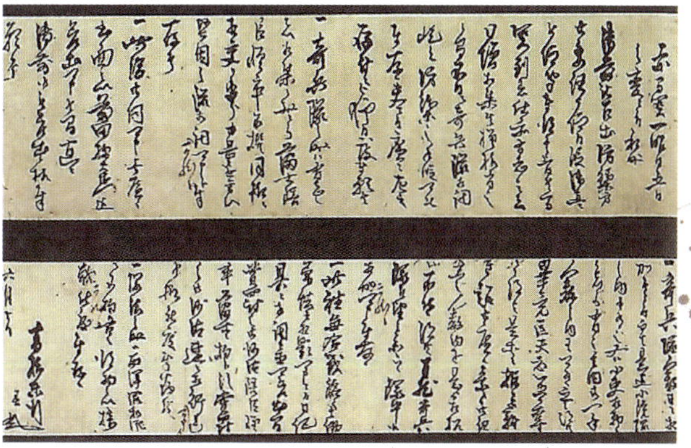

◇ 藏于毛利博物馆的《奇兵队结成纲领》

我们首先来看第一条，通常都说奇兵队是“有志者”的集合体，排除了门阀之隔，士兵之间“横向团结”十分紧密。但我们应该注意，身份的撤除只在“藩士、陪臣、杂卒”等武士阶层的范围内。在长州藩内，包括足轻、仲间、陪臣等下级武士在内的统治阶级只占了总人口的一成左右，高杉晋作谋求的只是这百分之十统治阶级的大同团结，尽管这百分之十的武士可以不择身份“同样相交”，但余下的百分之九十的匹夫下民自然是没有这个资格和武士老爷“同样相交”的。

再看第二条，高杉很明显是在铺设和藩高层的沟通渠道，意图使自己的部队直接“通天”，受藩主直接管辖。

关于第三条，在当时属于下关防御正规部队的长州藩士金子文辅的《马关攘夷从军笔记》六月七日条，则称当天奇兵队的泷弥太郎、入江九一、赤祢武人等人在正规军的营地里到处宣传：“当地又有有志之党的编队，有志望者便允许入队”，拉人入伙。不久就陆续有人脱队参加奇兵队，指挥官千方百计不能阻止。金子自己就和三个朋友在六月九日开小差投靠奇兵队去了。可见正规军中有不少武士都被奇兵队不择身份有功便行赏的优厚条件吸引，搞得上下秩序涣散。

那么，第四条中体现的“建军精神”是不是高杉的本意呢？高杉晋作在六月八日写给前田孙右卫门的信里大吐苦水：称他建立志愿部队“实非好标新立异，是诚为不得已之穷策，敬请理解愚衷，就便达于上闻”。文意里充满着对自己这样的大组士未能充当国家干城之责的悔恨之情。并且他在这封信中提到：“纵然兵力陆续集中，但依然难以设法防御，有志者多为轻卒以下身份者，此一事务请予以推察。”向前田说明只依靠既有之战斗力实难作战，寻求前田的理解。此时集中在晋作周围，为奇兵队建军而奔走的“有志者”、“轻卒以下”，自然就是入江九一、赤祢武人等原光明寺党诸人。晋作大概是想要将他们重新组编起来，获得他们的支持，才意图排除身份差距带来的障碍。

◇ 萩博物馆藏高杉晋作所用甲胄

第五条中，晋作提到奇兵队之战法“不择和流西洋流”，也足见奇兵队在初创时的装备也是鱼龙混杂。在前述金子文辅的《马关攘夷从军笔记》六月十日条中，记奇兵队出阵之际，高杉晋作身着写有“周布政之助”字样的“胴卷”，这或是当年三月晋作落发取号“东行”之际，作为高杉挚友的周布所赠送的畳具足。另外原光明寺党出身的奇兵队干部堀潜太郎当时所着的盔甲也流传至今，铠箱内侧甚至还贴着地藏菩萨的护身符，可想见其从军时的决心。一提到奇兵队，人们总想到一支着洋装，手持来复枪的“近代化军队”，但在建军当初，其创建者不仅脑子里是陈腐的封建攘夷观念，军装上也带着战国时代的霉味。

另外，在晋作到达马关后，长州藩的正规军也开始重组，当时，长州藩将八个大组中的益田丰前和儿玉小民部二组派遣到了马关方面，又将其中精锐一百余人编组成“先锋队”。《马关攘夷从军笔记》七月十四日条中称高杉晋作在阿弥陀寺的军营中挥毫题写了“长门有志奇兵队”和“长门有志先锋队”两面军旗。一些奇兵队的论著中总会将先锋队描述成门阀保守派的武力，但在身为门阀大组士的高杉晋作眼里，两者皆“有志”，并无分别。另外讽刺的是，自从奇兵队结成以后，外国舰队的报复活动也告一段落，为攘夷而建军的奇兵队，一时间却落入了无夷可攘的尴尬局面。

庶民的从军

现实中的奇兵队以一支士庶混成的部队而知名，但高杉晋作在《奇兵队创建纲领》中却没有提到要吸收平民参军。维新长州藩研究的权威田中彰在其力作《高杉晋作与奇兵队》一书中认为是晋作须将这份文件送给藩厅要人过目，行文必须有所保留。但这或许也是基于“高杉晋作有意打破封建身份制”的先行观念而作出的结论。事实上，晋作连打破那一成统治阶级内部的上下之别，搞大同团结，都觉得是“不得已之穷策”，就更不可能让武士老爷去和防长二州余下九成的匹

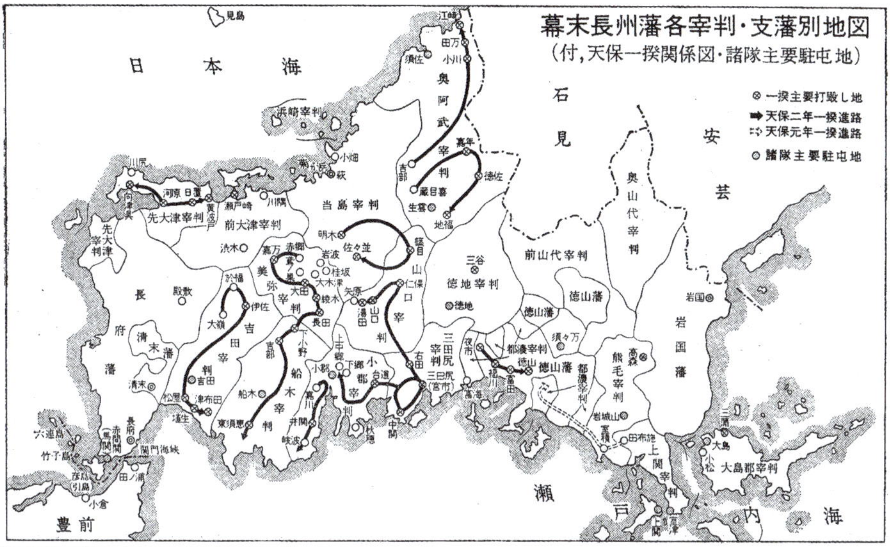

◇　幕末长州藩宗藩支藩及各宰判（地方行政单位）地图，付诸队驻屯地及天保一揆示意图

夫下郎“同样相交”了。高杉晋作在文久二年（1862）参加幕府使节团前赴上海之际，看到西洋传教士搞医疗慈善事业，对此极为警惕，认为这是洋人吸引无知愚民的手段。足见高杉的人民观和绝大多数尊攘派志士相同，都认为平民是没有国家民族意识（当然，对于那些饱受封建压迫的平民而言，日本国和长州藩也绝不是他们的“祖国”），洋人给点甜头就会屈身事“夷”的蠢物。虽说可以利用他们，但绝不会轻易地把他们当作可以信赖的对象。

但是，奇兵队从建立之初就有平民加入，这也是不争的事实。在白石正一郎文久三年（1863）六月八日的日记中，就提到“高杉提拔当家（白石家）为奇兵队”，白石本人和其弟廉作、井关右卫门、山本孝兵卫等人一起入队。井关和白石兄弟，都只是町人身份。

在幕藩制身份社会士农工商的框架里，保家卫国只是武士的职分，不是余下三民的活儿，因此为了维护这一形式，晋作有将参加奇兵队的庶民提拔为武士的形迹。他对可称是民间协助者第一号的白石正一郎的“升格”尤为上心，做了种种周旋，例如在六月八日他写给前田孙右卫门的书信中便称：“白石正一郎之事，因其周旋出力匪浅，无论如何拜托您一定要为下命提拔之事予以斡旋。”在同日他写给来岛又兵卫的信中也提道：“白石正一郎之仪，拜托您设法使之受命得任本藩御徒士。”高杉的门路疏通算是收得效果，七月五日，白石以受命协助攘夷之功，从支藩清末藩的一个御用商摇身一变为宗藩三十人通格的一个下级武士。

另外，在白石的日记六月二十四日条中也提到“奇兵队世话人井石纲右卫门获许带刀”，此人和白石同时入队的井关右卫门可能是同一人。这个井石在后年编纂的《忠勇义烈 长藩奇兵队名鉴》（收入下关市文书馆编，三一书房版《资料幕末马关战争》）中载为“元下关竹崎大年寄桥本盛之助支配，当时山下新兵卫组，井石纲右卫门”，此人也是一个以町人身份得拔武士的人物。

《长藩奇兵队名鉴》乃是原奇兵队士本田友一（宇野友治）编纂的奇兵队士八百一十六人的名单，只有极少数的队士附记了入队年月日和出身。翻检一下晋作奇兵队在籍时期文久三年（1863）六月到九月的入队者，只有前述井石等十三人。虽然资料过少无法判断，我们还是可以知道，这十三人当中十二人有武士身份，其中五人是从庶民升格上来的武士。当时流传着进了奇兵队就能当上武士之说，看来这在奇兵队成立当初也并非是单纯的传言。但是在高杉大哥草创奇兵队之际，率先“从龙”的几个草民纵然可能获此殊荣，待他日泥沙俱下，这等荣典就不是每个人都有机会碰到的了。

不兵不农的百姓队士们

自奇兵队建立之后，在长州藩内允许庶民参加的部队如雨后春笋般地冒出来，在文久三年十月到九月间，集义队、游击军、八幡队、义勇队等类似的士庶混编志愿军陆续结成，时人给了这些队伍一个“诸队”的总称。

诸队的编制一般以三十人左右为一伍，以几个伍为一小队，几个小队为一队。各队的编制名额各不一致，一伍之内，有不到三十人的，也有超过三十人的。一个小队有编二三伍者，也有辖五六伍者。部队的最高指挥官称总管，也称总督，总管一切队务，执行纪律赏罚，副总指挥称军监，在部队分股行动时担负分队指挥。另外，在队的本阵中，设置“诸差引方”、右笔、教习，会计、器械员、斥候等职务。一队之中，伍设伍长，小队设队长和副队长“押伍”（押伍同样具备小队内的分队指挥权）。队务并不由总管专断，而以队长、伍长会议决定。所以队长、伍长、押伍等人又有一个司令士的别号，所以说队内充满着民主气氛。诸队中小队队长由队内推选的做法甚至影响到了藩正规军，后来成为首相，戊辰战争时担任第四大队二番队司令的大组士桂太郎（清澄）在其回忆时就提到他的部下反对由藩所任命的队长，顽强地要求自选队长。

从 1863 年到 1867 年为止不论大小先后组建的诸队有四百余支，长州藩自然不可能将参加这些队伍的平民全部升格成武士。于是在文久三年（1863）十月五日，藩方发布了“农兵、商兵于异变之时节允许佩刀”的指示。并且，在村中原本准许称姓带刀的大百姓，以及市中大年寄格身份以上的町人“平日着服可准足轻、御仲间一格”。并且准许这些人应急出动时，无论公私场合都可带刀，这些允许带刀之人“听其志愿，延请诸士教授、修行火器、剑术亦无妨”。放宽这些标准的目的是为让这些庶民在有事之际“报答既往之御国恩”。另外在同一天，还发出了“向山口出动之农兵借予枪炮”的御用状。

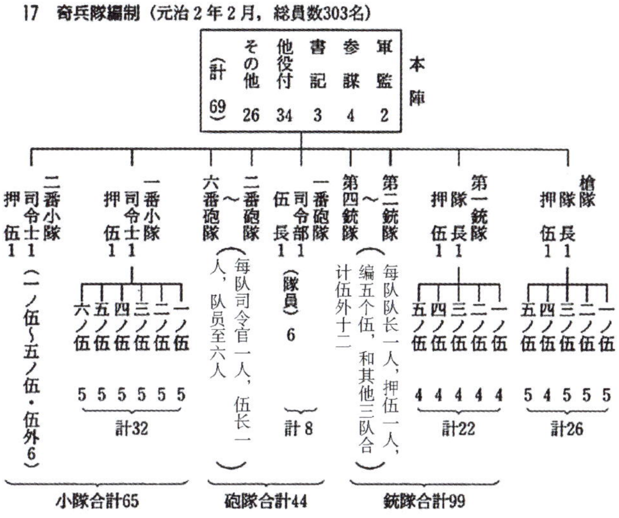

◇ 奇兵队编制（1865 前后）

长州藩有着天保年间十万余人规模的全藩“大一揆”的经历，藩方当然知道团结群众的力量，也知道这股力量失控所带来的危险。所以诸队的领导者所想出的法子就是给这些民众灌输忠君服从的武士道精神，设法部勒统率之。例如在文久三年（1863）七月四日，奇兵队士笹村阳五郎便因为“于武士道有难以饶恕之趣”的理由被命切腹。另外在第二年元治元年（1864）十月，奇兵队所制定的纪律《奇兵队谕示》，在文末亦强调所规定之内容为“武道本意”。

就这样，长州藩尊攘派用一视同仁的幌子糊弄庶民入队，然后让他们手持刀枪，用本来只是统治阶级道德标准的武士道意识形态为他们洗脑，让他们觉得自己算是个武士了。但并未变更其被治者身份，在某种意义上可以说是创造了大批不兵不农的四不像。这些人一边沉浸在队中“民主气氛”的错觉里，一边依然要遵从封建主从制的原则，成为长州藩推行其激进路线的军事工具。奇兵队士的这种意识差距，就为日后的悲剧结尾埋下了伏笔。

日本学者通过对《长藩奇兵队名鉴》的考证和分析，解明了名单中八百余人里六百四十一人的底细，其中武士身份者三百一十八人，占百分之四十九点六，农民出身者二百五十八人，占百分之四十点三，町人出身者三十二人，占百分之五，寺社关系者三十三人，占百分之五点一。在三百一十八名武士中，宗藩直臣

隊名	本陣詰	銃隊	砲隊	槍隊	小隊	地雷隊	付属隊	その他	計
奇兵隊	69	4隊·44	6隊·44	1隊·26	2隊·65				303
御楯隊	12		3隊·23		4隊·148		多治比隊·84	10	277
遊撃隊	27		4隊·23			1隊·19	3隊·145	25	239
集義隊	3		1隊·4					24	31
南園隊	10	1隊·33	4隊·31		1隊·33	7		8	122
鴻城隊	37		38		6隊·211	10		30	371
八幡隊	11	(不明・砲なし) 228					狙撃隊·46	9	294

注：根据三一书刊《资料幕末马关战争》所收《诸队总人数账》编制，关于膺惩队和第二奇兵队数据不明。

◇ (9) 诸队内部编制（1865年1—2月）

一百零二人，陪臣一百三十三人，扶养者七十二人，支藩士十人，他藩出身者一人。可见奇兵队的构成比例是兵民各半，队中一半都是“准武士”的庶民，另外，武士身份中属于陪臣、扶养者等边缘地位者也占去了一大半。

至于动员群众本身，也很难说是高杉晋作一人拍脑袋想出来的主意，长州尊攘派的高层人物早就有了此类想法。高杉的同志，长州藩的执政重臣之一周布兼翼（通称政之助）早在万延元年（1860）闰三月五日写给宍户九郎兵卫的信中就指出“五百石以上之高位武士，使之熟稔军事实无把握”。认为应该动员下级武士至足轻、百姓以当国防。周布在文久三年（1863）二月十日写给同僚正木市太郎的信中还称：“若使藩之要冲充满大炮小铳，便能设备而先发，压倒外夷，若使人民训练五到六月，固可充作一个能战之士，但若不与武器，便无训练成熟之望。毋论让民人身担竹枪，出入生死之间，更使君上失慈悲之怀。无论如何，制造局应充分准备武器，藩中人民七十万众三十五万是妇人，十七万五千是老幼男子，再无别事比预备余下十七万五千壮年男子堪用之大炮、步枪为要。”可见动员庶民攘夷早在酝酿之中，在外国舰队不知何时就要打来的危急时刻，长州藩组织民众武装，其实际目的也无外是为了增加能战之兵而已。

朝阳丸事件

以天皇的权威为背景的长州藩，特别是奇兵队等诸队的暴走，在当时已如洪水决堤，难以收拾。既然一时无夷可攘，奇兵队便盯上了马关对岸，属于谱代大名丰前小仓藩小笠原家管辖下的田之浦。当时长州藩所铸的青铜炮是滑膛炮，射程不长，外国船只只要靠着九州方面行驶，马关方面怎么也打不着。只要小仓藩按兵不动，便是外夷趴在眼皮底下长州藩也攘他不到。长州方面便以违反敕命为由向小仓藩提出抗议，要求小仓将炮台借给长州，小仓藩遵奉幕府命令，只是采取不置可否的慎重态度。六月十五日开始，奇兵队人员便渡过关门海峡，占领对面门司沿岸，在田之浦和布刈岬建造炮台。七月一日，朝廷对照期攘夷的长州藩下敕褒奖。但幕府却接到小仓藩提交的报告，为查问长州擅自炮击洋船和占领小仓辖地两件，派上使中根市之允前往马关公办，中根乘坐的幕府军舰朝阳丸在七月二十三日抵达下关，对长州方面发难。这对奇兵队来说简直无法接受。首先长州藩在安政年间已经确定了效忠于朝廷，守信义于幕府，尊奉藩祖毛利元就遗志，尽其孝道的所谓“藩是三大纲”，没必要听从幕府的无理命令。何况对于炮击外夷朝廷已经定调褒奖，你幕府又有什么资格来说三道四？

于是，奇兵队当即暴发，以攘夷作战需要的名义抢下了朝阳丸。藩厅虽然想稳便解决，但激进分子在八月十九日夜间突袭了长州小郡的幕使宿处三原屋旅馆，杀死幕府目付铃木八五郎和随从二人，枭首示众。正使中根好不容易脱出，也在二十二日在中关洋面的船上遇刺而死。这次事件激化了幕府和长州间的矛盾。在“八一八”政变发生，朝廷风向逆转后的元治元年（1864）一月二十七日，孝明天皇召将军德川家茂至小御所，赐以宸翰，对长州藩“无缘无故炮击夷船，暗杀幕使”提出强烈的谴责。

教法寺事件

高杉晋作正式受命为“奇兵队总管（也称总督）”，是在文久三年（1863）的六月二十七日，同日晋作还兼任藩的政务座役。政务座系文久三年四月由江户方右笔（书记）和地方御右笔两职合并而成，由藩主直辖的行政府的要职。但是他在奇兵队并未能待长，原因是在朝阳丸事件不断发酵前的八月十六日，发生了奇兵队和先锋队摩擦的所谓教法寺事件。这个事件的根子，便是毛利谱代家臣对“匹夫下郎”们构成的“诸队”的鄙薄和敌视。

当日，藩世子毛利元德（时名定广）本计划巡视奇兵队负责的前田炮台和先锋队负责的坛浦炮台，但完成前田炮台的巡视后便已近黄昏，对坛浦方面的巡视只能延期，世子便赐驻守两炮台的将士以酒肉，予以慰劳。当时下关一度无仗可打，守兵们百无聊赖，早就看奇兵队的匹夫下郎们不顺眼的先锋队士便借酒生事。入夜之后，先锋队员乘醉挑衅奇兵队的军使宫城彦助，宫城虽系食禄四百石的大组士，但因自矜为同僚所恶。之后做了中山忠光的随从，便自诩为尊攘志士，更为气骄。前日外国舰队报复炮击之时，他厉声斥责从炮台上逃窜

◇ 长州藩世子毛利元德

下来的大组益田丰前组所属的组士，得罪者甚众，便脱离原属，参加奇兵队。这一天，先锋队的大组士们嘲笑宫城是“诸队的奴才”，宫城则还口骂他们是“没胆的武士”，先锋队士大怒，便计划袭击奇兵队宿舍，杀掉宫城。宫城听到风声，准备和来敌拼死算数，便到下关高杉晋作下榻的醋铺奈良屋对高杉告以决意，高杉其时正和赤祢武人下棋，闻言大惊，便拉上宫城，前往先锋队的屯所教法寺去平息事态，赤祢武人则去阿弥陀寺喊来奇兵队士前往帮手。高杉和宫城在教法寺门前自报姓名，告以来意。但先锋队的队员们只是喊“杀了他们，杀了他们”，还有人朝外放枪。这时赤祢带来的队士赶到，见状大怒，便拔刀杀入教法寺内，高杉根本没法制止。起哄的先锋队士纷纷吹灯跑散，只有一个病号藏田儿之进走不脱，被奇兵队员乱刀砍死，周围的武器也尽遭毁坏。奇兵队杀人毁物后，便龟缩到阿弥陀寺彻夜战备。但先锋队并没有打来，他们只是偶然捕到了奇兵队辎重方所属的小使，五十九岁的奈良屋藤兵卫，这个倒霉的老者在受尽凌辱后被杀。事发以后，毛利元德害怕高杉负疚自杀，急忙遣人过来要高杉待命自重，不可轻生。另外在八月二十七日让宫城彦助切腹以消弭事件影响。很多著作说高杉因此事而被免去奇兵队总督职，但事实上他只是在八月二十八日被免掉了政务座役一职，奇兵队总督还是照旧担任。当时晋作写给身为藩主近臣的父亲高杉小忠太的信中提道：“先锋队、奇兵队争斗之一件诚如尊闻，实在惶恐不堪，已有御书下命免去政务役，只任为奇兵队总管一职。”后来在九月十日晋作重任政务座役之职，但被解除了奇兵队总管一职，这只是人事调动，并非惩罚措置。

晋作离开奇兵队之后，在山口专心于藩政，在十月一日又任奥番头，获薪俸一百六十石，更是出人头地。所谓奥番头是藩主近侍中的第一等，殿中诸事一切属其统管，相当于别藩的所谓御用人。当时“八一八”政变已经发生，长州藩势力被赶出京都。在长州藩面临危局之时，向来作为近臣为毛利敬亲所信赖的高杉家，更是受到不小的期待。另外一个方面，奇兵队虽免于解散，但在八月十三日接到转移命令，移往秋穗浦方面屯扎。

奇兵队的变质

河上弥市和生野之变

在晋作转往藩厅中央任职之后，成为第二代奇兵队总督的是二十一岁的河上弥市及二十二岁的泷弥太郎，二人都不是下级武士，而是大组士出身。这一人事任命也体现了藩厅以世禄士控制诸队的原则。这两位作为尊攘志士的资历，虽然远不如当时队中的吉田松阴门人入江九一、吉田稔麿、赤祢武人等人，但是入江几个只是靠着松阴的人脉，被藩中提拔成了只限一代的武士身份，出身是完全不及泷和河上的。

二代总督其一的河上是奇兵队的创队元老，高杉晋作在马关写成《奇兵队结成纲领》后，便是他负责将文件交给山口的藩厅。文久三年（1863）六月二十二日奇兵队占据小仓领田之浦一件，也是此人带的队。之后他向朝廷讨要征伐小仓藩的诏敕为由，在七月二十日带着几个队士进京，然而，这时京中爆发“八一八”政变，他们的目的自然化为泡影，当他们回到马关，乃在当年八月二十日。

“八一八”政变的突然爆发使得政变前作为天皇大和行幸的前锋而起兵的天诛组落入穷地。政变之前，这伙人先前把大和五条代官所当作反革命镇压了，但如今朝廷风声一转，他们却成了不折不扣的现行反革命。不得不在吉野山中和近畿诸藩派来的讨伐队苦战。为响应天诛组的“革命举动”，筑前浪人平野国臣和但马的豪农北垣晋太郎（国道）在九月二十八日访问了长州的三田尻，向“八一八”政变后逃到此地的三条实美等七卿和长州藩要求协助。北垣等人的计划是组织他们当时为日本海方面海防而在但马地方组建的农兵数千人暴动，支援在京都落入颓势的尊攘派同志。长州藩表面上虽拒绝予以协助，但对于奇兵队总督河上弥市带了八名奇兵队队员，奉戴七卿之一的泽宣嘉和平野等人合流，在十月二日从三田尻脱逃一事。长州藩厅只在形式上派人追了一阵，在实际上却听任这些人“暴发”。

十月九日，一行三十余人抵达播磨姬路的饰磨港时，天诛组业已覆灭。已经无处可归的河上弥市等人排斥了一党中的隐忍自重之论，强行向但马前进。十月

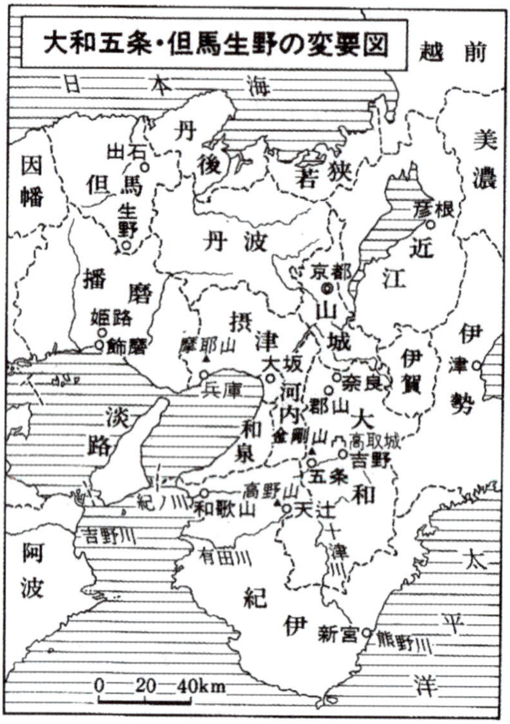

◇ 天诛组之变和生野之变关系地点示意图

十二日，他们兵不血刃地占领了因代官出差到备中而留守薄弱的但马生野代官所，花言巧语诱召了周围农民两千人，准备起事。但不久附近的姬路藩、出石藩便组织了讨伐队前来镇压。待到一头雾水的农民们弄清了事情原委后，反而倒转枪头要宰了这帮“伪浪人”。泽宣嘉和平野国臣等人仓皇跑路，河上弥市等死硬派十几人跑到位于生野北面数公里的妙见山山中，十四日，四周农兵大至，河上等人走投无路，只得自杀。这场名为生野之变的闹剧仅仅三天就落下了帷幕。河上愧恨之余，用化名将辞世句写在告示牌上云：

奉献　实践其行胜于议论之败残武士 袖手旁观国家大事之蠢物愚人

皇国草莽臣　南八郎

在覆灭之际，河上高声痛骂想要逃出生野的北垣等人“真是卑鄙无胆……早知有今天这等事，就不会让这帮草民出身的厚脸人参加正义之举”。统率着一支半民半士的混合武装的领袖，在临危之际终于吐露了自己的真实情感——让平民参加他们的“正义之师”本身就是个大失着。毕竟武士和庶民的价值观和道德观完全不同。尊攘派在长州藩内能够依靠藩权力糊弄民众，但到了藩外就什么也不是。毛利家的武士道怎么治得了但马国的百姓？

悲剧的第三任总督赤祢武人

河上弥市既然脱藩，作为光明寺党以来的元老，又系松阴门人的赤祢武人在文久三年（1863）十月四日补了河上奇兵队总管的缺。第二年元治元年（1864）

二月十九日另外一个总管泷弥太郎转职到藩厅中央，奇兵队的总管就只剩下了赤祢一个。

以往担任总管的高杉晋作和河上、泷等人都是大组士，正经八百的毛利谱代家臣。但赤祢武人却是个穷出身。他本是濑户内海上的周防国柱岛上的一个赤脚医生松崎三宅的长子，生于天保九年（1838）。对于长州藩来说，起用这等无来由之人，确实是一个有魄力的决定，也是因为鱼龙混杂的奇兵队之内太过“民主”，难以驾驭，对于藩方来说，需要一个接地气的长官来管理这个梁山泊。

◇ 赤祢武人画像

赤祢武人此人很有野心，十五岁就立志出岛，在长州藩寄组重臣浦元襄的领地周防阿月的乡校克己堂读书，接着先后拜虽是和尚却整天大讲海防的月性以及吉田松阴、梅田云浜等尊攘论巨头做师傅。安政四年（1857），他终于成为浦家的家老赤祢雅平的养子，虽说是陪臣身份，总算也成了武士。尊攘运动掀起后，他跟着松阴门人们“投身革命”，文久二年（1862），他和高杉晋作、久坂玄瑞等人一道参加了烧毁建设中的品川御殿山英国领事馆的行动，在奇兵队组建当初，他也出力不小，终于得到了接班的机会。

赤祢新官上任的第一把火，就是要藩方落实政策，解决奇兵队士不兵不农的尴尬身份，他在四月二十三日向藩方呈递了一张奇兵队名单和请愿书，要求藩方将农民队士全部提拔为武士身份，其书云：

名员帐别纸呈上。自赤祢武人以下至内藤忠次郎，虽都为匹夫下贱之辈。但正如当队组建之时所呈之趣意，当队乃集结有志者，不择陪臣、轻卒、藩士，同样相交，专以力量为贵而成军。自去年以来，本队受命再次前往攘夷之场所出勤，因全队上下素来决心和丑虏决战，万望以破格之命，将入队同志一同颁准士列。以上。

甲子　四月二十三日

赤祢武人　山口政事堂各位

赤祢武人起草这份文件的目的是借全体入队的庶民加入“士列”之事来提高全队士气。他称自己为“匹夫下贱之辈”，意图将队内的民主气氛合法化，在藩方一直模糊处理的兵农待遇问题上为阶级弟兄们讨个说法，可以说是奇兵队队史

◇ 前原一诚(初名佐世八十郎)

上值得加以特笔的一份史料。可以说后世人心目中奇兵队的"平等神话"，才是当时赤祢武人等平民队士追求的梦想。奇兵队结成才满一年，藩内便弥漫着"革命群众"即将翻身做主的气氛，可见长州藩的封建秩序已开始被他们亲手释放的民众的力量撼动，也说明了当时的庶民对获取权利的憧憬有多么强烈。

藩方当然没有接受武人的请愿。不但如此，赤祢武人的大胆举动，在那些只有在上下阶层鲜明的封建体制中才能找到归属感的武士们眼里，便是犯上作乱的大逆之举。在八组士们看来，高杉晋作起草的奇兵队结成纲领，竟然被赤祢武人这类低贱之辈擅自加以曲解，成了下等人谋出身的跳板，在感情上当然无法接受。五月十三日，大组士山县弥三郎就给同为大组士，身在诸队中的佐世八十郎（前原一诚）写信，指斥赤祢武人无法无天。信中愤慨地写道："武人搬弄口舌，轻蔑政局（藩政）。无论如何，在小生辈看来，恐并非事君以忠厚之举。"叱骂赤祢就是个"平生倨傲自大"的无父无君之辈。在赤祢的武士"同志"眼里，像他这样原不配"姓赵"的狂妄小子若敢自作主张出人一等，其可憎程度就更甚过外敌。

关于赤祢武人的下场，也只能说是造化弄人。当元治元年（1864）的禁门之变以长州藩的失败告终后，长州外临四国联合舰队的报复，内有迫临边境的幕府讨伐军。长州藩内主张对中央恭顺谢罪的"俗论派"在政治上占了上风，而高杉晋作等人却准备依靠几十条人枪冒险造俗论派政权的反。作为奇兵队总管的赤祢反对高杉的冒险举动，想走调和两派矛盾的第三条路。结果不仅队伍被高杉等人带跑，在高杉等"正义派"犯险革命成功后，赤祢只能成为路线斗争的牺牲品出逃。他在京中被幕府逮捕，关了近八个月。到了第二次长州征伐时，他又异想天开地请愿调停幕长矛盾，遂获释而来到征长军大本营广岛。但他在长州"正义派"当局眼中当然只是变节者，最后在家乡柱岛被捕，未经审讯，就在庆应二年（1866）一月二十五日在山口被处死。其罪行书中记载的处刑理由只是淡淡的一句："忘却多年厚恩，不忠不义之至，罪行难遁，因之处以斩首。"想要撞破身份制度厚壁的赤祢武人，无论对于俗论派，还是正义派来说，都是无足轻重的存在。据说他在临刑之前，在号衣上写了"真诚似伪，大伪似真"八个大字。

被按上“逆贼”头衔的赤祢武人，自然从长州藩的“光荣革命历史”中被一笔划掉，无论是长州境内各地的招魂场，还是东京九段坂的靖国神社，都不会摆放他的牌位。20世纪后，明治四十四年（1911），赤祢家的当主赤祢笃太郎发起运动，请求明治政府鉴于武人参加尊攘回天运动之旧功，为其追赠官位，平反昭雪。由伯爵大原重朝主导，属于半官方背景的“史谈会”审查了赤祢家提出的资料，认为赤祢确有资格追赠官位，当该案正要提到贵族院、众议院表决时，武人当年的政敌，元老山县有朋横枪杀出，强烈反对此事，同为奇兵队出身的陆军中将三浦梧楼也致信史谈会，煞有介事地作证称赤祢道德败坏，衣装奢侈，日夜逛窑子，为人好摆威风，妄自尊大（当时这帮“维新志士”，多少都沾有以上习气），还一口咬定赤祢在下关攘夷之际临阵逃亡，“战局未决，总督之马标先就没了影”（三浦的这个指摘在一手记录《白石正一郎日记》里有明确反证）。既然这么多功勋卓著的“老革命”们猴急着跳出来言之凿凿地指摘赤祢的“奸恶”，那么他的“反革命罪行”就只能是铁案了。

通过着装区别身份

在赤祢武人提出请愿两个月后，大概是藩方觉得不能放任这种“犯上作乱”的风气渐长，于是在元治元年（1864）六月二十一日，就对奇兵队等“马关出勤中诸人”下达了着用标明所属的袖章的指示。别在衣袖上的袖印纵九寸，横三寸。武士的袖印用白绢，足轻以下用麻布，上书所属组名。陪臣中武士格也用绢，以下全用麻布，在上方书写直属主人姓名，没有获准称姓（苗字）的庶民队士只能写名字。很明显，这是为了严明队中尊卑等级的举措。

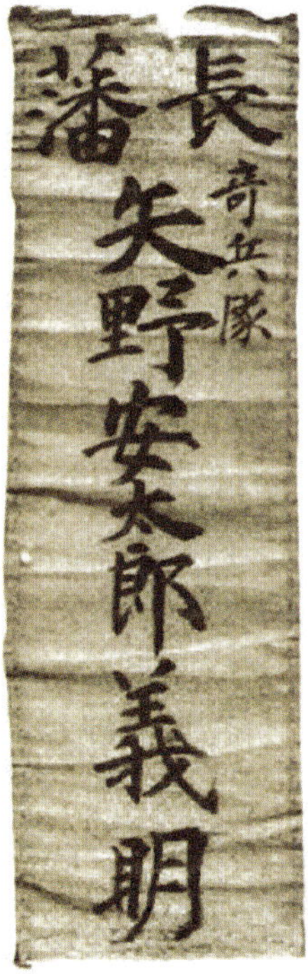

◇ 奇兵队士佩用的袖标

紧接着在七月二日，藩方再度对奇兵队下达了严格按规定着用袖印的指示，声称“士庶之区别并未完全按照藩令执行”。从现存的几件百姓出身的奇兵队士的袖印实物看，材质虽然是麻布，但却堂而皇之地写着苗字，可见他们确实并没有严格遵行先前提出的藩命。只要是在队里，他们并不把身份差别当回事。袖印的着用令最终也在戊辰战争进行中的明治元年（1868）四月废止，只在右袖上套上一圈白布，作为

◇ 高杉晋作自藩主拜领的直垂礼服

识别标志。

继规定了袖印式样后，藩又企图在队员的着装上强化身份区别。《奇兵队日记》元治元年（1864）七月六日条的记载，长州藩对奇兵队的军装从用料到样式都做了十分琐碎的规定，其目的就是“区别士分匹夫，使之不及混杂”。其中“诸士”（长州宗藩直属）允许在仪式上着用作为“古来将士之礼服”的“铠、直垂”，但不许装饰华丽。另外强调“御手大工（木工）、御细工人（工匠）、足轻”等下级武士和农商出身的队士着用的衣服一概不许附有纹样，并且严禁穿着马褂。这些所谓的“轻卒”是不被当作武士的。

关于衣服用料的规定为，藩士可以在一定场合穿用绢衣，当时外国进口的洋木绵布也是允许着用的。陪臣一格的武士虽然一般只许穿木棉衣，但由主人赐给，附有主家家徽的马褂（割羽织）“依旧着用亦无妨”。下级武士和农商“不论平时，异变都只许穿着木棉”，并且“上衣的袖襟严禁使用绢布”。藩方在指令末尾强调：“若如以往一般不以为意者将以严处”，若有人敢违反禁令，将“不拘先例，予以法外之重惩”。

对于桀骜不驯、难以驾驭的平民队士，藩当局便想方设法地将他们羁縻于封建制度之下，保守派更恨不得取消这些碍眼的队伍。随着长州藩在京都政治斗争中失败，长州藩的尊攘派失势，一些头面人物或战死，或逃匿，或刑死，和这些人紧密相关的诸队，自然也走到了生死存亡的关头，为了扭转局面，尊攘派武士只能依靠他们缔造和掌控的诸队势力。奇兵队自此开始向着巅峰阶段迈进。

“正义派”和“俗论派”的斗争

四国联合舰队炮击马关

文久三年（1863）八月十八日政变之后，长州尊攘派的激进分子已经按捺不住，进军京都挽回局面的呼声震天响，其中最激进的就是游击军总管来岛又兵卫，颇有不惜带队脱藩，进京一搏的气势。高杉晋作反对这种只热衷于京中权斗，采取不切实际的军事冒险的错误路线，他在元治元年（1864）正月下旬的一封书信中表示：“在下之割据，以施行真实之割据为合我意，进发亦以真实之进发为合我意也。割据上边（京都）非合我意，听闻进发上边之论则怒从腹来。”主张必须做好充分的军政两略准备（真实之割据、进发），才能徐图进取之谋。但来岛等人经高杉多方说服也不肯改变举兵意见，晋作自己也因卷入其中纠纷，犯了擅自离藩上京的过错，在当年三月底被没收知行、禁闭于野山狱中。

这样一来，藩中再无人给激进派踩刹车。随后元治元年六月五日的池田屋事件，直接点燃了尊攘派的无边怒火，长州藩立即派出福原越后、国司亲相、益田亲施三家老进京，来岛又兵卫、久坂玄瑞管辖下的游击军、宣德、八幡、忠义、集义、忠勇诸队随行，于是爆发了元治元年七月十八日深夜的所谓“禁门之变”。朝着宫阙进军的长州军大败于萨摩、会津两藩为主的诸藩兵，久坂玄瑞、来岛又兵卫等人皆死于此役。长州藩在政治上瞬间跌落到谷底，被朝廷彻底打成了“朝敌”。屋漏偏遭连阴雨，英美法荷四国联合舰队也在当年八月打上门来，企图彻底攻破长州这个最

◇ 在禁门之变兵败后，真木和泉等人在天王山上集体自尽

顽固的攘夷堡垒。

在九州国东半岛的姬岛洋面集中的四国舰队，在八月五日下午二时过后，兵分三路朝下关沿岸扑来。这支舰队共有军舰十七艘，炮二百八十八门，携陆战队五千余人。长州藩新被重创，实在难以应付如此强敌。但兵临城下，别无他策，只能由未参加禁门之变，温存了战力的奇兵队诸部硬着头皮应战。长州方在下关沿岸彦岛到长府的十五公里海岸线上配置了十四座炮台，备炮一百一十七门，但青铜炮数量有限，有些炮位用的是打上三发炮弹就会散架的木炮充替。在兵员方面，奇兵队、膺惩队等诸队约有六百人，加上本藩、支藩的正规军和农兵，充其量也不过两千人，至于武器装备山县有朋在他的《怀旧记事》中描述了长州诸队当时的武备情况："此战我兵中所携之米涅枪（前装线膛步枪）仅有数十支，余皆格沃枪（滑膛燧发步枪）及火绳筒，又有仅有弓箭长枪者，防战之困难可想而知。"既然武器、人数都不占优，长州方自然陷入苦战。长州的主要火力点是拥有二十门炮，由奇兵队总管赤祢武人率队士驻守的前田炮台，作战时他们遭到四国舰队猛烈的炮击，其势"如回声谷中百雷一时齐发"。长州的炮座被彻底打哑，有的队士被炮弹击中，"身体粉碎，体躯不能收拾，右手接头颅，左手自擘而裂，两足自膝以上存之，余皆粉碎不能认其所在"。四国舰队所载陆战队在黄昏登陆，攻克前田炮台。第二天八月六日浓雾大起，英法军舰发生碰撞事故，锚链缠绕不受控制，进入长州军坛浦炮台射程内，坛浦的指挥官奇兵队军监山县有朋抓住机会开炮，打死敌舰副舰长以下数人。英军旗舰"欧律阿勒"号舰长亚历山大上校立即命令陆战队登陆压制炮台。于是英军约一千二百，法军三百五十，荷军二百五十，美海军陆战队五十余人登陆，和奇兵队、膺惩队诸部展开激战，虽然两边死伤相

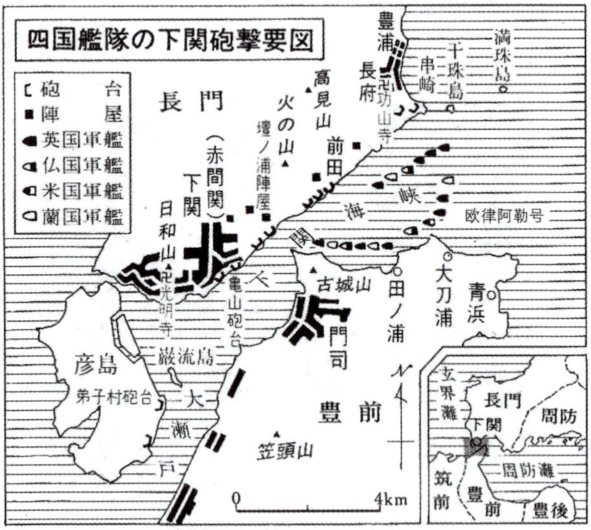

◇ 四国联合舰队炮击下关示意图

当，但长州方面也无法阻止陆战队破坏炮台。经过两天激战，下关海防毁于一旦。藩厅困穷之余，只得将在野山狱中关禁闭的高杉晋作请出，化名宍户刑马和四国舰队谈判议和。答应了外国船只通航下关海峡，在马关向来往船只提供饮水、食物、燃料，拆除沿海炮台等诸条件。高杉晋作以长州遵照先前幕府“奉敕攘夷”方针行事、不负其责为由，成功地将赔偿金三百万元转嫁到幕府头上，这笔硕款直到江户幕府倒台也只赔出了一半，不得不由这些反幕派建立的明治政府继承下来。

长州刚刚送走了兴师问罪的外国舰队，又要面临朝廷和幕府派下的征长大军。孝明天皇在七月二十三日便下达了征长令，幕府遵诏动员西国诸藩，以前尾张藩主德川庆胜为总督，征伐长州。另外一个方面，长州藩内支持尊攘的周布兼翼、毛利登人、前田孙右卫门、高杉晋作等“正义派”要员遭到主张以维持毛利家社稷为重，应对幕府恭顺谢罪的“俗论派”椋梨景治、赤川太郎右卫门等人的攻击而被逐出政权中心。[①]掌握了藩政要路的俗论派计划处死先前上京之福原、益田、国司三家老，及中村九郎、竹内正兵卫、宍户左马介、佐久间佐兵卫四参谋，引渡三条实美等尊攘派公卿，让藩主毛利敬亲、世子毛利元德隐居，来向幕府讨饶。奇兵队数次上书藩主，对俗论派的全面投降主张提出反对，却未获效果。藩主父子不久便离开了山口政事厅，回到深受门阀保守势力影响的本城萩城。

眼看就要陷入不利局面，奇兵队只得从秋穗驻地拔营，经三田尻，在十月二十日转向山口附近的要地德地。军监山县有朋亲往山口，从藩厅中仅存的正义派官员北条濑兵卫处成功地取得了可支一年的薪俸给养，总算是得到了足以和俗论派藩厅对抗的经济基础。

“奇兵队谕示”的制定

被俗论派掌握的藩厅要执行其投降路线，自然将诸队视作眼中钉，元治元年(1864)十月二十一日，藩厅下令解散奇兵队等诸队，诸队成员大半不肯听从此命令。当天，诸队干部在周防德地集会，拟定了被称为“奇兵队谕示”的非常时队规，全文如下。

一、以礼让为本，以不违民心为宗旨。礼让者不乱尊卑之序，各守本分，凡

①所谓俗论正义之争，源自长州藩天保改革以后村田清风和坪井九右卫门两派系的轮替政争，尊攘派人士多出自村田清风一系，自我标榜为“正义”，而将其政敌坪井及其立场继承者椋梨等人指为“俗论”。这个概念被长州藩的官方维新史《防长回天史》确定下来。

事不可任意妄为，应忠实诚恳而不骄傲自满。

一、切莫妨碍农事，不准擅入农户。狭路遇到牛马，应避于道旁以利通行。凡属耕地，虽无稼禾亦不准践踏。

一、山林之竹木栌楮等固不待言，即道旁之草木亦不准砍伐，至于勒索民家之水果、鸡、犬等物，甚为不可。

一、言语对接应和蔼，不可稍有威吓口气，务使人乐于接近。

一、服饰等其他制度，素以简朴为要。

一、应劝导乡勇队员自觉前往击剑场，劝谕农家小儿入学校受教育。

一、应以不畏强敌百万，而畏弱民一人为武士道之本意。

可见诸队方面对维持军民良好关系做了相当细致的规定。因为，他们已被藩厅视为非法团体，再得不到庶民支持，无疑将难以为继。所以诸队只能将自身群众性的一面尽力放到最大。这条史料在维新史的著作里作为诸队团结群众，善于掌握民心的例证，经常得到引用。

然而我们今天重读这个文件，便会觉得使它仅仅是罗列了一些常识，进行幼稚的道德说教。民俗学者宫本常一在《被忘记的日本人》一书中就指出，当初入队的庶民队士中有相当一部分是被呼为“世间师”的跑江湖、二流子，也不乏无法继承家业，游手好闲的农家次子、三子，或是平日性情粗暴、亲戚断绝而无家可归之人。翻检《奇兵队日记》，便能找出若干队员窃盗财物，和居民发生冲突

◇ 幕末当时拍摄的贩夫照片，反映了当时走街串巷，固游走各地讨生活的民众风貌

的例子。对于这些本来就无法无天不服管束的流氓无产者，当然只能像今天管束小学生一样将最基本的行为守则一一列出，严加执行。

《马关攘夷从军笔记》文久三年（1863）九月三日条记载，当天几个奇兵队士去俵山温泉（在今长门市）途中，在大庄屋中野半左卫门家中时被其妻提醒道："诸君所带刀的朱鞘一给百姓们看见，就吓得说奇兵队来了，抖抖索索，避之不及，希望你们把刀鞘收起来。"四日的日记中则称他们一进温泉，"其他之浴客皆去"。更有甚者还大吃霸王餐，平民略有触忤就借着酒劲拿刀砍人。足见诸队平日纪律之一斑，如今他们虎落平阳，若再不加以整顿，便是自取灭亡了。

另外谕示的文章里，还有不少"礼让"、"尊卑之序"、"武道之本意"等体现封建道德意识的用语。他们虽然主张对于群众要以慰抚为主，却用的是居高临下的语气。毕竟奇兵队的领导者们都是长州藩士，他们在藩校明伦馆发蒙时学到的山鹿素行流军学就告诉他们农工商三民"皆随心所欲不知其节，偷盗、争论不休，若任其性气，将失人伦之大礼"，所以必须由武士来统治和领导（《山鹿语类》）。这基本是当时统治阶级的一致见解。诸队的领导者自然还是以向庶民出身的队士植入封建阶级意识来加以管束，防止出现不祥事件。

高杉晋作举兵"回天"

不肯听从藩方解散指令的奇兵队、御楯队、八幡队、游击军、南园队、膺惩队等诸队的主力在元治元年（1864）十一月四日，以参拜初代藩主毛利辉元的父亲隆元的菩提寺常荣寺和山口鸿峰大神宫为名，开始从藩内各地向山口集中，人数达到了七百以上。此时藩方已经取消了他们的编制番号，他们便自己扯旗，以诸队会议的方式决定进退。六日，他们将山口永福寺定为"诸队会议所"。十一日至十二日，俗论派政权应承幕府要求，将三家老四参谋斩首，诸队感到继续聚集山口存在危险，就将暂居汤田的三条实美等尊攘派五卿迎入阵中，并和支藩长府藩联络，转进长府城下。奇兵队总管赤祢武人和参谋时山直八前往萩城，和俗论派藩政府开始交涉，这时幕府征长部队尚未撤退，赤祢认为当前第一急务在于避免内战。通过谈判，俗论派政权同意只要他能稳定诸队骚动，就不对被他们囚禁的正义派藩士下手。此时赤祢的行动还是受到诸队支持的。另外在幕府征长本营方面，从征诸藩并不积极进兵，总督德川庆胜态度也是如此，在行事上完全听从参谋西乡隆盛的主意。而西乡这时接受了幕府鸽派人士胜海舟的意见，转变了思想，认为在外国舰队兵临兵库海岸，逼迫朝廷开港敕许的情况下，不宜对长州穷追猛打，而应致力于反对拘泥"幕私"的幕府鹰派势力，实现会合雄藩的公议政治。在这种情况下，征长总督给长州开出

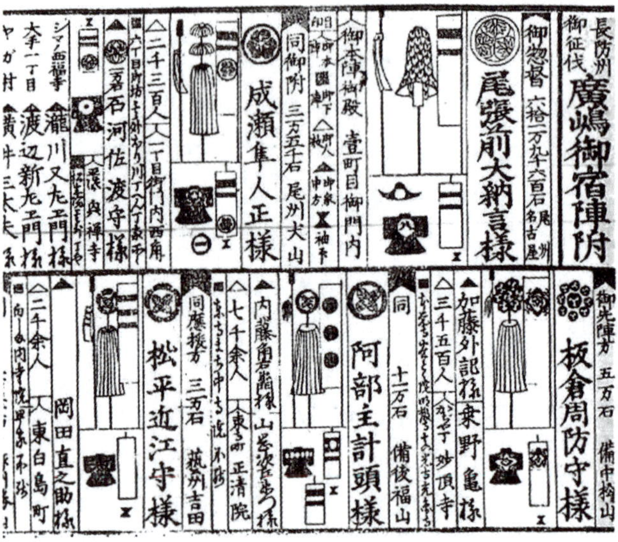

◇ 记载了一次征长之役期间参战诸藩的人数、屯所的“御宿阵附”

的投降条件自然十分宽大。仅要求藩主父子进寺庙闭居、尊攘派五卿退出长州、破坏山口政厅等三个简单条件。于是在十一月二十九日，藩主父子移住到萩城下的庵堂天树院，藩厅派人挑掉了山口政事堂几块瓦片以示“破坏”，本就毫无发难之心的征长总督德川庆胜看到长州摆出恭顺的样子，就急急忙忙地解散了征长诸藩兵。对于长州藩而言，接下来只要平息诸队，让三条等人移住别处（五卿在次年一月移居筑前），就能成功渡过危机。

但是诸队中的激进派并不甘心，十一月下旬，诸队干部冷泉雅次郎（天野御民）、石川小五郎、玉木彦助等人认为“若诸队今日之境况久拖不下，恢复之观甚无希望”，必须“从外加以刺激冲击”。他们计划在藩中发动恐怖活动，到处打杀俗论派派遣的地方官，激起藩厅讨伐，这样“战端一开，诸队人心立时团结，依之击败贼军易事耳”。这时，在俗论派政变后一时逃往九州避难的高杉晋作回到下关，他起初不同意冷泉等人的激进意图，认为这会导致队中意见分裂，但是不久便改变主意，准备不惜犯险也要在下关发动武装暴动，夺回政权。十二月八日，赤祢武人从萩城归来，因其主张讲和而与高杉严重对立。赤祢说服了和高杉同心的御楯队主管太田市之进等人放弃举兵。高杉大怒，在十二月十二日夜中来到御楯队本阵，大声斥骂太田和其书记品川弥二郎：“君等皆为赤祢武人所欺矣，说来赤祢不过大岛郡一土民，安知国家大事，两君公（藩主父子）之危急。君等思余为何人哉？余乃毛利家三百年来之世臣，非如武人之一土民可比，余定行此事，愿诸君鉴从来之高谊，贷余一匹马，余行一里则毙是为殉国，行十里而死亦是为毛利家尽忠，愿贷余一马！”尽管他其时之神情“毛发倒立目皆裂。一声高而一声低，如怒如恨，如叱如嘲，声色俱厉，座壁为之动摇，人人皆股栗不语。”但是他不经意表露了自己作为毛利谱代家臣的骄傲之气，和对平民同志的轻蔑之情，所以应者寥寥。

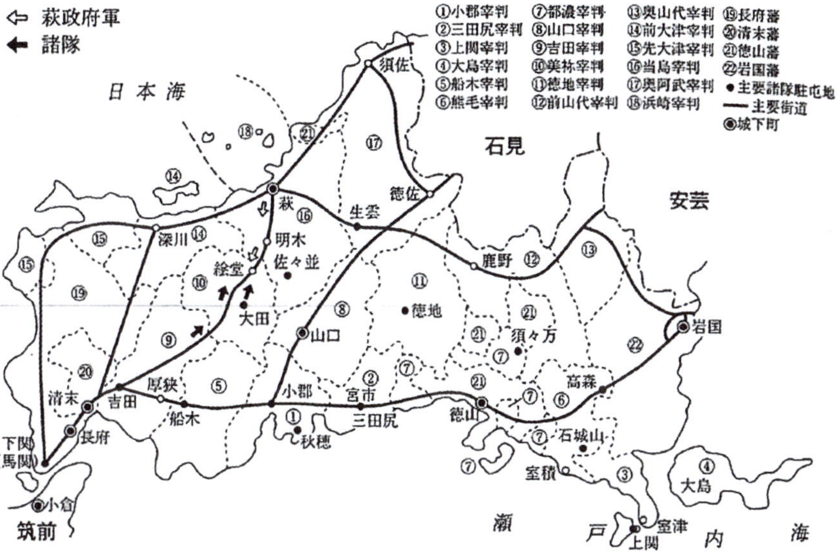

◇ 长州藩元治内战全体经过示意图

高杉见众人不应，摔门而出，离开长府到下关去找在禁门之变中失去队长的力士队的管带伊藤俊辅（博文），并成功掌握了这支仅八十余人的武力。他遂靠着这一小股兵力，以及一些无处可去的外藩脱籍亡命之辈，前去占据下关新地的藩会所。该处的奉行根来上总政治立场接近正义派，便留下物资，不加抵抗地退出。高杉晋作在这里宣布对俗论党政府开战，以“慰洞春公（藩祖毛利元就）之尊灵于地下，使两殿（毛利敬亲、元德）之正义光耀天下万世，安抚国民”。并写下决死的遗书，上书“故奇兵队开辟总督高杉晋作，毛利家恩顾臣高杉某嫡子也”一行大字。晋作的前后举动可谓活写出他和奇兵队的奇妙境遇——其行动打破了藩的封建秩序，但其思想状态却和封建意识形态表里一体。这不仅是高杉晋作和奇兵队本身的矛盾，也是整个明治维新运动所无法克服的矛盾。

高杉既然举兵，赤祢武人进退失据，只能逃离奇兵队，最后未得善终。而被俗论派政府囚禁的正义派藩士也因此陆续被处死。赤祢在庆应元年（1865）八月十日写给养母的信中悲愤地写道：“诸队镇静在即，因高杉晋作一派游击队不闻我之议论，一发暴举于下关新地，萩之俗论家立即背约，前田（宇右卫门）以下志士无端遇害，遗憾之至，可叹至极。”

于是，长州内战随即爆发。之前观望的诸队一致和高杉晋作的起义路线靠拢，

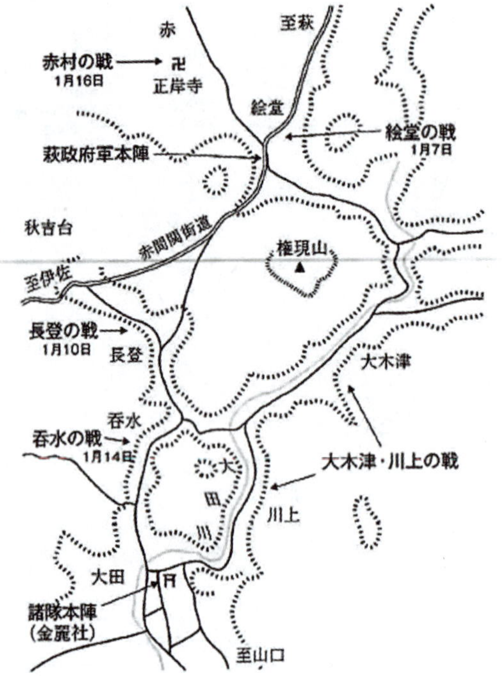

◇ 太田绘堂战斗要图

并转屯到位于萩和马关中间地带的伊佐。俗论派政府立即任命厚狭毛利家当主毛利宣次郎为“诸队镇静宣抚总奉行”，和寄组重臣粟屋带刀，儿玉若狭并率以先锋队为主力的藩正规军前来镇压，其前军粟屋带刀进至绘堂，遣使要求诸队解除武装并解散回家。诸队不仅不答应，还四处发动豪农地主，驱逐藩方的代官，成功控制了山口、船木、德地、三田尻、吉田、大岛等“宰判”的行政权。庆应元年（1865）一月七日拂晓，奇兵队在投下战书后，迅速突袭位于绘堂的俗论派政府军，并在太田布阵。一月十一、十四日两天，起义诸队接连击退正规军的进攻。高杉晋作在十五日从马关带来了游击队的援兵和主力会师，诸队便在十六日一鼓作气，猛打退却到赤村的藩政府军，将其驱逐至明木。之后，诸队在太田召开作战会议，会上晋作和诸队干部意见对立，高杉晋作主张立即从绘堂街道进攻明木的藩政府军，但奇兵队军监山县有朋认为应先出屯山口，稳固根据地，然后三方出兵。山县还寻求御楯队总管太田市之进、福田侠平、堀真五郎等人的意见，依靠众议使高杉撤回自己的主张，而从山县之策转进山口。被下级武士的横向串联所压倒的高杉即便心有不平，也一时没有办法，只能听之任之。自此，诸队集结于山口，在这里重设“诸队会议所”，作为总根据地。

诸队和藩政府的连续摩擦

诸队包围萩城

看到诸队在太田、绘堂诸战斗中取胜，在萩城下便冒出了一股以大组士杉德辅（孙七郎）、冷泉绥丰、香川半助、江木清次郎等人为首，表面标榜中立，暗中偏袒诸队势力的“镇静会议员”，这些人由大组士和远近附士约二百人构成。他们将俗论派首脑逐一拉下马，陆续恢复了正义派藩士的公职，不久就以镇静会成员为主体，结成了名为“干城队”的军事组织。庆应元年（1865）二月十三日，干城队出面邀请当时驻扎在生云的奇兵队出屯萩城东光寺。于是在二月十四日到十五日，奇兵队、御楯队、南园队、游击队各抽调一部分兵力朝萩城进军。诸队夺取的藩军舰癸亥丸也朝城下施放空炮，威吓保守派，对藩厅施加压力。二月十九日，藩政府在萩城中召开大会议，商议藩是去向。会议决定，二月二十二日到二十三日间，藩主和世子在城中的御灵社进行临时祭奠，对毛利家列祖愧谢自己的“不明不德”。四月底，藩主、世子再次将诸队控制下的山口定为藩府。并将方针从对幕绝对恭顺改成了据地自雄的“武备恭顺”，主张其“正义”，开始准备反幕府的“大割据”。

奇兵队和八幡队所驻扎的东光寺，和大照院并为毛利家历代藩主的墓地。在一般情况下，下级武士和平民根本不可能随便进出。从二月十八日开始，大照院也住进了诸队的人员。藩主闻之大惊，想让诸队退出该地。到了大会召开的十九日，藩主派遣重臣能美右门到奇兵队的驻屯地，表达了藩主“诸队相逼甚迫，使人心

◇ 山口大照院，毛利家历代当主的墓

生无谓之疑，反而妨碍施行，先退至于出云（生云）”的关切。但奇兵队却以诸队意见未被充分采用为由予以拒绝。接着从二十二日举行临时大祭开始，奇兵队等诸队又以防备“万一之异变”为由擅自开进萩城，藩政府派员多次制止而无效。直到二十二日，世子毛利元德亲自为“镇静”诸队前来说项，奇兵队才诚惶诚恐地退去。

高杉晋作的忧郁

高杉晋作本人将这一次从“俗”归“正”的政权更替称为“回复”。但是回复虽成，长州藩的封建尊卑之序也基本扫地，奇兵队等诸队武装包围着萩城一步不退，藩厅的一举一动都遭到“轻卒”和“匹夫下郎”的监视。在这些原本在封建秩序里本不足取的队士们看来，抛头颅洒热血，建立志士们想要的新政权的功劳全归他们。高杉等志士们靠对群众让步，发动民众力量的方式推倒了俗论派政权，但如今怎么重树藩的权威，实现对诸队的控制就成了吃紧的课题。

晋作能指望的力量就是由镇静会成员所组建的干城队。干城队的成员都是世禄武士，在庆应元年三月十五日被藩主承认而成为正规武力。其总督乃是永代家老铃尾驹之进（福原越后嗣子，福原家因为参与禁门之变被命绝户，而改姓铃尾氏，益田氏则回复原姓御神本氏），头取（领队）则是大组士佐世八十郎（前原一诚），这两位都是长州藩谱代家臣中的名门出身。晋作计划利用干城队，尽量遏制诸队下士胡作非为。三月五日，高杉给为干城队创立而出力的佐世写了一封长信，信中称既然“国内规律”一应重振，接下来就应该使“士民归农，商夫专于商”，而且吐露了如今他面对自己亲手组建，但已经无法力控的奇兵队的心境。

又正如先日所言，弟（晋作）亦八组士，虽本欲八组士之自强，实非得已而立奇兵队等名色者也。

他因为八个大组的“世禄干城”多半不中用而不得成立奇兵队，但如今却显露下克上之势，所以他就干城队和奇兵队的关系对佐世做了以下建议。

此次干城队得以振兴，实乃大幸之至。当从速择英气之士为干城队总督，诸队之规律法度也请以干城队为表率，诸队之指挥号令亦由干城队请之以政府，将诸队之总管召至会议处予以布达。

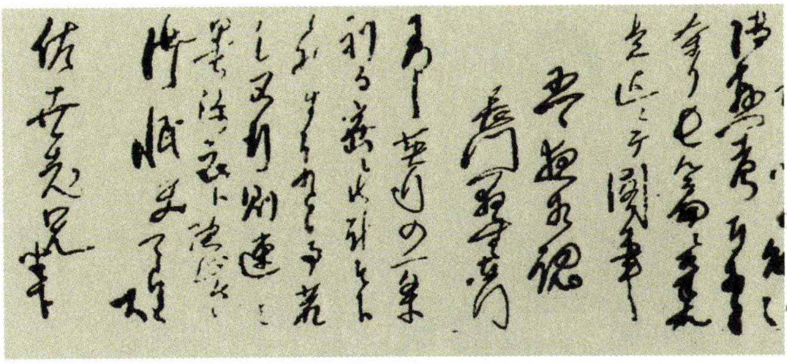

◇ 高杉晋作庆应元年三月五日致佐世八十郎信件的末尾

晋作的意见很明显，他欲图将干城队置于诸队之上，藩令亦由干城队朝诸队布达，借此还可将诸队的自治机构会议所抽空成一个上意下达的机构，没有干城队下令，诸队都不得擅自行动。由于诸队主力屯集山口，势力巨大难制，高杉还指出应设法将诸队分散配置，而分其势。

当以奇兵队、游击军各半派出，轮替巡守赤间关（马关）、小濑川口。其外八幡、膺惩、御楯、南园、集义使之分股出戍马关、小濑川、石州（石见国）口，干城队常居鸿城（山口），请政府之命，号令诸队。

之后，御楯队便出屯濑户内海方面的三田尻，游击军则进屯接近周防安艺边境的高森，奇兵队则以接近马关的本藩领吉田村为驻地。这个安排不仅解决了诸队集中难制的难题，还稳固了长州藩各要地的防御。高杉还在一张当年二月二十三日写给山县有朋、太田市之进等人的书信中向他们指出：“因政府一新，干城队亦确实可靠，内忧消弭就交由政府诸君子、干城队诸壮士处置，诸队之者当分股防御外患为急务。”这句话的潜台词要照直了讲，无非就是政治乃是武士的事，诸队小卒毋庸插嘴，眼下还是作速巡边去罢。

诸队和干城队的实际关系

高杉晋作虽然打好了算盘，想借干城队统辖诸队，恢复长州藩的上下秩序，但是诸队势力早成尾大不掉之势，不会事事顺着上面的意思。例如，被分散到各地去的诸队居然各自抽调出若干分队，以“御亲兵”的名义将其派回山口，维新史家松浦玲在《奇兵队始末记》中便指出所谓的御亲兵无非是“奇兵队强买强卖的御亲兵，换句话说就是监视兵”。而干城队本身也是靠着诸队的战胜之威才能压倒俗论派实现“回复”的，实际上在诸队面前根本抬不起头。所以诸队围屯萩城的局面一直持续到四月下旬，干城队也束手无策。至于两边的关系，相比之前

◇ 山县有朋

保守派先锋队尚在的时候也是半斤八两。据当时住在萩城的藩士儿玉如忠的回忆，诸队和“侍队”之间还是常起摩擦，四周都窃语说：“武士还是别参与诸队为妙，里头有农商辈混迹其中，武士居于其下可不行。”

内战之后，长州藩出现了一个有趣的现象，那就是八家（毛利一门、永代家老）和寄组的重臣级藩士开始出任诸队的头目。这看上去好像是藩加强了集权，也意味着诸队的正规军化，但并不代表这些高禄士能够对民众兵士令行禁止。以奇兵队为例，赤祢武人脱逃后，接替总管一职的是家史可以追溯到平安后期的名门备后山内首藤家的十七岁少年山内通徇（通称梅三郎），禄高四千七百五十石，备后山内家在寄组中的地位仅次于寄组首席的坚田、国司两家，而和粟屋氏并列第三。这位小少爷当然不会在营中生活，只是个挂名总督，奇兵队的实际领导权全落在军监山县有朋和福田侠平二人手里。在诸队和俗论派对垒的时候，众人都害怕藩方抬出世子督战，而山县有朋早有对策，他让人做好了一个小板舆，内置一个写着“洞春公神灵”的位牌，以备其时。如果俗论派抬出毛利元德来，他就请出藩祖毛利元就的“英灵”来克服活着的世子。足见一代权奸山县早在下级武士的时期，就精于玩弄权威的术数。日后成长于深宫妇人之手的幼主明治天皇，哪里会是这种老奸巨猾的“元老”的对手。

闰五月九日，毛利敬亲、元德父子为了亲睦团结和宗藩关系僵硬的一族岩国领主吉川家，会见了其当主吉川经干，谈起诸队问题时，吉川问道：“听闻已命令将诸队之人分屯各处，此举措是为了以后陆续解散这些队伍呢，还是旨在将之长期保留呢？”毛利敬亲一听，脸色顿时发绿，半句话也说不上来。毛利元德便代养父答道：“诸队之仪，因眼下万难解散之故，不得已才这样予以分屯。”然后敬亲也开口抱怨说诸队本是为攘夷而组建，如今外夷之忧已去，如今这种情况也是不好办。毛利元德接过话茬也搭腔道：“诚是如此，尽管这样，眼下实在束手无策，实在棘手。”可见在藩主父子看来，难以以君臣之义号令部勒的诸队实在碍眼，但眼下不靠诸队，光靠传统家臣团又实在难以从幕府等外敌手里保存其领国。所以诸队即便再碍眼，藩厅眼下也只能强忍。

奇兵队的半强制壮丁征用

庆应年间，遭到西洋列强以及朝廷和幕府等内外之敌四面围剿的长州藩，无论官民上下都开始产生出一种类似近代民族主义的情感来，所以会出现本来与国防无关的庶民们居然会志愿加入诸队这类在当时算是极不可思议的怪事。有的少年隐匿年龄参军杀敌，还有群众火线参加抗幕战争。不用说，在明治时代，这些民众自发“支援革命”的事迹都被当作勤王美谈传承下来，在近代日本的对外战争中，也被政府当作激励民心士气的素材大加宣传。但是实际上也存在被这些“美谈”的烟幕所隐蔽的半强制性动员，也就是“拉壮丁”的情况。在山口县山间的美祢地区，就流传下来一些反映这一情况的古文书。

位于今天山口县美祢市一部的伊佐德定村，其十到五十岁的二十七名适龄村民，就受到了藩方的入队劝说。虽然其中不少人以担任村官身负公务，本人外出公干，生活贫苦，需要抚养的家人太多等种种理由拒绝，但是在下关抗击四国联合舰队前夜还是先有五人加入奇兵队，接着又有二人稍后入队。最初入队的五人在《奇兵队日记》中载为“右等诸人因受命入队，予以应承”，即明确记载是被征用的。如果是志愿入队的话，一般会明确记载“右诸人提出入队志愿”之类的语句。这七个人中四人是仅十来岁的少年，余下三个是二十多岁的青年。

五十五岁的古谷伊兵卫在接到入队指示后，上书请求免除服役，其中提到：“小人上有生病老父，子女亦多，儿子中可使其入队，小人本人还是敬请宽免……”便让其子，十八岁的弁藏代父从军。

另外五十四岁的古川武兵卫也提道：“小人因担负神代太郎大人的给庄屋一职，就让次子从征吧”，在元治元年七月二十二日让次子，二十五岁的顺藏参加奇兵队。在古川家遗留的古文书中，对此便有“二男顺藏，因入队命令参加奇兵队”，“（顺藏）因山口政事堂之推举受命为奇兵队员”等记载。后来，顺藏在第二次幕长之役中在九州小仓口大谷越负伤，在庆应二年（1866）八月一日死在吉田的野战医院里。亡年二十七岁。

在前文中提到的《奇兵队名鉴》中，有相当多之百姓队士的出身被标记为“庄屋”，即村长。《山口县史》的解说文指出“不过，即便被记为庄屋，根据其他史料对证，可以确认其中没有庄屋任历者也不少，认为这是将存内（指‘庄屋存内’，存内系长州藩用语，意为庄屋（村长）的支配管内）以下予以省略的记载方法是妥当的”。也就是说，其中不少人应该被记载为“庄屋存内”，“存内”二字被省略了。因此正如此解说文指出的那样，关于这些百姓队士的身份考证，确实是一个值得深入研究的课题。

不过，根据伊佐德定村的事例，我们也可以大胆推测这些人中不少或是庄屋一级的村长、大百姓的子女。大概藩方半强制性地前来征集人员，一般村民大都拒绝交人，村长夹在中间，出于其立场才不得不交出其子女的吧。这些事例尽管琐碎，也足以说明奇兵队并非人们通常所认为的那种纯粹的民众志愿军。

长州藩的军制改革和第二次幕长战争

继续以服饰来强化上下序列

内战之后，长州藩推行了军制改革，正式采用了“西洋阵法”，按照近代作战要求彻底整编了藩的军事力量。军制改革的核心，就是被破格提拔的洋学者大村益次郎。庆应元年（1865）五月，大村被任命为用所役而专任军政。重编后的毛利军以干城队作为藩正规军的核心力量，其他正规军中，足轻编为番号为一、二、三的三个来复枪大队，将仲间一级的杂兵编为第四大队，一百五十石至一千石的藩士编为第五大队。将千石以上上级家臣的陪臣编为南北大队（南大队指周防和南长门地区，编的十三个大队，北大队指北长门地区，编的三个大队）。除此以外，诸队以及农商武装，也得到了进一步的组织化，根据大村上任当月发出的藩命，诸队的定员上限为一千六百人，被严格置于藩厅管辖下。入伍年龄也被明确确定为十六到三十五岁，服役期间每人支给“人别米”一俵，战斗技艺“上等”者在服役期间可以准予新组的足轻，允许称姓带刀，对训练月和其日数也做了明确的规定。

◇ 韮山笠，幕末兵士好用的一种宽边软笠

不过，身份制度和上下之别照旧存在，这看一看庆应元年五月三日转移到吉田的奇兵队所发布的服饰规定就知道。根据《奇兵队日记》当年五月十五日条，当时队中的“衣服制度”依旧要遵照元治元年（1864）六月的规定，首先，平日着开缝马褂和小裙裤，其中能够夹用绢、棉的只限“诸士”，但也要尽可能地简朴。关于用料，“外国渡来之品”中，罗纱布所制的开缝马褂、上装、裙裤只限诸士着用，粗毛衣“呉絽服連”（荷兰语 grof grein）下级武士、农商兵可以任意穿用。很明显，罗纱布在质地上要比粗毛衣好，这样便可以通过衣着用料来明显地区分士庶身份。另外木工、工匠、足轻以下者虽然许穿白色的木棉上装和衣带，但还是禁止使用绢布。幕末士兵在军阵中常用的“韮山笠”固然是“诸士其外一统”都允许着用，但上述工匠、足轻出身的下级兵士所着用的韮山笠外侧规定为黑色，内侧固定为红色，严格禁止镶嵌金边以及其他各种装饰，并明确指出这是为“士庶之分判然相立”，违反者将处以严惩。

经过元治内战，“志士”们固然重新掌握了藩政权，但是他们一夺取政权，其身份意识就和旧藩厅变得一般无二。那么诸队奇兵的“正兵”化，已然为大势所趋。

“靖国”的源流——招魂场的设置

在幕末时代，祭奠因奔走国事而“殉难”的“志士”的神式祭礼“招魂祭”，开始随着尊王攘夷运动的发展而出现。在文久二年（1862）十一月，以幕府对佩里来航以来的政治犯发出大赦令为机，十二月二十四日，长州藩、石见国津和野藩等六十余名藩士，便在京都东山的灵山为开国以来“殉难”国事的同志们举办了招魂祭。第二年七月，在津和野藩士福羽美静等十人的主持下，在京都祇园神社境内建造了一个小祠堂，私祭因安政大狱和刺杀井伊直弼事件而“殉难”的“志士”六十四人。这就是后来作为靖国神社前身的招魂社的原型。后来，长州藩连续外抗列强、内战幕府和保守派，“殉难者”数年间就膨胀到一千六百六十二人。所以“招魂祭”在长州藩内也开始时常举行。

其中，最早开始举行招魂祭的就是奇兵队。奇兵队第一次计划设置“招魂场”是在文久三年（1863）十月，受祭的是因参加生野举兵而死的第二代总管河上弥市等九人。讽刺的是，这些人擅自脱藩，本都该逮回来治罪，并没有资格召开追悼会。但是奇兵队不管这个，称这九个现行脱队犯为“义烈九士”，将其作为烈士高高挂起。之所以会有这样破格的举动，无非是因为当年的“八一八”政变，使长州藩在政治上陷入了不利局面，眼下正需要血气方刚的年轻人像这九个愣头青一样出来抛头颅洒热血而不顾身家。关于祭奠仪式是取神式，还是取佛式，或采取其他仪式，也许种种讨论，但最后还是为他们建立了招魂场，予以祭祀。

当时，奇兵队自马关经秋穗，驻扎在濑户内的三田尻，招魂场即准备设在此地附近的酒垂山。酒垂山是和北野天神（菅原道真）信仰有关的地域，其山麓便镇座有防府天满宫，自古以来便被视作圣地。根据收于《奇兵队日记》的《义烈九士墓碑铭》记载，死于但马的九人的招魂祭预定在当年十二月举行，《义烈九士墓碑铭》即为预定在该地树立的纪念碑的铭文。文章的起草者是在队中担任文职人员的汉学者长三洲，碑文的中心思想无非一句话，这些横死的志士们的“报国之志”不久一定会上达天听，为天皇所知。

但是，长州藩最早的招魂场最终并没有设置在酒垂山，在计划将要实行的十二月二十日，为了防备外国舰只，奇兵队受命再次转移到马关，因此招魂场便改设在马关，这就是如今位于下关市上新地的樱山神社。这里过去被称为冈野原山，长州藩在下关填海造地（所谓“新地”）时从该山挖取土砂，乃将此地掘为平坦地势。此地在建设招魂场时，种植了不少樱花，故谓之樱山。

根据《白石正一郎日记》元治元年（1864）一月二十三日条，奇兵队总管赤祢武人及藩吏久芳内记在改日巡检了冈野原山，又据《奇兵队日记》记载，当年二月二日招魂场设计草图完成，三日奇兵队士们开始进行整地工程。并以奇兵队士山本勘助常驻新地监工，调度当地居民和诸队人员前来施工。在《奇兵队日记》四月二十三日条中有“来月七日，在招魂场开放之际，欲实行大队操练”的记事，可见此时该地的工事大抵已经完成。另外在《奇兵队日记》五月十九日条中，还载称：“待招魂场成就之际，可许诸队随意在此进行各种训练”，可见创立当初的招魂场不仅是祭奠“烈士”的场所，还是练兵用的训练场。樱山招魂场在后来加建了神社建筑，才发展为招魂社。在正义俗论两党内战之后，长州藩为造成藩中军民一体同仇敌忾的气氛，开始在全藩修建招魂场，数量超过了二十处。而且为了提高群众举藩一致的意识，开始动员各地民众参与这些场所的修建。

庆应元年（1865）七月四日，藩政府决定将招魂场的设置制度化，在周防长门两国之中每郡设置一处招魂场，埋葬当郡籍贯的战死者，并且在春秋各举行一次大祭。这样，“殉难”的“烈士”们的亡灵就升格成为“英灵”，能够有所保障地受到当地人的尊敬。但是，并不是所有因为政治运动和内外战争而牺牲的人都有升格为英灵的资格，例如赤祢武人和俗论派这样的运动掉队者和“反革命”当然没有进招魂场享受血食的资格。另外由被歧视身份者所组建的“维新团”、“一新组”的战死者也是不能入祀的。

为政治殉难者建造招魂场的做法，在长州的志士们通过内战建立明治政府以后，被作为国家政策继续推行，其最终形态就是今天坐落在东京九段坂，因为祭奠了二战甲级战犯而饱受争议的靖国神社。在今天，为政府官员参拜靖国神社辩护的保守派们总是要将参拜说成普通人家为祖先扫墓一般的寻常之举。但显而易见的是，这个神社从它的成立开始，就绝对不是一个单纯祭奠和缅怀战死者的追悼场所。

奇兵队和小仓口战争

看到长州藩搞起两面三刀的“武备恭顺”，开始变着把戏据地自雄之后，幕府便按捺不住，在获得孝明天皇的敕许后，以纪州藩主德川茂承为总指挥，动员兵力，从石见、安艺、濑户内周防大岛、九州丰前小仓四个方面出征长州藩。庆应二年（1866）六月，第二次长州战争终于打响。开战伊始，萨摩藩等西南雄藩对此明确反对，拒绝出兵。在关西地方，由于开战造成物价腾贵，在京阪地方发生了大规模的群体性打砸事件，群众愤怒地指责造成这些局面的祸首是将军，幕府陷入了不利的战略环境。

集结于马关小仓口的奇兵队以及长府藩报国队约一千人，以奇兵队总管山内通恂为总指挥，在海军总督高杉晋作的辅佐和实际指挥下，渡过关门海峡，击退了由幕府老中格小笠原长行（小仓藩世子）统率，由小仓、熊本（细川）、柳川（立花）、久留米（赤松有马）等九州诸藩构成的幕府军。但是，实际支配下关一带的长州支藩长府藩因为集中藩在攘夷战争中不断侵害自己对下关的合理支配权，更兼高杉等人一度计划实行下关单独对外开港，因而和宗藩萩藩的关系已经是剑拔弩张。开战之初，长府藩拒绝协助诸队作战，在小仓口开战前夕，亏得高杉亲自和长府藩主毛利元周交涉，才借出了长府藩辖下的报国队协助诸队作战。

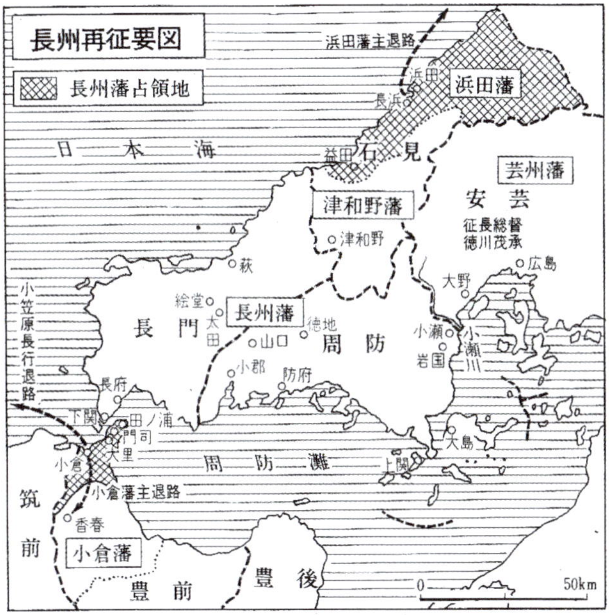

◇ 四境战争示意图

战至七月二十日，将军家茂病死大坂城，小仓口的征长军也因之宣告解散，幕府军主力小仓藩小笠原军也在八月一日烧掉了小仓城而退却，奇兵队等长州军进驻小仓。诸队进据丰前后不久，便剥下了其“人民”的一面，开始在小仓领内横蛮地征收粮食，烧毁拒绝提供粮食的村落。而小仓藩兵则由家老小宫民部、岛村志津摩等带队，退却到丰前田川郡香春岳一带重整旗鼓，顽强抵抗变身为凶残侵略者的奇兵队。

庆应二年（1866）八月二十一日将军家茂发丧以后，朝廷在二十二日下诏“姑休干戈”，此时石见、安艺的战事业已停息，幕长两方九月二日在安艺宫岛缔结了停火协议。只有小仓口的奇兵队无视朝廷诏敕，继续执拗地攻击自朝阳丸事件以来就和奇兵队结下不小梁子的小仓藩，小仓口战争成为毫无名分可言的私斗，倒幕派对朝廷的马基雅维利式的实际态度也由此可见。战至十月，奇兵队攻下了小仓方面最后的防卫据点金边、狸山两关隘，进逼小仓藩的临时行辕香春岳。这时，通过萨摩藩和熊本藩的斡旋，长州、小仓两方总算缔约讲和，但是因为奇兵队无理要求小仓方面交出其年仅五岁的幼君小笠原忠忱做人质，导致谈判久拖不决，直到庆应三年（1867）一月十三日才正式实现了停战。对于小仓藩的决死抗战，奇兵队军监山县有朋在其回忆录《怀旧纪事》中予以高度评价：

在当时唯一尽忠幕府者独小仓而已，其城垒已焚毁，其领地遭侵害，尚竭死力已酬累世之幕恩，势尽计穷已至此，实可谓重义之举动，他日有为德川幕府修其史者，是可大书特书其迹也。

同时，从庆应二年七月开始，高杉晋作的健康情况便开始不佳，九月起开始恶化，在第二年四月十四日结束了他流星一样短暂的生命。据说他在病情恶化，意识开始模糊的时候，嘴里突然冒出一句：“船要开到哪儿了？我担心百姓蜂起，现在就想前往山口。”可见他至死也没有抛弃对“匹夫下郎”的警戒心。

高杉固然不享其年，但也算死得其时。士族意识和他同样浓厚的佐世八十郎，即前原一诚，在维新后便因为发动士族叛乱而身死名裂，由此可见，高杉若能活到维新以后，亦难保他不会选择“最后之武士”的殉道之路。

庆应二年十二月，德川庆喜接任十五代将军，而一意羽翼幕府的孝明天皇在月底驾崩。幕末历史的最后一页开始揭开。

中冈慎太郎的报告

在幕末的激荡局势中，坚持反幕路线的长州藩，成为全国激进派浪人活动分子心中向往的“革命之都”。长期滞留长州藩内的土佐脱藩乡士中冈慎太郎便是其中之一，他深受高杉晋作的影响，也为萨长同盟的建立立下汗马功劳。庆应三年（1867）九月二十日，中冈向在土佐本藩推进兵制改革的要员大石弥太郎提交了萨长两藩军制改革实际情况的见闻报告书。中冈在文中谈道：“长州和御国（土佐）相同，大禄之士众多，肉食因循，耻为步卒之业，甚难确立（新式）兵制，因高杉敏锐洞见此势之故，乃置奇兵队为首之诸队。”然后又说：“诸队者，不论陪臣、足轻、百姓，因其器而设以卒、长诸职，不拘一格提拔有志家，故将卒一致，益发成为强军劲旅，攘夷、内战、四境之追讨时皆由此辈立功，光耀国威。”对奇兵队的表现给予极高的评价，并且指出长州藩经过内战之后，“上中士尚多因循，自成度外之物。”嘲笑那些赶不上时代潮流的高禄武士。但他却对大石提出建议：“御国应先习长州兵制，尤可募足轻以上之人，但不可新设农兵。”看到长州藩的尊卑秩序发生动摇，中冈慎太郎尽管只是个乡士，但居然也开始兔死狐悲物伤其类，害怕土佐藩也发生同样礼崩乐坏的祸事，于是对发动群众参加倒幕采取否定态度。

◇ 中冈慎太郎

倒幕派一方面为抢班夺权而不惜利用民力，但又对自下而上的汹涌力量感到深刻的恐惧。即将发生的明治维新对群众的政治地位意味着什么，看看这些“维新志士”的言行，不用明言也是洞若观火了。

倒幕前夜奇兵队的大规模脱藩举兵计划

成为新将军的德川庆喜，在庆应三年五月二十四日点燃了其新官上任的第一把火，他在这一天强迫朝廷颁下了兵库开港的敕许，解决了开国锁国之争。并且彻底断绝了萨摩藩欲图通过雄藩会议决定开港来夺取国务最高决定权的念想。萨摩、长州藩怕年幼的新君睦仁被幕府掌控，开始加急谋划控制天皇，即“夺玉”之事，和幕府进行最后的对决。

此时，奇兵队军监山县有朋为了探察局势，一直潜伏于京都的萨摩藩官邸。根据山县的回忆录《怀旧纪事》，山县和同藩的品川弥二郎一道得到了萨摩藩“国父”岛津久光的接见，并且获赠手枪一把。山县等人还和萨藩倒幕激进派小松带刀、

◇ 广泽真臣

西乡隆盛、大久保利通、伊地知正治等人加紧串联，在取得了“萨长联合同心戮力”来夺取政权的共识后归国。借着奇兵队主要干部的身份，山县有朋这个足轻以下的小卒子，居然成为堂堂一藩代表，周旋国务。若没有诸队民众兵士的流血牺牲为其奠定基础，简直难以想象。

在萨长积极密谋武力倒幕，并已获取倒幕密敕的节骨眼上，德川庆喜借着土佐藩建白大政奉还的机会就坡下驴，宣布奉还政权于朝廷，然后便命西周等御用洋学者加紧起草方案，意图借此机会建立以德川家为首的联邦议会制国家。西乡等人为了和将军家的“维新”对抗，开始计划举兵，但是藩上层大多人却认为正面对抗风险太大，不予支持。在长州方面，由于藩方得到了平反朝敌的内旨，上层也不愿意犯险起事。山县见势头不好，就密秘唆使诸队脱藩，直接起兵“勤王”。他对重臣广泽真臣表示：“余辈之愿若不得贯彻，则计尽谋绝。只有决心率诸队脱走，出兵上国（京坂），事情切迫，难测有违背君命之形迹，宜体谅我等为国之心情。”而且在脱藩哗变前夜，山县对受君命前来阻止的家老宣称：“余辈已为不奉政府之命之亡命者也，既已亡命，则无所顾忌，只有服从大义而前进之一途。”这种数百人规模的哗变式集体脱藩，即便在幕末的长州也属于空前之举，藩府只能屈从于奇兵队，下定起兵决心。山县之计遂寝。

在萨藩进兵之计议定之后，庆应三年（1867）十一月二十六日，长州藩先锋部队五百余人在三田尻港口分搭七艘兵船，向京都进发。总督为右田毛利家当主毛利内匠亲信，实际指挥者是八组士出身的整武队总管山田显义。这支部队在十二月九日王政复古大号令发布之际进入京都，参与皇宫警卫。并参加了第二年一月爆发的鸟羽伏见战役。一月四日，萨长军队打出“皇军”的标志“御锦旗”，并获得了德川庆喜的追讨令。旧幕军在陷入不利战况后退回大坂，德川庆喜更抛弃数万将士，连夜逃回江户。

山县有朋最终未能参加决定“维新”命运的鸟羽伏见决战，奇兵队也只有四分之一近一百五十人参加了这场明治王朝的开国之战，剩余的主力在战斗打响后，基本滞留在吉田的营地里。在前景还不明了的情况下，长州藩是不会让那些保不准会无视藩政府命令擅自行动的出头鸟去打头阵的。

◇ 参加了鸟羽伏见战役的奇兵队队士

尾声　脱队骚动——遭到兔死狗烹的平民队士们

鸟羽伏见之役后，新政府方的诸藩军队开始向全国进军，戡平不服之藩。明治元年（1868）三月十八日，屯于吉田本营的奇兵队主力约四百余人在军监山县有朋、福田侠平、参谋时山直八等人的率领下在马关登藩船华阳丸上京。四月六日，他们同福井、萨摩、广岛、熊本诸藩兵一道在大坂接受天皇检阅后，在十日进京。四月十四日，奇兵队受命进军北越，和干城队、振武队一道从陆路进军越后，在闰四月十九日抵达已归顺政府的谱代重镇榊原家的本城越后高田城。山县有朋和萨摩的黑田清隆一起被任命为北陆道镇抚总督参谋，替代总督少年公卿西园寺公望执行实际指挥之责。自长州内战以来连战连胜的奇兵队在这里终于吃到了苦头，他们在同长冈藩家老河井继之助所率长冈藩兵的交锋陷入了苦战，参谋时山直八、小队长元森熊次郎、能美平吾、堀潜太郎等干部纷纷在北越战线成为枪下鬼，参谋三好军太郎（三好重臣、后为陆军中将）也负了重伤。奇兵队等长州军经过苦斗，才击溃长冈藩的抵抗，突破越后战线，攻入最大的“朝敌”会津藩境内，会津藩在经过绝望的守城战后，在九月二十二日投降，奇兵队的战史在此画下句号。奇兵队在整个东北战争中出兵总数为五百五十人，战死七十四人，伤一百二十一人，付出了折损近半的惨重牺牲。另外诸队之中，由御楯队和鸿城队整编的整武队在山田显义的率领下参加了明治二年征讨榎本武扬部旧幕军的箱馆之役，为维新动乱画上了最后的句号。在整个戊辰战争中，长州诸队共出兵四千六百三十六人，其中战死者三百一十人、负伤五百九十二人。两成队士为明治新政权的巩固而血洒疆场，染红了木户孝允、伊藤博文、山县有朋等新官僚的顶戴花翎。

◇ 明治二年凯旋回乡的奇兵队士，中戴帽坐者是在北越战争时担任奇兵队六番队副的武广逊，此人明治七年任陆军大尉，于西南战争中阵亡

戊辰战争结束以后，经过版籍奉还，对改号为山口藩的毛利家来说，凯旋的五千余人已经成为一个巨大的财政包袱，根据当时井上馨的说法，藩若照旧蓄养重兵，则连三十天的连续战斗也坚持不了，即便只养三分之一，也必须停发所有藩士的世禄。早在明治元年（1868）十月政府平定奥羽后不久，当时的兵库县知事伊藤博文便向朝廷提出建议，认为可乘此机，将东北凯旋部队改编为朝廷的常备军，这样既可以将在木户孝允等人眼中尾大不掉、难以驾驭的诸队军事力纳入朝廷，直接控制，又可以以之向海外宣耀武威。于是，在明治二年（1869）十月，山口藩向朝廷提出了提交两千余藩兵作为东京常备军的请愿。朝廷采纳了这个建议，但定其额度为一千五百人。为此，山口藩对本藩军事局下达指示，从诸队中“精选”两千二百五十人为常备军。这次整编名义上为“精选”，实际上自然是变相地把百姓和农商等“匹夫下郎”从军队中清除出去。

从人数上看，奇兵队占了诸队全员的十分之一，但分配给奇兵队的常备军名额只有六十个。不久在奇兵队内，便开始了为“精选”做准备的队员清洗，明治二年二月到九月，被除名的队员不过十三人，但十月一个月就清退了七十五人，十一月一日到十一日又裁汰了十一人。诸队兵士开始人心惶惶，十一月十四日，游击军的三名向导向藩政府提交了十三条请愿书，反对兵制改革，要求弹劾贪污腐败的队干部。根据请愿书的内容，可以得知当年高杉晋作建队构想中的赏罚公平完全成为具文，实际上满眼可见“包庇不公之处理”，总管以下的干部玩忽职守、私用公费，会计制度名存实亡，干部们公然腐化，克扣军饷，公款吃喝旅游者比比皆是。三浦梧楼在晚年所著的回忆录《观树将军回顾录》中也谈道：“俺是队长，会计上的事情一窍不通，这回让俺来办理善后，竟然碰到一些奇奇怪怪的事情，士兵的薪饷津贴全都被克扣了一半，这是其一，其次是藩厅由朝廷领到十万石悬赏费，但只发给阵亡者一点点烧埋钱，对于其他士兵，丝毫没有发给恩赏。用这种残酷的办法驱兵于死地，此诚所谓贼夫人之子。”情况不仅如此，因为老弱病残及其闲散人员出身的队士是清退的首要对象，这些人一旦脱下军服，即刻难以维持生计。《奇兵队日记》第四卷明治二年（1869）十二月载：“数年以来，各队长每每克扣军饷，士兵因此日益贫困。此次军制改革，病人以及身体虽壮健而年逾四十者均须一律退伍，而一经退伍，即日陷入饥饿者亦不乏其人（中略）伏请设法不仅使一般士兵，即病人和老兵今后均能维持生计”。此诚所谓鸟尽弓藏，兔死狗烹。

◇ 武广逊和奇兵队六番队长山根辰藏（持手枪者）的合影

就这样，经长期矛盾积累，诸队的干部和士兵间的鸿沟已经无法弥合，哗变的条件业已具备。十一月二十七日，藩方无视队员们的请愿，决定废除奇兵队以下诸队的番号，并发布了常备军第一到第四大队的四个新番号，抽出其中一个大队派往东京。这个事件，成为诸队“脱队骚动”的直接起因。

明治二年十二月一日，奇兵队、锐武队、振武队、游击队、健武队、整武队等诸队成员共一千二百余人，在靠近濑户内海的周防宫市集结，定此地为根据地，开始修建炮台，摆出和山口藩厅对抗的架势。这一年年末，长州境内粮食歉收，米价高涨，不堪税负的百姓群情激奋，有揭竿而起之势，其中的煽动者不少就是被开除后失去生计的诸队队士。民间开始流传民谣说：“常备军骚动，山椒发芽了，不久四月鲷鱼（谐音诸队）到”，不少人陆续前去和起义队伍会合。不久，脱走暴动队伍的人数就膨胀到了近两千人，藩知事毛利元德亲去说谕解散，而暴动诸

◇ 三浦梧楼，日后以作为杀死朝鲜闵妃的乙未事件的指挥者而闻名

队不从。看到山口藩面临着崩溃瓦解的危局，长州阀的大头目木户孝允自然再不可能在东京作壁上观，遂亲自从东京回到山口来平息事态。参议广泽真臣在明治三年（1870）一月致信木户，提到如果将诸队骚动放置不管，防长两国“终成暴动诸队所有”，并且极其担心“由防长农商之动摇扩及神州一统”。岩仓具视也致信大久保利通，认为此次防长之变难以判定会否成为“再次天下一乱之端”。维新元勋们十分害怕这次事态若镇压不住，将带来最坏局面。所以知藩事的绥靖策立即退场，木户孝允决心用铁血手段镇压这些成为挡路石的昔日同志们。一月二十三日，藩厅做出决议，调干城队开进山口，武装警卫山口的知藩事公馆。

藩方的这一举动，当然刺激到了诸队暴动人员，他们立即出手阻止干城队进驻山口。明治三年一月二十六日，暴动诸队包围了知藩事公馆，断绝其粮道，想要以当年诸队扳倒俗论党政府的旧手段来迫使藩方答应诸队提出的条件，同时长门国美祢、厚狭郡也爆发了百姓一揆，和诸队响应。木户孝允终于决心进行武力镇压，二月三日，藩厅摆酒犒赏干城队员，藩常备军也传檄诸郡，诬蔑暴动诸队是“乱臣贼子”、“天下人可得而诛之”。二月八日，木户孝允调集三路兵马，实行对暴动诸队的“围剿”、第一路由常备军三百人、第四大队二百五十人、自伏见回藩的陆军学生八十人、从上关赶到的援军一百人，以及长州家老福原家的家臣构成，从下关出发，取海路在小郡登陆，由木户亲自带队，攻击柳井田关门。第二路由丰浦（长府）藩知事毛利元敏带队，率长府、清末两藩兵以及第一大队一中队从陆路攻击山井、船木。第三路则是德山藩、岩国藩吉川氏，以及藩主一门右田毛利家的联军，攻击胜坂口，海军也从三田尻出发予以支援。战斗在二月九日、十日两天展开，九日清晨，木户的第一路军对陶峠、铠峠，以及柳井田关门发动攻击，一度将这些地区占领，但暴动诸队立即发动反攻，把木户的讨伐队打退到三田尻。这一天，镇压军耗费了七万发弹药，竟然未能取胜。木户本人也在二月九日的日记中承认“今日之苦难不可尽语”。二月十日，萨摩的西乡隆盛来到山口，对木户提议借萨兵助剿，

◇ 明治三年木户孝允和伊藤博文的合影，木户为前排中坐者，伊藤为后列右端戴高帽者

被木户谢绝。为了不在萨人面前丢长州阀的脸，木户急督诸队进战。这一天，镇压部队重整旗鼓，攻破了暴动诸队在今防府市内的宫市、胜坂、千切等地设下的关卡，诸队战士虽然身经百战，但是毕竟没有强力的领导核心，一旦败溃就不可收拾，开始四散逃奔。十一日，镇压部队终于解了山口之围。此次镇压脱队暴动，藩方战死二十一人，伤六十四人，暴动诸队战死六十人，负伤七十三人。长州奇兵队的历史就这样以脱队战士的鲜血画上了终止符。

纵然，在这次哗变的背景中有大乐源太郎等排外守旧士族的煽动等士族叛乱因素存在，但暴动诸队一千八百人中有一千三百人系遭到不公对待的平民队员，足见此次暴动绝不能以守旧士族叛乱简单概括。暴动的首谋者多被逮捕，其中被处以极刑者超过了一百人。有的队士在被押送刑场的路上不住地反抗，被铁棒打得头破血流。很多人被斩首后就立即被蹬进乱葬坑里草草掩埋。被枭首示众的起义队士首级时常被群众盗走。脱队暴动被镇压后，山口县民把一些战死或刑死的起义队士奉为神祇，加以供奉，称为“队中大人”，政府虽禁亦不止，此习俗流传至今。足见公道自在人心。

这样，长州藩的志士们在利用群众的力量推倒幕府政权、自己掌握政权以后，就立即毫不容情地将这股难以制御的力量关入牢笼。明治三年（1870）八月，山

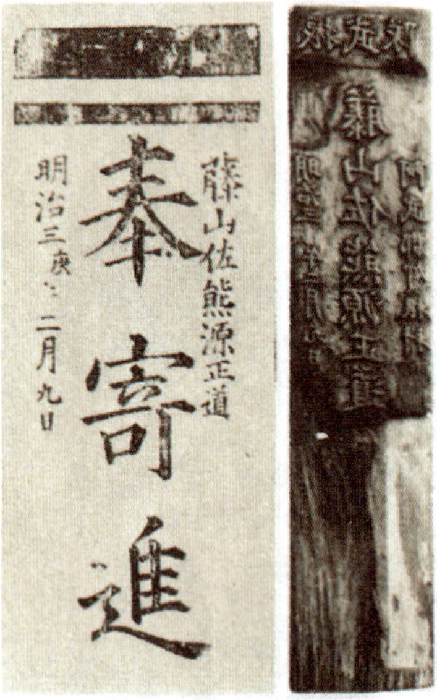

◇ “队中大人”的护身符和制版

县有朋从德法两国视察西欧军制归来，大唱全民皆兵，废除士族特权，建立征兵制度。经过明治前十年几度士族叛乱的考验，平民兵源取代了封建武士，成为明治日本独立雄飞的实力后盾。但这支军队却并不是专为保卫日本国民而设置的，它首先是维护天皇制国体的干城，是“大元帅”天皇的私军，它的意识形态是以军人敕谕为核心的近代武士道思想，而不含任何民主的要素，只有对天皇的绝对服从。同样，作为建军前史的奇兵队的历史，自然也被选择性地剪裁妆点，其有利于造神的部分成为明治陆军的建军神话，而不符合神话的部分，就被湮灭埋没，彻底陷入了混沌黑暗之中。

对于一般民众来说，明治维新对他们究竟意味着什么呢？为解答这个课题，长州奇兵队的遭遇，无疑是值得思索的一个典型事例。

附录：长州藩的家臣团

在江户时代，无论是幕府还是诸大名，都有一套严格的家臣团身份体系，长州藩也不例外。幕末的长州藩毛利氏家臣团基本由以下编制构成。

除掉另立一家的长府（八万三千石、初代藩主毛利辉元养子毛利秀元流）、清末（一万石、秀元庶流）、德山（四万石、毛利辉元次子就隆流）三支藩，以及地位微妙的岩国吉川家（六万石，以毛利元就次子吉川元春的三男吉川广家为祖，虽然一直拥有大名格式，但始终不得其实，明治后方正式被认可为大名）以外，位于长州家臣团顶峰的重臣是所谓的八家，由毛利一门六家和永代（世袭罔替）家老两家构成，大体情况如下：

一门

三丘宍户家（藩祖毛利元就女婿宍户隆家流）周防三丘一万一千石

右田毛利家（元就七子天野元政流）周防右田一万六千石
厚狭毛利家（元就八子末次元康流）长门末益八千三百石
吉敷毛利家（元就九子小早川秀包流）长门吉敷一万八百石
阿川毛利家（吉川元春二子繁泽元氏流）长门阿川泷部七千三百石
大野毛利家（吉川广家三子吉见就赖流）周防大野八千六百石

永代家老

宇部福原家（毛利庶流坂氏分家，藩祖元就母族）长门宇部一万一千石
须佐益田家（原石见国人领主）长门须佐一万二千石

继以上八家之后，担任藩中家老级重臣的是寄组，共四十六家，系职掌藩政枢机的重臣集团，其中禄高居第一、第二位的是坚田、国司两氏（前者六千一百石，后者五千六百石），其次是粟屋氏和山内首藤氏（各四千九百石）。余下各家从四千石的地方实封到二百五十石的禄米支取不等。他们一般担任长州藩厅（称国相府）的当职家老、加判役、老中等重职，以及江户行辕（行相府）的当役家老、江户方加判役，也担任大组头。

接下来，担任藩内一般事务，构成家臣团中坚的行政官僚是所谓大组，也称马回，禄高从三千到四十石不等，约一千二百三十家，分为八个组，分别由大组头统帅，故有“八组”之称。但根据幕末安政二年（1855）记载长州藩藩士家禄封地的所谓“分限帐”来看，当时实际编有十个大组，分别由大组头姓名命名，现将安政二年到六年的编制开列如下。

一、繁泽石见组
二、益田源兵卫组
三、福原相模组
四、椙杜骏河组
五、柳泽备后组
六、熊谷吉十郎—赤川藏人组
七、内藤与三右卫门组
八、益田丰前组
九、乃美织部组
十、国司主税组

基本上每组平均一百三十人，两个大组要随藩主到江户参勤交代。

除大组外，又编有由右笔（书记）、茶头、马医，厨师，儒学侍臣、军学者

等人构成的近臣团“手回组”，这个编制中各种身份的家臣都会有，尚不能称为一阶级。另外还有“船手组”，负责藩主远行时的一切海路运送事宜，由原能岛村上氏、因岛村上氏出身的前“海贼”后裔构成，家禄四百石到五十石不等。还有“远近附”二百家（一百石以下），寺社组八十家（二百石以下），这些等级和“八组士”构成了长州藩的中级武士集团。

在寺社组以下身份者，就是所谓的下级武士，其中有的“无给通”约五百人，“徒士”约一百三十人，“三十人通”约六十人，其他如船头、阵僧（从军僧）等一百三十人。拥有的武士身份者就到此为止。余下的低级家臣便不是“士”，而是卒，作为正兵的足轻和勤杂人员“中间”加起来共三千人。这些人原则上不许称姓，例如《安政二年无给帐》中“御藏元附御中间”（怎么形象地解释这个职位呢？大概就是林冲风雪山神庙戏码中登场的“草料场老军”）一栏就中有这么一笔记载“同（扶持方）壹人，日别（米）壹升，米五石（年俸） 辰之助”，这个看上去实在不起眼的“杂兵甲”辰之助可不是一般人，他就是日后的“皇军之父”、元帅公爵山县有朋。

奥州之殇

明治戊辰东北战争

作者：褚以炜

山雨欲来风满楼

明治元年正月（1868 年，当年九月自庆应四年改元），萨长维新政府在鸟羽伏见之战中大获全胜，江户幕府对京坂和西国的控制顿告崩溃。对于萨长政府而言，当前必须予以严厉处置的敌人有二，一是尚盘踞在关东的前将军德川庆喜，二是自文久年间以来作为庆喜的左膀右臂镇压京都，和倒幕派结怨甚深的东北雄藩会津藩主松平容保。为了收拾这个东北地区最大的“朝敌”，新政府在紧锣密鼓地张罗东征江户的同时，其触手也向奥羽二州伸去。

京坂地方战火方熄未久的一月十七日，当时正逗留京都的东北第一雄藩仙台藩伊达家的家老但木土佐突然接到新政府的指示，要他立即到京都御所听令。他来到御所之后，便接到了一张会津藩追讨令。文意如下：

会津容保此次与德川庆喜同谋叛逆，朝锦旗开炮，大逆不道，实应发兵征讨。案该藩（仙台藩）请愿自提一师袭击其本城（指会津若松城）一件，不失武道，意气奋发可嘉之至。圣意极为满足。即决定如其志愿命该藩办理，可速奏追讨之功。钦此。

后来在正月二十五日，政府又向秋田藩主佐竹义尧、盛冈藩主南部利刚、米泽藩主上杉齐宪等东北大藩诸侯发出了支援仙台、出兵讨伐会津的指示。

但木土佐当下接到这封命令，心中不禁暗自吃惊。究竟是谁目无纲纪，擅自向朝廷请愿由仙台单独讨伐会津的？反正仙台藩驻京人员里是没人知道。第二天，仙台藩派人到政府质询此事。大概是无法作答，所以在二十日政府的决定中，“请愿”二字被彻底抹去了。

究竟是谁请的愿呢？真相不明，一说是某个仙台藩士酒后的胡言乱语。不过，一月十六日西乡隆盛写给萨摩藩家老蓑田传兵卫的信里倒透露了当时东北诸藩的一些动态。信中称：“会津可命上杉、佐竹、南部予以追讨，上杉、佐竹等暗中有其志愿。”可以想见，当时米泽、秋田、盛冈三藩中的所谓勤王派里已经有人暗自向政府内部就征讨会津一事献计献策。这样，一月十七日传达给仙台藩的那张半带威压性质的追讨令，大概可以视作对仙台藩态度的一种试探。只要伊达、上杉、佐竹、南部这四个东北的旧族雄藩态度鲜明地支持政府，对于庄内和会津两个“朝敌”而言，自然将形成强大的威慑。所以不管仙台内部是否有人请愿讨伐会津，政府方面必定是希望仙台明确其“勤王”的态度的。

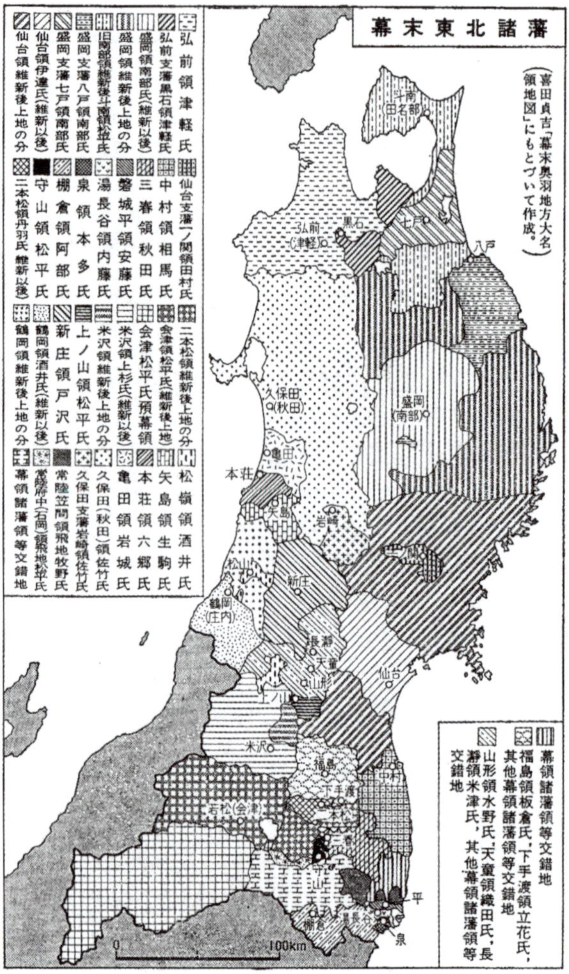

◇ 幕末东北诸藩领国示意图根据喜田贞吉《幕末奥羽地方大名领地图》做成

在试探仙台藩的同时，政府对于源氏名门秋田藩佐竹家也展开了拉拢工作，岩仓具视亲自将把该藩认定为东北雄藩累代将门，深知尊王大义云云的内敕交给了秋田藩士，希望该藩能支援对“贼徒”的讨伐。在德川氏的根据地关东以及东国诸藩的态度还不明朗的当时，政府当然有必要尽可能地将东北的外样大藩拉拢到自己这边来。这张内敕确实起到了一定效果，它直接使秋田藩在东北战争到来的时候确定了自己的态度，使得秋田藩成为东北战争时期政府军的一大据点。

秋田藩家老真崎兵库在对这张内敕的承旨复书中答应本藩将联络出羽国中勤王各大名，不违敕意，还要对不服“王化”的藩加以教谕和镇抚。在二月八日，被政府命为出羽国“触头（传令员）”的秋田藩对国内诸藩派遣了说谕使，着重告谕庄内、松山、山形、上山、长瀞等五个德川谱代藩“一心珍重德川家者，万不可对锦旗开枪”。

当然，秋田藩对于在大政奉还到王政复古政变，乃至鸟羽伏见战役中玩弄了一系列阴谋诡计的萨长倒幕派也不是一点疑念也没有。但是他们当然也没有去自撞新政府枪口的想法。何况会津藩和秋田领距离甚远，他们认为追讨的事情肯定不会第一个摊到自己头上来，何况其领国南面又有一堆谱代大名，其中位列德川四天王之一的庄内藩酒井军素习洋操，兵强马壮，如果没有切实后盾支援，过早摆明立场无异自寻孤立之险路。所以秋田藩当下便选择了消极支持政府，实际上继续静观形势的方针。

在 1868 年年初的两个月，除掉几个当事者，估计奥羽各藩中谁都没有预料到整个东北奥羽地方将要化作战场。其间，他们都向邻藩派出使节，互相探底，总而言之是动向虚虚实实，藩论不一，和争先投效政府的西国形成了鲜明对照。但是诸藩的一般态度还是消极尊奉朝命，避免开罪政府。并且他们以为会津将自然慑服朝廷天威，总不会闹出什么大事来。

只有作为奥羽第一雄藩的仙台藩伊达家，对政府的东北政策却有一套自己的主张。二月二十一日，仙台藩以藩主伊达庆邦的名义对太政官提出了一张建白书，其大致内容如下：

一、会津、桑名两藩作为朝敌的理由虽是在鸟羽、伏见之战中先朝官军开枪，但是根据德川氏的布告，却是因萨摩开枪，不得已而迎战。本藩虽不是怀疑朝廷的发表，相信德川氏的布告，但是开枪前后的情况真相不明，将加深人心的疑惑。

二、德川家为对佩里来航以来的失政负责已经返还政权，之后又是为何背反朝廷？

◇ 伊达庆邦（1825—1874）

三、如今虽行王政复古之新政，但兵戈一动，将陷万民于水火之苦，此绝非幼帝之圣虑。

四、长州藩前年朝皇宫开炮，虽蒙朝敌之污名，然尚以一时之误，得以宽大处置。有此前例，仅因庆喜开枪一件便定彼为叛贼，诸藩且莫论，下民也难以承服。

五、如今用兵国内，难测外国将趁乱做出如何举动，或许将遗辱于万国。

仙台藩基于以上五点理由，认为“人心之疑惑十有八九，因此人心不一”。所以讨伐会津理应暂缓。虽然只是质疑，但是这份建白书中还是隐含了对萨长倒幕派自王政复古政变以来一系列所作所为的批评。

然而这份建白书并未发挥效力，当藩士大条孙三郎持此书进京之际，已经是奥羽镇抚总督向东北出发前夕的二月二十六日。在仙台藩京都藩邸执勤的执政三好监物在详细阅读了建白书之后，鉴于太政官已赐仙台藩以锦旗，并命藩士坂本大炊持回本藩，便认为“建白虽合理，但时机已迟”。他们又将建白书交给参与枢机的同族宇和岛藩主伊达宗城参看，希望他能提出意见，但宗城在看了建白书后也是大摇其头不以为然。于是仙台藩的建白便给三好监物拦了下来。三好监物之后急忙回藩向藩主报告，伊达庆邦听后大为光火，复派伊达将监前往大总督府亲自建白，四月六日伊达将监抵达骏府，朝大总督有栖川宫递书喊冤，这时奥羽镇抚总督已经抵达仙台，一切为时已迟，结果他们完全被拒之门外。在这张建白书被递送上京的同时，仙台藩也派出使者将之传到了米泽、二本松、秋田、津轻、庄内、盛冈等东北诸藩手中。虽然这些藩对此深以为然，但他们的赞成意见对仙台藩达成其政治目的毫无帮助，顶多让仙台藩多了点一旦有事自己还尚有能力统合奥州人心的自信。

像仙台藩这样的东北外样雄藩和萨摩之类的西南雄藩在政治构造上差别并不大，经济结构单一落后，封建剥削残酷严苛，地方统治制度也存在大量中世纪残余。但最大一点区别就是，地理位置决定了其商品流通渠道只能和幕府的牙城江户市场相连，而西南雄藩却能和幕府已经无法控制周全的京坂市场连接。所以东北各藩在经济上只能仰仗幕府鼻息，在政治上和幕府亦步亦趋，故而在藩内看不到西南雄藩中常见的豪农豪商和有能下级武士的活跃，权力牢固掌握在上层门阀保守派手中。这直接导致仙台藩不仅未能实施有效的富国强兵改革，也无法像其同族宇和岛藩一样积极参与中央政局。其政治嗅觉十分迟钝，藩上层虽有抱负，但也缺乏灵活的手段。就这次建白活动而言，将其交至中央或许时机已迟，但将其传送在京诸藩，设法在京坂掀起舆论又有何难呢？幕末政局瞬息万变，各大名的成败就取决于谁能领先把握局势，采取有效举措，在这一点上先天不足、事事晚人一步的东北诸藩，将在之后的政局发展中大吃其亏。

◇　奥羽镇抚总督府参谋大山纲良，幕末时和西乡隆盛、大久保利通同是萨摩藩改革派“精忠组”的成员，1862 年奉岛津久光之命，参加了清洗激进尊攘派有马新七的“寺田屋骚动”。维新后任鹿儿岛县令，协助守旧武士把鹿儿岛县建设成针插不进水泼不透的士族王国，西南战争时因支持西乡军，在战后被问罪斩首。此人在县令任上以除旧弊为名，将萨摩藩的公文档案焚烧殆尽，给后世的萨摩藩历史研究带来很大缺憾

三月一日，奥羽镇抚总督和其参谋班子名单正式确定。之前在二月九日，公卿泽为量和醍醐忠敬已分别被任命为奥羽镇抚正副总督，十一日长州藩士品川弥二郎被任命为参谋。但到了月底的二十六日，出身五摄家之一的九条家的左大臣九条道孝被任命为镇抚总督，原先的两位正副总督被各降一格，泽成为副总督，而醍醐则为参谋，同时，萨摩出身的黑田清隆也被任命为参谋。到了月底的二月三十日，同为萨藩出身的大山纲良又取代了黑田清隆成为奥羽镇抚参谋。而三月一日，品川弥二郎也被解除了参谋职，代以同藩出身的世良修藏。

较之黑田和品川，大山和世良的资格可以说是次了一等。建立伊始的新政府人才不足、人事波动频繁虽然不是什么奇怪的事，但镇抚总督尚未出师，领导班子就大换血的理由又何在呢？

藤原相之助在其编纂的《仙台戊辰史》中指出，根据某萨摩藩士的说法，围绕会津藩的处分，当时在京的仙台藩执政三好监物和黑田、品川二人有过如下的

争论：

三好：若会津藩主在讨伐之前便投降，我想便理应和长州藩一样同受宽大处置（指维新时朝廷赦免了长川藩发动禁门之变失败后背负的逆贼罪名），两位以为如何？

黑田：情况和长州不同，为使皇威遍及奥羽，必须将会津屠戮一空。

三好：那样，诸公请做好动员全国之兵，杀尽奥羽全地生灵的心理准备！事若及此，天下不知何时可得平定。你们有此觉悟么？

据说听及三好此言，黑田和品川"怃然无语"。藤原相之助接着评论道："此事若实，三好之施压手段亦可谓之妙着。后黑田同品川并称于会津讨伐之件怀有异议，辞去参谋之任。三好此一手段或非其原因乎？"

虽然这个说法颇不可考，但黑田、品川二人虽然谈不上是主张和平，或也可能怀有应以灵活手段处理奥羽问题的想法。这或也可以说明政府内部也存在对奥羽宽处和严罚论的对立。但可以确定的是，新换上来的参谋世良修藏，是个最不懂手段变通，只会依靠新政府的威势蛮干胡来的极右翼强硬派。

严处会津藩的决定是怎么做出的呢？其中也有猫腻，二月十六日泽为量和醍醐忠敬二人曾经向岩仓具视请示，如有人请愿宽宥松平容保以及庄内藩主酒井忠笃时应该如何处置。岩仓不愿自作决定，便称这个问题应该请示东征大总督有栖川宫炽仁亲王。第二天大总督府做出决定，松平容保应以死谢，对酒井的处置则应效法对在鸟羽伏见之战中出兵佐幕的伊豫松山藩和赞岐高松藩的处置。也就是说，"王师"一来就该开城谢罪，藩主自蹲小黑屋表示恭顺，并且拿出若干颗"首谋"重臣的头颅当替死鬼顶缸。

这算是新政府正式发表的对会津藩的具体处置方针，但是这个决定却很可能是大总督府参谋，宇和岛藩藩士林玖十郎自己拿的主意。因为那些亲王公卿本来不过是些摆设，大总督府真正的大脑西乡隆盛正率领东征军朝江户开去，虽然岩仓和其他政府首脑可能多少发表了一点意见，但做出最终决定的应该就是林玖十郎。

在去年不过是一介陪臣的林玖十郎，单靠自己一拍脑袋，就能给眼下虽说是朝敌，但过去身处京都守护职之要津，深受孝明天皇信赖，处于幕末京都政局核心的风云人物会津藩主松平容保下达死刑判决书，这对时人的冲击不可不谓之大。在此前的二月十二日，前将军德川庆喜已经表明谢罪恭顺，入上野宽永寺自关禁闭，松平容保也提出了所谓的"哀诉叹愿书"。但这时候，政府对前将军庆喜的处置的口风还很是严厉，二月十六日大久保利通在写给蓑田传兵卫的信中就指出德川庆喜既然“犯了天地之间不可饶恕的大罪，便应当从天地之间隐退”。对将军庆喜且如此，那么庆喜的手下，且与新政府结深怨于长州的松平容保于其时就更无生理。新政府上下都气势汹汹地要“痛打落水狗”。

◇ 葛饰北斋描绘的大坂天保山风景图

无论是仙台藩“请愿提一师征讨会津”，还是奥羽镇抚总督人事频繁交替，或是对会津藩的处分决定，新政府的东北对策咸皆暗影重重，闪烁不定。让身处时局的人们深感疑惑。但是唯一可以确定的是，在东北方面，终有大事将要发生。

奥羽镇抚使一行在三月二日和征讨的锦旗一道从京都出发，抵达大坂之后，因为船只调拨延宕了一周左右，在十日终于出港。大坂的海面对于这些将要给东北带去枪林弹雨的人们并不友善，西风劲吹，大雨倾盆，风浪一波高过一波，船刚过天保山洋面便无法前行。于是又耽搁了一日，才重新起帆朝仙台藩领的松岛起航，镇抚总督麾下兵力主要由萨、长、筑前三藩构成，约四百余人。九条道孝与三位副总督以及其直属卫戍人员搭乘纪州藩船，世良修藏、大山纲良二参谋以及随行的萨长人员则搭艺州藩的船只，福冈黑田藩的士兵搭乘本藩船只，驻京藩邸的仙台藩兵不得已也陪同随行，他们所搭乘的船只是该藩花十二万美元买来的美造铁壳内轮船“宫城丸”。

船队顶风破浪，在三月十八日抵达松岛湾内的寒风泽，东北之地对这些不善之客的迎接之礼是更甚于天保山洋面的狂风巨浪。镇抚总督一行不得不在寒风泽喝了一夜的寒风。或许这正是天意示警，自江户时代中后期以来不断遭受天灾人祸双重蹂躏的东北大地，将要迎来一场更凄惨的战乱。

镇抚总督一行在三月二十三日方才抵达仙台，一下马便决定将藩校养贤堂定为其行辕。第二天仙台藩主伊达庆邦亲来问候，世良修藏一点不给面子，摆着一副傲然不逊的神情问何时出兵。二十六日，仙台藩方在城下的梅林亭设筵席招待这些“朝廷天使”，席上，世良修藏喝得东倒西歪，还向人索来短册，醉醺醺地题歌一首云：

欲往陆奥观樱花
花未谢时来一发

世良修藏大概见仙台藩好酒好肉款待他，就武断地认为这些奥州的土包子们大抵不敢在“朝廷天威”面前造次，居然完全不顾仙台藩士的观感，做这样赤裸裸不预留余地的表态。上既如此，下必效之，跟来的萨长诸藩兵一个个都狐假虎威，骄横起来，他们喝醉了酒，在街上到处寻衅滋事，编了个挑衅意味十足的小调调整天挂在嘴边唱，歌词是“把竹子和雀儿（暗指仙台藩的徽章）装进小袋袋，剩下的玩意都是老子的喽”，仙台藩士听见了，个个恨得咬牙切齿。这帮人不但带不来一点正能量，欺暴良民却是个个不差，大山纲良带了会计人员，以充军兴的名义到东名浜港口边上随意截夺来往商贾货物行李，谁敢说个不字就是“附贼”。有人甚至扬言自己既是天兵，当然可以为所欲为，于是光天化日淫污良家妇女的下作事也干出来了，搞得仙台城下百姓一样也是敢怒不敢言。世良修藏和他随行的队友就是这样把本来态度就不情不愿，半推半就，但尚属有望争取的中立力量仙台藩硬生生地推到反政府阵营去的。没过几日，“朝廷天使”的光环就给他们自己褪得不剩一星半毫。

◇　长州藩出身的总督府参谋世良修藏，1835年出身在周防国大岛郡的一个庄屋（村长）家庭，少年曾在藩校明伦馆就读，靠着参加奇兵队而出人头地。他曾在长州藩重臣、周防阿月领主浦元襄的私塾里担任兵学教师，世良姓是浦氏所赐

虽然这些“朝廷天使”们这样不得人心，但是“天朝”诚有其“天朝”之重，仙台藩执政但木土佐等人夹在整天强硬催促出兵的世良修藏和正在计划血洗养贤堂的藩士大众之间，左右为难。得出的结论只能是摆出出兵架势，先让世良修藏等人少喷些唾沫星子，然后争取时间别行他策。三月二十五日，仙台决定发兵“征伐”朝

敌，登米郡寺池二万石的领主伊达（白石）邦教领兵一千充任先锋，各地的分领主各自点起兵马，总动员人数达到了万余人，朝仙、会两藩藩境前压，藩主伊达庆邦在四月十七日前到其重臣片仓小十郎的居城白石城，摆出总指挥的架势。但是这一切无非是做给世良修藏看的戏，大队人马今天走三里，明日歇一天，消极往前赶，积极磨洋工。仙台藩各部和会津藩边境守兵一接触，就各自叹起苦经来，一边说两藩友谊源远流长，奈何萨长参谋催得急硬是要开战，如之奈何。一边说虽然于心不忍，但来犯之敌便以弓矢对之乃武门之习。两边交涉到最后，仙台这边得出的结论往往是明天我们全军会朝你这里打空枪，你们也放空枪应战吧。

此间，仙台藩内部完成了人事洗牌，被目为鸽派的藩执政三好监物和将锦旗带回藩内的坂本大炊在四月四日突然被解除职务，一脚踢出了中枢。至于他们和奥羽诸藩，从二月以来就建立起了联络，在镇抚使未到的三月十六日，仙台就派人到米泽，对米泽藩提出镇抚使若来，请斡旋调解会津一事。米泽藩主上杉家在宽文年间三代藩主纲胜死后，因为没有后嗣，险有废藩之虞，多亏会津藩祖保科正之的调解，才得以从别家领养嗣子而得延续。所以藩中上下本就对会津藩颇有好感，加上世子上杉茂宪和会津又是姻亲，藩士上下虽非佐幕派，也多有怀疑萨长的王政复古政变是私心自用之人。所以他们对仙台的救解方案当然没有异议，当即答应了这个请求。看到了世良修藏的横暴之后，三月二十五日，仙台代表玉虫左大夫和若生文十郎在会津若松城下的旅馆和米泽的代表木滑要人和片山仁一郎秘密会谈，内容就是设法使会津藩“恭顺”，然后向奥羽镇抚总督周旋宽处会津一件。

第二天二十六日，会津方的代表手代木直右卫门和小野权之丞前来会见了仙、米二藩的使节，之后两边陆陆续续地开展了近一个月的交涉。该日，仙、米两藩代表对于会方的救解之请回报道：我们虽然想在京都尽力周旋，但镇抚总督已下仙台，而且严令讨伐。不过今日近邻诸藩公论的意见都是讨伐业已恭顺谨慎的会津藩并非公平之举。所以会津必举其“恭顺之实”，即便有“严责难堪之事”，也绝不能有“忿愤之举”，如果胆敢“妄动”，仙米将不能效周旋之劳。二十七日，仙台、米泽的代表团被唤入若松城中，松平容保父子亲自接见，希望仙台米泽能够尽力“周旋御救助”。

仙台藩和米泽藩在台面下推行的会津救解运动就这样开始了。仙、米的代表各自在二十八日归藩。他们首先设法稳住了会津藩，接下来就必须抑制住各藩自家的激进意见以及来自镇抚总督参谋的种种挑衅，仙台已经将重兵摆到了会仙藩境上，何况各藩强硬派不少，如果真打起来，一切努力将化为泡影，他们必须把牺牲压制到最小限度来收拾事态。无论世良修藏这些人再怎么骄横跋扈，没有东

◇ 仙台藩藩校养贤堂，奥羽镇抚总督在到达仙台后将这里作为本阵，明治时代该建筑被用作宫城县县厅

北诸藩的协助，是不可能只靠手头几百人枪讨平会津、庄内等“朝敌”藩的。但是，奥羽全境已经是暗云沉沉，三月底，终于在庄内藩和天童藩之间发生了纷争。不仅使解决问题的难度加大，会津藩的态度也未见软化的征兆。

四月七日到十四日，仙台和米泽两藩关于会津藩的谢罪条件以及如何使会津服从仙米方的意图而连番会谈。结论大致是会津虽然不肯听劝，不肯明确“谢罪恭顺”的态度，但应再进行一次说服工作，如果会津还是冥顽不灵，那两藩就必须“决意一战”。但是，即便是“决意一战”，当然也不是根据世良修藏的那套来，而是说必须要让他们付出些代价，使之就范。仙台和米泽两藩的算盘是准备拟定一个修正总督府会津征讨方针的政策，并将之具体化。

在仙台、米泽两藩不断接触的同时，四月十四日，仙台藩主伊达庆邦、米泽藩主上杉齐宪前去面会世良修藏，请愿准许仙台周旋宽处会津藩一事，并且询问允许会津投降的条件是什么。世良修藏此时心中也是极其烦闷，即便他再是刚愎自用骄横跋扈，看出仙台藩正在阳奉阴违的智商还是有的，一看对方这下居然连“阳奉”也没有了，当然气不打一处来。于是当即开出了三个会津绝不可能接受的条件——松平容保明正典刑，圈禁世子松平喜德，另外要无条件开城，他嘴里溅出的唾沫星子喷了伊达庆邦一脸，其景“激不可当”。这件事坚定了仙台和米泽修正镇抚总督的路线，自行推进和平路线的决心，并且他们认为如果参谋不许，就派使节前往京都告御状，同时发动“有志列藩”的舆论，对中央施加压力。

仙台和米泽两藩提出的会津藩谢罪修正案主要内容有三条：第一条系会津须开城谢罪，第二条是必须削封受罚，三是须斩误事重臣首级三枚请赦。四月十五日，仙台藩和会津藩重新开始和平交涉，仙台便向会津方提交了这一修正案。会津藩接案后，于次日请求暂缓回答。但是仙台和米泽的使节不依不饶地要求会津回答，邻近的二本松藩也参加进来，频促会津回答，而会津在十七日开了一整天的会，还是支吾不出半个字。十八日会津藩家老梶原平马对仙米使节大吐一通事关国家存亡、藩当局迷不能决的苦水。十九日，梶原平马和山川大藏等五名重臣再次前来，称藩主父子深有恭顺之意，但臣民顽固，开城之际若见萨长兵来，难保无暴发之举。若只是削封，倒可设法弥缝藩论。总而言之，会津方面对仙米的通牒就是不肯明确给予答复。仙台、米泽方面见交涉没有什么进展，就早早结束了这天的会谈。此时仙台传来消息，说世良修藏又在催促进兵，情况紧迫，仙台使节团闻讯只得先行归国，二本松藩使者也归国，只剩下米泽藩孤军奋战。

◇ 仙台藩主伊达家的家徽竹雀纹章

四月二十日，米泽藩派遣藩主的堂弟上杉主水和中老若林秀秋，对会津进一步施加压力，声称光是削封难以使总督府满意，必须效法幕府和桑名藩投降的例子无条件开城。二十一日，米泽代表五人和八名会津代表在若松城下商人萨摩屋的宅中继续会谈，米泽方面施加威吓，说如果不肯开城，就中止周旋，举藩加入“天兵”。会津也不示弱，因为当月十日他们已和庄内藩结成了攻守同盟（详细后述），早有胆气，所以在开城一点上毫不相让。直到夜间总算达成部分妥协，以松平容保出城谨慎、削封二事为谢罪，希望米泽予以周旋。虽然不是开城，但是藩主出城，或许也可解释为准开城，米泽见不能进一步迫使会津松口，也只能作罢。在四月二十九日，仙台藩代表家老但木土佐，重臣坂英力、真田幸欢，米泽藩代表木滑要人和片山仁一郎，会津代表梶原平马等人在会、仙边境的关宿再次进行会谈，会上终于就以上方针达成了一致，在仙台藩执政但木土佐的强烈要求下，会津甚至同意拉一个替死鬼，作为鸟羽伏见的“暴发”首谋献出首级。会后，会津藩方面立即起草了所谓“谢罪叹愿书”，呈至仙台、米泽两藩，其要旨如下：

鸟羽伏见之战役，事起突然，情非得已，绝非对朝廷存有二心，惊扰天听，诚为惶恐，乃归国退隐归顺。此次得知朝廷已朝仙台、米泽两藩下达征讨令，诚为惊愕之至。竟触恼天皇睿心如此，实在无言以对，只得屏居诚外，静待处置。冀望朝廷予以宽大处置，家臣一同哀诉如上。

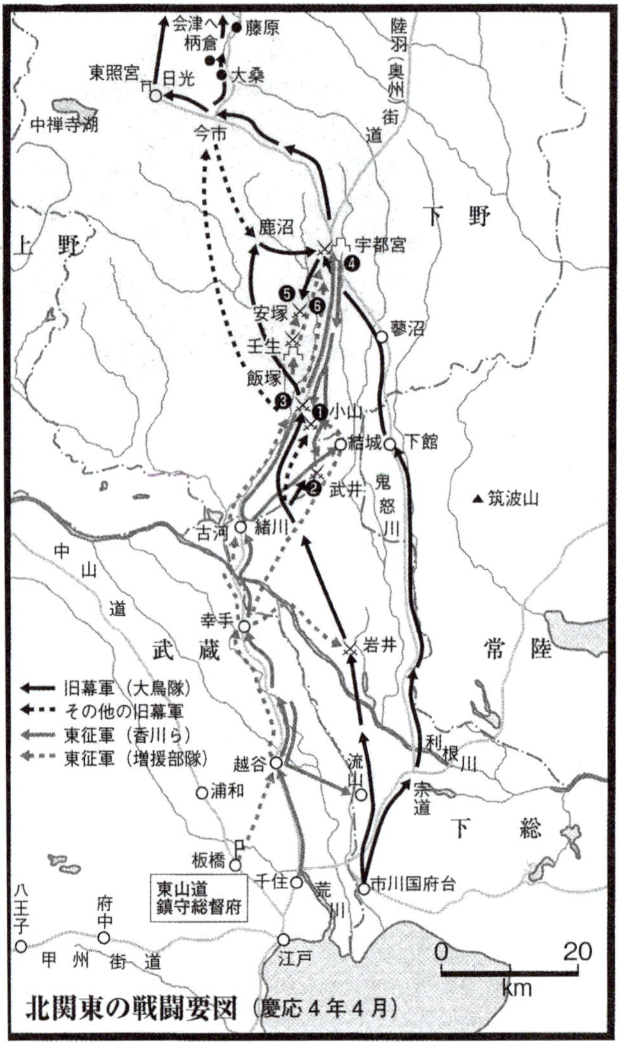

北関東の戦闘要図（慶応4年4月）

◇ 大鸟圭介传习步兵队转战北关东图要：江户开城后，在下总市川集结的大鸟圭介传习步兵队，通过小路向下野的日光东照宫进发。4月16日，大鸟军协同旧幕军一部，在下野小山击败东征军的土佐藩兵。同日，大鸟传习队在武井击破长州藩兵一支队。17日，大鸟军击败前来增援的东山道镇抚总督所辖官军的主力。19—20日，大鸟军占领宇都宫城。22日，大鸟军在安塚和政府军激战。23日，政府军大举来援，大鸟圭介放弃宇都宫城，从日光朝会津撤退

在仙台、米泽、会津的“三方会谈”正在进行之际，中央局势也在不断地变化。在四月十一日，虽然江户的和平献城得以实现，但部分旧幕臣依然组成各种游击队，坚持抵抗。古屋佐久左卫门的冲锋队、大鸟圭介、土方岁三带领的旧幕府陆军教导队（传习队）在北关东四处游击，旧旗本、御家人组成的彰义队也横行江户市内，多点开花，使政府东征军疲于奔命，手足无措。四月下旬，大鸟、土方所部对北关东的重镇宇都宫城发动进攻，而宇都宫藩忙于应对领内如火如荼的百姓一揆，根本无法组织抵抗，于是城池在十九日轻松落入旧幕脱走分子之手。这件事传到奥州，大大鼓舞了仙台藩中的强硬派，有人开始公然主张“援助旧幕臣，举救助会津之兵，扫清奸贼，立勤王之实功。”

这样，死抱着强硬征讨路线不放的镇抚总督府在东北陷入了孤立，而以仙、

米、会、庄等东北雄藩为中心，联合列藩，修正总督府的强硬路线，进而实现东北诸藩政治意图的气氛正日渐浓厚。萨长新政府和东北诸藩的政治对立，已经难以避免。

会津、庄内二藩的抗战态势

尽管仙台、米泽两藩为使会津藩恭顺，施加了强大的外交压力，但会津藩方面也察觉出了这些人并不和镇抚总督府一个鼻孔出气，在交出城池这点上一步不退，反使仙、米两藩不得不做出让步。会津藩情知自己和长州藩的矛盾无法妥协，当然不肯束手待毙，他们做了什么准备工作呢？

在伏见、鸟羽战败之后，松平容保在一月十二日抵达江户，他原本准备和幕府军一道在关东组织抵抗，但德川庆喜不但没有这个意思，还主动和他划清界线，一月十五日，幕府主战派的核心小栗忠顺遭到罢免，二月八日，松平容保和其弟桑名藩主松平定敬被禁止入城。十二日，庆喜自入上野宽永寺，表示“恭顺”。

容保在二月四日向幕府申请将藩主之位让给养子松平喜德，并且向东睿山宽永寺的住持轮王寺宫公现法亲王（之后的北白川宫能久亲王）请求为本藩谢罪事尽力周旋，一方面跟着庆喜做出“恭顺”姿态。但是他心里知道，庆喜尚有余地讨饶，和长州结下血海深仇的自己绝跑不掉，于是便明里虽不拒绝“恭顺”，在暗地里紧锣密鼓地进行抗战准备。

二月七日，他首先将有“鬼官兵卫”之称的主战派巨头，别选队队长佐川官兵卫任命为中队司令官，命其和藩兵一道，在江户城中接受法式散兵战术训练。又在十五日在江户藩邸内大会全体藩兵，感谢他们随庆喜东归，发誓保卫会津，鼓励士兵出力奋发。二月十三日，军事奉行添役神保修理被赐死，他虽然作为容保的近臣，在京都政局中四方周旋，出力不小，但因为和萨摩方面有人脉联络，更兼颇劝容保诚心恭顺，在全藩上下都要复仇雪耻的当口，自然成为祭旗的牺牲品。三天后，容保从江户出发归国，在江户的藩士家小也被一个不落地带了回去。

松平容保归国后，会津藩就大刀阔斧地进行了军制改革，首先在三月十日废掉了天明年间以来沿用的长沼流军制，改用洋操。并且为了确保部队的战斗力和机动性，将藩士按年龄分为四队。即将十八到三十五岁的青壮年编成朱雀队，三十六到四十九岁的中年男丁编为青龙队，五十岁以上的老人则编为玄武队，以及由因集体自杀事件而著名的十八岁以下少年藩士编成的白虎队。其中构成的朱雀队是野战机动打击力量，年龄稍长的青龙队则负责边境隘口和据点要地的守备，余下两支老幼部队原则上只是作为万一之时的预备队。每支部队又按照身份上下各自组成中队，一个中队辖两个小队。部队的编组如下：

朱雀队：

士中一至四番队共约四百人，寄合一至四番队共约四百人，足轻一至四番队共约四百人。

青龙队：

士中一至三番队共约三百人，寄合一至二番队共约二百人，足轻一至四番队共约四百人。

玄武队：

士中一番队约一百人，寄合一番队一百人，足轻一至二番队共约二百人。

白虎队：

士中一至二番队共约一百人，寄合一至二番队约一百人，足轻一至二番队约一百人。

◇ 会津藩主松平容保戎装画像

加上炮兵和游击队，新建了三千余人的藩正规军，还募集町人农民，组织了约三千零八十人的民兵部队，另外还将猎人、山伏、挑夫等三教九流行业之人分别编为猎师队、修验队、力士队，全体动员兵力达到了七千人左右。但是，位于四战之地的会津，依靠这点兵力守住多达十六个的国境出入口是绝无可能的，他们唯一的选择就是尽可能地在境外击退来犯之敌。

军制改革的第二着，就在于军备的近代化。会津藩从江户撤回时，不但借走了幕府品川炮台的二十二门大炮以及弹药，还向在横滨的普鲁士商人斯耐购买了八百支步枪以及配套的弹药装具，又请了幕府陆军军官出身的沼间守一、畠山五郎七郎、布施七郎、梅津金弥等人，命他们日夜教授藩中武士近代化的步、骑、炮三兵战术。意图改变会津军战术和装备上的落后局面。当然，我们也预见得到，这种临时抱佛脚的做法毕竟成效有限，何况七年的京都守护职重役已经折腾掉了会津藩财政所剩的最后一丝游气，他们已经没有能力进一步砸钱提升藩兵的软硬件水平了。再加上会津藩那些思想保守、自诩清高的“士分”在内心里绝不愿意学习足轻使用铁炮，匍匐在地做匹夫下郎之态，于是和教官冲突不断，训练的效果更是大打折扣。

另外第三着，就是和同样落入“朝敌”境地的庄内藩联合。同整天在京都和长州尊攘派玩猫捉老鼠游戏的会津不一样，庄内藩因为一直负责江户警备，所以和主要在京坂地区活动的倒幕派没有什么直接过节，更没有参加鸟羽伏见之战。要说唯一的冲突，无非是战前因为萨方的挑衅而炮打了萨摩藩江户藩邸，所以在1868年一月十日维新政府公表的“朝敌”名单里并没有庄内藩。庄内藩成为“朝敌”的原因，在于该藩所代辖的幕府天领所引出的问题。

幕末时代，在出羽国的幕府直辖“天领”共三十六万石，其中在羽后村山地方有七万四千石的飞地，幕府在该地的寒河江、柴桥两地设置代官所支配之。明治元年三月五日，为了回报庄内藩多年维持江户治安的苦劳，以及解决随庄内人员撤回国内的新征组的薪俸来源，幕府将该地委托给庄内管理，庄内藩便将先前收纳于此地的前年年贡米两万三千余俵搬了个精光。三月二十六日，新政府宣布正式没收东北所有的幕府直辖领，结果发现村山领账面上有两万俵粮米，仓库里却只剩下不会跑路的老鼠，自然迁怒于庄内。虽然从道理上讲政府的做法可谓蛮横无理，但是庄内既和新政府里的大人物们结过梁子，此举自然会被政府视作不逊。于是这事件便被定性为“羽州庄内贼徒，劫掠柴桥郡厅”，并且政府方面果然照例翻出了“德川庆喜对天朝暴发叛逆，逃遁关东之后。庄内藩仍然主张恢复（幕府旧势），尤在旧冬从事关东巡防役之时，以不实之嫌疑，炮击诸藩邸内，加以烧毁”的老账，二罪并罚。四月二日，奥羽镇抚总督九条道孝下达了讨庄令。

在这种背景下，四月十日，会津和庄内二藩结成了攻守同盟。同盟的纲领是，首先两藩一致说服米泽入伙，若米泽入伙仙台也必定入伙，仙、米、会、庄若结成同盟，那么奥羽余下的大名也肯定前来入伙。事体若成，就进兵关东收复江户，以江户为大本营，合纵诸藩，上京清君侧。

在会津和庄内加紧联合，而奥羽诸藩对于总督府的追讨方针动摇不定之际，四月十四日，征讨总督方面主动打响了奥羽战场的第一枪。总督府以副总督泽为

◇　根据天皇的命令，天童藩主织田信敏于 1869 年在其藩地以先祖织田信长为祭神建造的建勋神社

量为讨庄军主将，率领参谋大山纲良以下萨军一个小队，桂太郎指挥的长州藩兵一个中队合约二百人，以天童藩家老吉田大八为向导，从仙台领的岩沼朝出羽方面进军，为了显示镇抚总督不是摆设，他们不惜拉出镇抚总督直辖兵力的半数，前去庄内摆威风。

一行人踏着深深的积雪，翻越笹谷岭，总算在四月十七日上午十点前后到达了山形城，然后继续朝上山藩领进军。在上山领过夜后，十八日，政府军在上山藩领内的见目原举行了阅兵仪式，以威压山形、上山两个谱代藩，并命他们出兵支援。

休息了一天后，政府军在四月二十日从上山藩出发，经过山形，在天童城下布下本阵，命令周围的新庄藩和长瀞藩前来支援。天童藩主织田家虽是战国霸王织田信长的次子织田信雄的嫡系，但这时仅是个知行两万石的小领主，其藩府也只是个窄小的阵屋，无险可守。政府军只能在二十三日把本阵移到新庄藩（藩主户泽氏）的首府。

另一方面，庄内藩也探知了政府军的动静，在四月十九日对全藩下达动员令。庄内藩通过其领内酒田港的特权豪商本间家的献金，购买了大量线膛步枪（主要以前装米涅步枪为主，也有斯彭塞七连发），组建了四个由正规藩士构成的大队和一个农兵大队，每个大队辖四到六个步枪小队不等，还有四磅山炮两到三门，总兵力约一千余人，战斗力丝毫不让萨长部队。

面对总督府的全面进犯，庄内藩将强力的部队配置在了政府军进击的主要路线最上川畔和秋田方向，严阵以待。在藩境清川口（最上川沿岸）以家老松平甚三郎为队长，布置了正规藩兵二百余人和多数农民志愿兵。在大网口（六十里越街道）则安排了家老酒井兵部指挥的正规部队一百六十余人，二百余赌徒辅之。羽黑山口由番头水野藤弥为队长的一百余人守备，海岸线方面的吹浦口则以家老石原仓右卫门领三百正规兵和一百名农兵守卫，防备政府一方秋田藩兵可能的来犯。

二十四日晨，两军在清川口方面打响了东北戊辰战争的第一枪。综合《复古记》中政府方面《东征日记》和庄内方《酒井忠宝家记》提供的战报，战况如下：政府军在当天早晨突然出兵最上川河畔的断崖腹卷山的山麓，用大小火器朝庄内阵地猛烈射击。庄内军被打得猝不及防，连连后退，三个炮台被打破，只得放弃阵地退入附近的杉林里，依托树木朝政府军开火，萨军炮队朝杉林中打了两发开花弹，庄内军跑出林子，和政府军展开白刃战。政府军因为兵粮不足，自早上战至下午四时，中间未能一饭，渐显疲态。这时附近的狩川村村民听说西军来袭，从村里的神社寺院里拿出旗帜，跑到腹卷山后敲锣打鼓，大声喊杀，政府军疲惫之余，以为后路被断，无心恋战，便夺路而逃，庄内军转而追击，反败为胜。这仗庄内军击毙政府军十二人（萨八长四），伤九人，自身战死八，伤十三人。这一战后，庄内军鉴于政府军火力猛烈，更加加紧了配置洋式军备的步伐。对于政府方面来说，这次一不讨好、二不成功的突然袭击反而刺激了庄内方面，促使庄内方展开了更强烈的敌对行动。

二十六日，在六十里越大网口方面待机的酒井兵库部队突然越过藩境，朝出羽村山地方进发。六十里越街道是联系庄内地方和天童、山形的通道。庄内军越境的表面口号是维持旧幕府交托管理的寒河江、柴桥地区的治安，实际目的却是对作为政府军后方的天童、上山、山形各藩领进行骚扰和牵制作战，企图将泽为量带领的讨庄军孤立在新庄。

天童藩藩兵主力基本都跟着吉田大八和政府军一道在新庄方面，藩府成了空城。当其发现庄内军已经进至其本城天童阵屋西面四公里左右的最上川畔时，不禁大吃一惊，留守人员急忙派人到邻近各藩讨救兵，但是山形和上山只是冷眼旁观，米泽和仙台对此更是不管不顾。天童藩只能派人到新庄把吉田大八喊回来。二十八日，天童藩兵一部总算到达了天童阵屋，在随行的桂太郎严令之下，上山和山形也被迫派兵前去支援。二十九日，政府方总算在天童附近凑起了一股由天童、上山、山形三藩为主，附带邻近各藩飞地阵屋的留守人员构成的乌合之众，和庄内藩兵挟最上川对峙。官兵派人下乡拉伕派粮，强要周围的村民提供数百人份的粮食，弄得群众叫苦不迭。

眼看着后方受到威胁，在新庄的泽为量于此日下令天童藩出兵驱逐庄内军，聚集在天童方面的各藩在军议之后，决定在闰四月五日渡河进攻庄内阵营，这个情报被泄露给了庄内方面。尽管庄内藩主酒井忠笃来信命前线将士不要轻举妄动，

◇ 在天童市舞鹤山顶公园中的吉田大八铜像

但是庄内主战派对此不屑一顾，他们决定先发制人，在闰四月四日拂晓对天童发动进攻。聚集在天童藩的政府方诸藩兵本无战意，甚至有里通庄内的迹象，于是和庄内部队首先接战的山形藩兵在阵亡六人后就自顾逃回本领，余下各部更是无心恋战。当天上午十时许，天童阵屋遭到庄内军的包围，藩主织田信敏带上家眷逃往仙台，临行一把火烧了阵屋，大火殃及民户三百余家。庄内藩兵在藩主严命之下撤兵后，擅自开战的几个主谋只是领了闭门思过的轻罚。而天童、上山、山形等藩之后更是和政府离心，天童藩的带路党吉田大八不但遭到解职，庄内藩更开出一百两的悬赏金要他的脑袋，最后落了个被本藩下令切腹自尽的悲惨下场。吉田大八和天童藩的悲剧可以说是被卷入戊辰战争漩涡的小藩处境的一个缩影。吉田在临死前在提交给米泽藩的请愿书中写道：“若不宽处会津，奥羽两国人民将落入涂炭之苦，无论如何，都请予以周旋奔走。”这无疑是夹在由萨长把持的朝廷和东北大藩之间进退失据左右为难的小藩武士无可奈何的悲鸣。

至于北面秋田口的情况又如何呢？在讨庄令发布之后，秋田藩在四月十六日组建了五百余人的庄内讨伐队，十八日，泽为量副总督派了长屋清左卫门和山本登云助二人为军监，并命附近的本庄藩主六乡政鉴和龟田藩主岩城隆邦出兵增援，邻近庄内藩境的旗本领矢岛领主生驹亲敬则受命负责提供向导。四月底，以秋田藩兵为主力的讨庄部队朝矢岛领集结。但是秋田藩论对于讨庄一事并不统一，藩方对这件吃力不讨好的苦差也并不积极，频频对总督府要求延期执行。在军监严令催逼之下，秋田藩只得在闰四月七日向庄内正式宣战，闰四月十三日，秋田军终于决定发动攻击，却又拖到十九日方才正式交火，但两边很明显都在虚应战事。打到二十二日，双方一个阵亡者都没有出现，在十九日当天，负责给佐竹部队做向导的生驹家家臣甚至故意带错路，使得“官”、“贼”难相逢。总而言之，没有萨长督战，谁都不愿意认真开战。

经此几次如同儿戏一般的战斗，奥羽镇抚总督的脸面可谓荡然无存。东北诸藩对于政府的疑惑和不满甚嚣尘上，仙台、米泽两藩则大肆开展合纵奥羽诸藩的活动。随着白石列藩会议的召开，东北的政治形势开始向全面对抗奔流直下……

奥羽越列藩联盟成立

当奥羽征讨总督府的“朝敌征讨”在庄内军的抵抗和诸藩的消极对应下进退维谷，关东地方的游击战如火如荼之时，仙台藩强硬派的势力开始增长。四月二十五日，安田竹之助、玉虫左大夫、若生文十郎等仙台藩鹰派藩士向藩主伊达庆邦进言，他们称世良修藏为奸臣，应予扫除，当帮助大鸟圭介、土方岁三等旧幕臣，起援救会津之兵，并断行清君侧之举，实现真正的“勤王”。家老但木土佐和坂英力也支持他们的论调，其势锐不可当。在仙台强硬派的眼里，给会津争取宽大条件已经不是首要目标，他们之中有人已经打算起兵逐鹿中原，将萨长势力从中央政权里排除掉。

在这种空气之下，闰四月四日，仙台、米泽二藩的家老行文奥羽诸藩，声称为评议救助会津一事，在仙台藩重臣片仓氏的居城白石城召开奥羽列藩大会，要求各藩派出重臣列席。会议于当年闰四月十一日举行，会议主持者之一的米泽藩主上杉齐宪率领藩兵一千七百人，打着上杉谦信以来代代相传的日之丸大旗亲临白石，颇有和仙台藩分庭抗礼的意向。会议在当天傍晚召开，以仙台伊达、米泽上杉为首，二本松丹羽、汤长谷内藤、棚仓阿部、龟田岩城、中村相马、山形水野、福岛板仓、上山藤

◇ 白石城

◇ 白石城的位置

井松平、一关田村、矢岛生驹、盛冈南部、三春秋田（安东）等十四个藩和旗本领的三十三名代表列席，其余各藩的代表则在后面几天抵达。仙台藩主伊达庆邦和米泽藩主上杉齐宪则在城主片仓氏的私宅里会面，未参加会议。

在各藩代表着座之后，仙台藩家老但木土佐首先发言，他称宽处会津藩的斡旋一件责在仙米二藩，二藩将为此向镇抚总督提出请愿书，这里请诸藩提出意见，若没有异议，仙台将尽快提出请愿书，进行救助会津藩的请愿工作。

请愿书的草稿已经由仙台和米泽方面事先起草，仙台藩士若生文十郎将这个草案交给诸藩代表传阅，仙台藩士益田历次、米泽藩士木滑要人和大泷新藏则负责为代表们具体解说。在场诸藩都异口同声地赞成仙台和米泽的立场，表示要在请愿书上联名支持。一番商议下来，会议决定将诸藩联署加判要求宽处会津的《诸藩重臣请愿书》、会津藩家老署名的请愿书和仙米二藩主连名的会津藩宽典处分请愿书三份文件提交给总督府。其中的《诸藩重臣请愿书》大意如下：

（会津）伏见之暴动对朝廷绝无二心，事皆出自突然。这且因藩主容保管束不严，惊动天朝。容保恐惶莫名，已命当事之重臣谨慎，本人亦悔悟先非，出城外恭顺谨慎，愿朝廷宽大处理，会津藩之家臣等持请愿书前来降服。会津既然已作以上谢罪降伏，望朝廷能予以宽大处理。时当王政一新，正是不动兵戈，深思人心相背之际，春秋二季乃农事急务之时，关系民命生死，朝廷不虑会津一国，也应考虑奥羽大局，万请予以宽大处置，此乃奥羽列藩众议之后之一致请愿。

不仅诸侯们一致反对开战，奥羽的百姓也纷纷请愿和平。这一年的春天气候不顺，寒风交加，暴雨淋漓，庄稼没有一处是长得好的，东北在过往已经几遭饥荒打击，饿殍遍野，这样的气候更加牵动人心。早在四月底，岩代伊达郡的百姓已经几度请愿暂缓提交人夫为政府军运送粮草，在诸侯会议举行的闰四月十一日，陆奥信夫、伊达二郡的全体百姓更向“御官军老爷”提出请愿书，称如果在插秧之前开战，百姓将没有活路。百姓如果都饿死，领主的租税又要问谁要呢？在反对战争破坏生产这一点上，领主和百姓是站在同一立场上的。

以上三张请愿书在闰四月十二日由仙米两藩主亲自呈至奥羽镇抚总督九条道孝。这时总督府大兵在外，光杆司令九条道孝面对杀气腾腾的仙台藩士，首先软了半截，对于仙米二藩的请愿，九条并不敢答应，但也不敢公然拒绝，他的表态是：“请愿之趣旨十分正当，但我不能专断，万事要同醍醐以下的参谋们商议决定”，答应眼下暂时将请愿书收下。为了推脱责任，他对仙米二藩主大吐一通苦水后相当不负责任地声称：

正如两位所知，底下的参谋（特指世良修藏、大山纲良等萨长人）都是难说话人，对此必生异论，不会轻易同意。此事若难成，我将效三条实美故事，决心不再生而西还，届时劳烦两藩多加照顾，再待拨云见日之时。

什么叫效三条实美故事呢？熟悉幕末政治斗争史的读者可能会想到，在文久三年“八一八”政变之时，以三条实美为首的七位尊攘派公卿被公武合体派排斥出朝廷，逃到尊攘派的大本营长州藩寻求政治庇护，直到倒幕派“回天”之后方才恢复公职。那么，这里九条道孝的表态我们便可以这样推导——现今的“王政复古”无非是萨长倒幕派导演的一场政变，只要你们东北诸藩能够推倒这次政变，由东北诸藩主导一次真正的“王政复古”，那么我九条道孝自然愿意为你们举事提供一个大义名分。当然，明眼人都看得出来，这无非是被孤立在仙台的九条总督的避祸之言，当然不会是真心话。但是在火药味已经如此浓厚的当下，身为高位贵族，更兼钦差总督的九条这样的一番话，将给仙米两藩带来怎样的错误信号，大家是不难想见的。听了这番话，仙台藩的鹰派们一个个像是打了鸡血，认为自己才是真王师，大义名分在我，阻挠议和的萨长参谋都是奸邪小人，恨不能杀逐一空，更别说把他们放在眼里了。

之后九条总督派遣九条家诸大夫盐小路光孚携带三通请愿书前去白河方向联络世良修藏，二人在路途中偶然会面，世良对请愿书撇了两眼，就说道：“会津乃是不能容于天地间的罪人，请愿的趣意不能认同，当下令诸藩速奏追讨之功。”

还轻蔑地说了句“要请愿二月间就该请愿了，事到如今还说什么”。盐小路将世良的意见转达给九条，九条依此在闰四月十七日再次严令诸藩动兵追讨。仙台、米泽对此明确地以行动拒绝命令，不仅决定从会津藩境撤兵，还计划将九条总督控制起来，隔断他和参谋们的联系。闰四月十九日，仙台和米泽明确宣布从会津藩境撤兵，且在第二天的凌晨，点燃奥羽火药桶的火柴终于被划亮了。

从二月以来一直在激化东北和中央矛盾上大有建树的世良修藏，在四月十二日离开了仙台，来回活动于福岛、本宫以及白河方面，到处催促各藩进攻会津。他于闰四月十九日返回福岛，当天下午在福岛北町的旅馆金泽屋住宿。世良他见东北两藩无人愿意合作，最视为讨会依仗的仙台藩倒成了政府朝敌追讨政策的第一个反对者，便决心要修正对东北的对策。下午三时之后，他给身在新庄的大山纲良写了一封长信。信中指出总督府眼下的状态无异于光杆司令，对于仙米二藩的逼宫无力弹压，北关东各地之“贼”四处蜂起，官兵势寡无以应对。如今之计只有将奥羽的局势详细向中央申明，“将奥羽全体皆视作敌手，策划反击之大策。”他将迅速前往江户向西乡隆盛汇报情况，再赴京坂商议对策，必使赫然之皇威复大张于奥羽。若听任奥羽诸藩请愿而免其罪，奥羽在一两年内朝廷将无能为一策，仙米等“俗藩”心里轻视朝廷，真是一刻不能让人省心。至此，世良参谋终于做出了一个足以送掉自己脑袋的自杀决定，他嘴巴里说东北诸藩信不过，临事却让福岛藩的用人铃木六太郎做派往新庄的秘使，临行还煞有介事地和他交代了一通这是机密里的机密，万万不可外传之类的话。这天早上醍醐忠敬还警告过他，说周围环境险恶，一定要小心言行，他却全当成了耳旁风。送出信，世良便忙不迭地叫人置酒召妓，管自己快活起来了。没想到密信转手就落到了仙台藩士姉齿武之进手里，这个姉齿早有把世良修藏生吞活剥的心思，但总是顾忌这种不计后果的暴动会危害本藩大局，故作隐忍。当下他展信一看，信中不但说要把奥羽屠戮

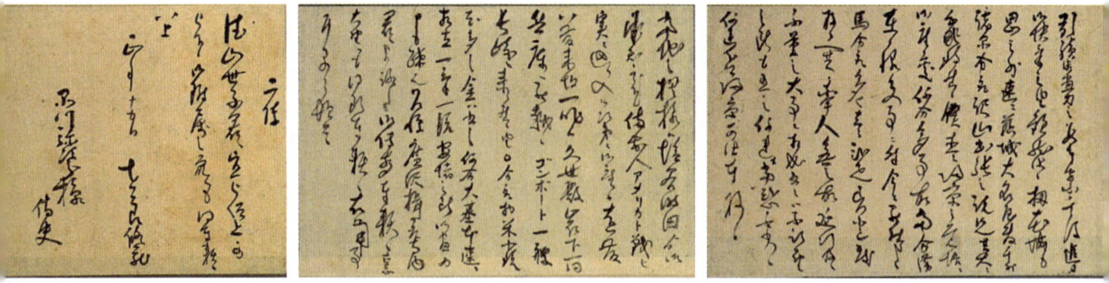

◇ 世良修藏亲笔书信，明治元年正月十五日致品川弥二郎书，藏于京都大学附属图书馆

一空，还对藩公大肆诽谤，不禁怒发冲冠，是可忍孰不可忍，想想这厮说要去关东告状，这便延宕不得，如今就是下手干掉这个家伙的时机！

◇ 仙台强硬派藩士玉虫左大夫，明治二年在狱中切腹身死

闰四月二十日凌晨，姉齿便指使同藩的赤坂幸太夫和福岛藩的远藤条之助二人前去行刺世良，世良随身的一个小厮胜见善太郎则由仙台藩的田边览吉负责解决。当赤坂和远藤两个杀手来到金泽屋时，世良修藏喝得烂醉，赤条腚光地抱着个女人睡得正熟，他惊觉一众来者不善，急忙从枕头底下抽出一把防身用的左轮手枪朝着来人就扣扳机，这真是世良大限将至，手枪此时竟然“咔哒”一下卡壳了，于是情急之下只能光着身子从旅馆二楼跳出去，不慎撞破了头，血流了一地，死猪般趴在地上动弹不得。杀手虽然打算抓活的，把他带到白石交由众人处置，但看他出血过多，怕是挺不了那么久，就拉到阿武隈川的支流寿川的河原上割了首级。时在二十日清晨六时许，世良修藏便是这样窝囊地结果了他三十四岁的性命。

世良修藏死了，死得好像不冤。无论是官方或是东北立场的历史书，都认定他是导致开战的祸首，但他确实算是一根筋地忠实地执行了政府的“朝敌”追讨政策，把奥羽开战的责任全部推到他头上也是有失公允。不过反过来说，对任何一项政策无视情况变化地机械执行，在某种意义上就是对政策的破坏，所以从这点上讲，他的单纯和狂妄才是坏了自家性命的真凶。此人的墓碑建在今天宫城县白石市的北郊。墓碑上用汉文写道：

明治戊辰年闰四月二十日于奥州信夫郡福岛驿口口所杀年三十四
奥羽镇抚总督参谋长州藩士世良修藏之墓

上文的“口口”，是碑上被人为刮削不能判读的部分，从上下文意推测，或为“为贼”二字。东北人对世良的怨毒之情，由此可见一斑。

世良修藏刺杀事件成为奥羽诸藩结成同盟的导火索，根据米泽藩士宫岛诚一郎的日记，当世良被杀的消息传到白石的会场之时，“满座人皆唱万岁，天诛恶逆痛快痛快之声齐声不休”。当世良的首级送到白石去，仙台藩的强硬派玉虫左大夫大为兴奋，连声讨要世良之首，众人惊问其故，玉虫大笑云：欲携入厕间掷之便溺中耳。世良写给大山纲良、九条道孝的密书也落入仙台藩之手，在会场上曝光，会间反萨长的情绪就此达到了极点。

在世良被杀的同一天，会津藩居然撕掉了恭顺的伪装，派遣一队人马前去夺取由奥羽诸藩管理的奥州关门白河城（时为政府管制下的幕府直辖领），警卫该城的主力仙台兵在几天前便早有默契一般弃城而退，余下诸藩杂牌兵在当日也装着抵抗一阵后退走。白河城轻易落入会津之手。事已至此，东北诸藩举事之势已成，闰四月二十二日，在白石的诸藩代表签署了《白石盟约书》。该盟约书的初稿在仙台藩的强硬派主导下起草，主要由以下五条构成：

有恃强凌弱，或旁观他人危急者，应加谴责。

有私构营利，泄露机密，离间同盟者，应加谴责。

妄劳人马，不顾细民艰苦者，应加谴责。

大事尽付列藩众议，可归公平之旨，至于军事机会、细微节目，不及集议，应随大国之号令。

杀戮无辜，掠夺金谷之类，总归有伤名分者，应速加严刑。

《白石盟约书》充分体现了仙台藩强硬派意图借着东北诸大名对萨长横暴举动的愤慨，主导盟约，自为东北列藩盟主的企图。在起草盟约书的同时，玉虫左大夫、若生文十郎等仙台强硬派还起草了一份《奥羽同盟列藩军议书》，该军议书在军事上主张驱逐总督府的萨长参谋，先坚守白河，在此基础上联合北关东的旧幕府军队，进兵宇都宫城，拉拢下野、常陆等地诸侯，以利根川为境取固守之势，慢慢朝房总方向发展势力，在时机成熟之后夺取江户。在日本海沿线，则主张扫清总督府下辖萨长部队的反抗，援助庄内，以越后旧国主上杉氏为主力进军越后，统辖越后各藩，朝上野、信浓、甲斐各地扩张势力，和北关东遥为犄角。在政治上主张向江户的征讨大总督府，以及京都的太政官控诉参谋的罪恶，布告天下诸藩，掀起公议之舆论。然后外结法国、美国、俄国，强化武备，并且联络加贺前田、纪州德川，以及西南诸藩中的反对分子，协商东西并起连横之策。这份军议书则更具体暴露了仙台藩强硬派们意图借乱逐鹿中原，夺取中央政权的野心。

在《白石盟约书》签订之后，奥羽列藩的代表便从白石移往仙台城下，二十七日，仙台藩起草了提交给太政官的建白书，这份建白书严厉弹劾了世良、大山两参谋的私行，认为讨会、讨庄都是萨长的私怨，萨长才是“阴窃大权，恣行暴动”的“国贼”，愿天皇颁赐“追讨国贼”的纶旨。二十九日，该建白书提交到奥羽诸藩会议上付诸各藩公论。仙台藩的强硬姿态遭到了向来主张稳健路线的米泽藩宫岛诚一郎等人的强烈反对，秋田藩的代表也对此提出异议，米泽和秋田得到了在场列藩的支持，仙台的强硬意图没有通过，最后《白石盟约书》沿着米泽的意见进行了修改，其最终稿确定如下：

今次奥羽列藩会议于仙台，告镇抚总督，欲以盟约执公平正大之道，同心协力，上尊王室，下恤人民，维持皇国，而安宸襟，仍条列如左：

以伸大义于天下为目的，不可拘泥小节细行。

如同舟涉海，应居以信，动以义。

若有不虞危急之事，比邻各藩应从速援救，报告总督府。

勿负强凌弱，勿计私营利，勿泄事机，勿离间同盟。

筑造城堡，搬运粮食，虽不得已，勿漫使百姓劳役，不胜愁苦。

大事件列藩集议，可归公平之旨，细微应随其宜。

通谋他国，或出兵邻境，皆应上报同盟。

勿杀戮无辜，勿掠夺金谷，凡事涉不义者，应加严刑。

于右各条有违背者，则列藩集议，应加严谴者也。

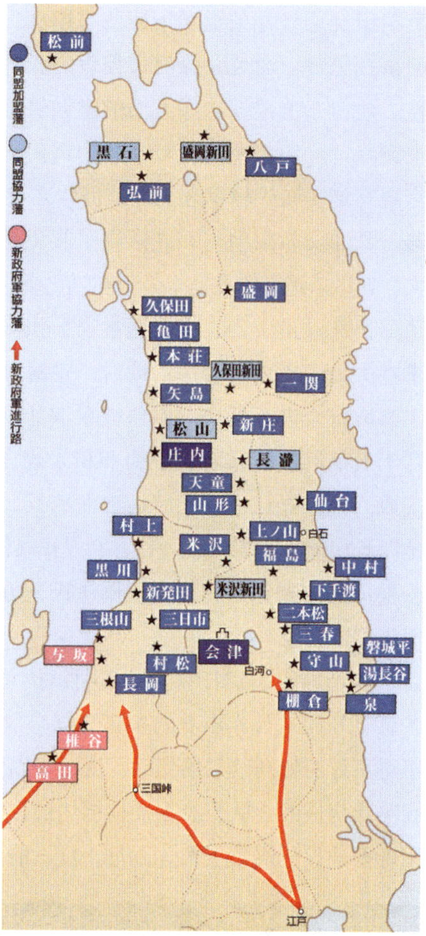

◇ 同盟成立初期五月十日前后的东北局势。标成浅蓝色的“同盟协助藩”基本都是大藩的支藩，本藩既然参加同盟，作为支藩也就不得不参加了。同盟的支援对象会津和庄内两藩形式上没有参加同盟，故标深蓝色

较之仙台的初稿，最终稿删掉了“应随大国之号令”等有利于仙台藩的条款，并且规定一旦有萨长兵强硬动武的“不虞危急之事”，也应报告总督府。完全排除了仙台的强硬论。基本上，按照米泽等稳健派的路线修正，同盟将自己定义为

奥羽镇抚总督九条道孝下属的“镇抚”执行机关，通过排除萨长派参谋来控制奥羽镇抚总督，通过总督府去控诉萨长的“横暴”，向朝廷主张同盟的正统和合法性。建白书也根据米泽方面的意向进行了修改，称萨长为“国贼”的过激提法都被删除，一切都改用比较柔和的调门。新版建白书指出会津在伏见鸟羽之战中对宫阙开炮实属“轻率之至”，但较之在1864年禁门之变同样朝着宫门开炮的长州藩，其罪又孰轻孰重？既然有了赦免长州的先例，将会津视作“天地不容的大罪人”赶尽杀绝，就并非“公平至当之罪名”。庄内藩并无朝敌举动，无罪而受征伐，诸藩都怀疑是大山、世良两参谋公报私仇，故不能听从征伐令。建白书最后在请求宽大处理庄内、会津的同时，也对德川宗家的处置提出建议，认为其官位和封土都应符合人心所向，希望能采取让旧幕臣们也能信服的举措。五月三日，奥羽二十五藩的代表重新在盟约书和太政官建白书上署名画押，奥羽列藩同盟至此正式成立。正好这时，北越后方面的长冈藩和政府的北陆道镇抚部队会谈破裂，于是以长冈藩（牧野氏）为首，新发田（沟口氏）、村上（内藤氏）、村松（堀氏）、三根山（牧野氏）、黑川（柳泽氏）五个藩也加入了同盟。于是便形成了所谓奥羽越列藩同盟。

这个同盟起初打算拥戴奥羽镇抚总督九条道孝为其名义上的盟主。为此，九条总督和同是公家出身的参谋醍醐忠敬在闰四月二十七日被转移到仙台藩士宅中，不得不过着如同软禁的生活。这时，以佐贺藩士前山清一郎所率，由佐贺及丰前小仓藩兵构成的一队政府军援兵抵达仙台，九条家诸大夫盐小路光孚急忙前去拜托前山，要他设计解救主人。五月一日，前山清一郎面会九条，和他定下了逃离仙台的计策。九日，前山以护卫总督的名义，率领麾下的佐贺、小仓藩兵进入仙台城下，因为他们没有萨长色彩，同盟方面对他们警惕性并不高。十四日，九条、前山和仙台藩重臣进行了会谈，九条在会上假惺惺地大作反省，称奥

◇ 描绘轮王寺宫公现法亲王狼狈从上野战场逃脱的锦绘

羽之镇抚至今未获成效，责任都在自己，为了替东北诸藩一诉衷肠，他决定进京向朝廷进言，因此自己须前往盛冈，到秋田和五月一日退到那里的副总督泽为量会合后，再行上京。第二天，列藩同盟为九条总督的转移问题召开会议，多数意见认为九条应该由东北诸藩的部队护送上京，如果放任九条前往秋田和泽为量，以及总督府直辖部队会合的话，恐将难以控制，倒不如带回泽为量，将他和九条、参谋醍醐忠敬一道羁押在仙台为妙。但是仙台藩对九条深信不疑，力主应信任九条和前山清一郎。虽然列藩内部一直有声音反对这么干，但是九条道孝依然未受阻挠地按照原定计划，顺利地在十八日和前山所部政府军一道前往盛冈，之后在七月一日抵达秋田。九条在脱离虎口后，立即策动秋田藩反正，将秋田变为政府方面的一大根据地，和同盟军对峙，仙台藩完全中了他的金蝉脱壳之计。这些都是后话，且按下不表。

失去了对奥羽镇抚总督的控制，对于列藩同盟而言，却是关乎其组织合法性的大问题。由于整天一副“老子领地最大，你们都得听我的”嘴脸的仙台藩在同盟中并不得人心，在六月初时已经出现了“就仙藩盟主之仪，诸藩渐酿物议”的局面，同盟方面急需一颗众人皆可接受的精神核心。于是在五月中旬上野彰义队覆灭之后，在六月六日遁往会津的前彰义队盟主、东睿山宽永寺住持轮王寺宫公现法亲王（后来的北白川宫能久亲王）便成为东北诸藩相中的奇货，诸藩都欲推其为列藩同盟之主，并欲使其上马管军，下马掌政，把同盟的政治领导和军事指挥权全部推给他。但法亲王以出家之身，不知干戈为理由拒绝了兵权。六月十六日，轮王寺宫正式就任同盟盟主，同日在列藩会议上，决定让轮王寺宫暂居白石，一切开支费用则由奥羽的旧幕领收入承担，跟随轮王寺宫来到会津的彰义队队士则照旧作为警卫，列藩诸侯须从速前往白石面觐，并派重臣一人常驻亲王身边听候差遣。另外任命其时同样流亡东北的前幕府老中板仓胜静和小笠原长行总管同盟行政，各藩提出能人充任参谋。轮王寺宫在会议做出决定的两天后从会津若松城出发，经过米泽，在六月二十九日抵达白石，他时常出席在白石举行的列藩会议，名副其实地担起了“列藩盟主”的角色。但是在七月后同盟体制复做调整，仙台和米泽藩主取代了板仓、小笠原两老中，受委成为“管辖指挥众事”的“总督之任”，两旧老中则退后成为总督参谋。七月十三日，又任命鸟羽伏见战役的败军之将，旧幕府陆军奉行竹中重固为统辖各类旧幕军余党的“有志之辈统领军事总裁”。至此同盟终于形成了正式的权力中枢，其最高执行机构则是由诸藩代表构成的白石公议府，由诸藩代表集议军略及民政、会计重事。一个和京都的维新政府分庭抗礼的东北政权俨然形成。根据一些真伪不明的资料，当时在同盟内部甚至可能存在将轮王寺宫拥为“东武皇帝”，以九条道孝为关白，任伊达庆邦为权征夷大将军，松平容保为副将军兼任总裁，树

立“东武朝廷”的构想。从仙台藩强硬派一以贯之的强硬立场看，这种激烈的纸面计划的确有存在的可能性。

六月中旬，控制了新潟的米泽藩对各外国驻日公使发布了《奥羽越同盟布告》，对外国势力主张同盟的正当性，希望外国不要对同盟以外的势力出售武器。七月十四日，列藩同盟在给美国驻日公使的书信中将当时日本的政局和美国内战的情势作比，声称：“合众国仁义的北方打败了不仁不义的南方而统一全国之势，和我国南北之争类似，南方的所作所为皆是不仁不义，北方的行动基于仁义，但是我国没有林肯总统那样的伟大人物，甚为遗憾。”

◇ 幕末的秋田藩主佐竹义尧铜像，源氏名门佐竹家因在戊辰战争中的“勤王”事迹，在华族令施行后被封为侯爵的高位，而同为中世纪以来名族的上杉、南部、伊达诸家因为其“贼”名，只能屈居伯爵了

列藩同盟固然摆出了一副和京都新政府分庭抗礼的架势。但是，东北由于其自身固有的经济落后和政治保守，使得列藩同盟除了空喊一些“排除奸贼”之类不接地气的空洞口号外，无法提出能够和新政府的主张相抗衡的政治纲领，内部也是矛盾重重，秋田藩本来就是鉴于形势而一时附会仙台的主张，藩主佐竹义尧把“勿误大义名分”看得比什么都重要，一点也不想附和仙台藩那种不切实际的野心。米泽藩向来不大愿意和仙台藩的激进路线靠得太拢，只是因为有收复越后故国的机会才参加同盟的军事行动。一堆小藩只是想要避免两方的军事征调而赞同同盟的和平方针，但随着东北战局的展开，同盟的性质不可避免地朝攻守同盟的性质转变，而仙台的大藩霸道嘴脸，让他们心中敢怒不敢言，只要出现适当的时机，就难保他们不会反水。而经历了庆应幕政改革，认同体制变革必要性的旧幕臣们和保守风气浓厚的仙台藩也并不相能，仙台藩的“因循”让他们觉得如鲠在喉，前面提及的和美国公使的去信，其起草者很可能是谙于世界形势的旧幕臣，他最后提到同盟未能有林肯那样的领导者的话，恐是其肺腑之言。列藩同盟虽然在意图上讲，想要打破被萨长倒幕派所独占的“王政复古”，建立起天皇之下诸藩联立的“公

议政体”。但他们在事实上只是一个松散的封建联邦，只要一遭有力的军事打击，就会从内部出现瓦解。

综观全局，从四月开始，政府军就逐渐地摆脱了在关东的被动局面，四月二十三日，政府军收复宇都宫城，大鸟圭介和土方岁三的旧幕军从下野败退到会津，而五月十五日政府军在上野之战的胜利便使反抗势力在关东的失败成为定局。同盟和政府的正面对抗，即将全面展开。

以下笔者将分节介绍各个战场的作战经过。

鏖兵白河口

在闰四月二十三日会津藩夺取白河城之后，政府军反攻的第一个要着，就是重夺这个堪称奥州锁钥的战略要地。攻占白河，政府军就能从南面的太平和势至堂两个方面威胁会津南境。

白河城曾是宽政改革的主导者松平定信的封地，文政六年白河藩主久松松平家被转封到伊势的桑名之后，谱代大名阿部氏转封到该地，庆应三年（1867）阿部氏又被转封到附近的棚仓，该地成为空地，先由幕府代官，后由二本松藩主丹羽氏代为管理。戊辰战争爆发后，奥羽镇抚总督参谋世良修藏也知道该地的重要

◇ 复原的白河城三重橹，白河城也称白河小峰城，这里在中世时系下总结城氏的同族白河结城氏的本贯之地，在丰臣统治时期领有该地的蒲生氏和上杉氏都在此置城代守之，该城池系宽永年间从陆奥棚仓转封自此的丹羽长重所建（丹羽家后来又被转封至二本松），该建筑在戊辰战争中被毁，1991 年重建

◇ 新选组三番队长斋藤一名气虽响，但却没有留下确实的照片。以上左图是基于其儿子斋藤勉的脸形绘制的画像，右图这群正要开赴西南战争前线的警察中，中列最右的第一人据说是斋藤。他在戊辰战争中伴同会津藩战到了最后时刻，在战后得到了正规斗南藩士的待遇

性，在闰四月后多次亲赴该地进行军事部署，企图在闰四月十九日前后用萨长部队代替当时守备该城但明显不能依靠的东北诸藩部队。四月下旬以来，政府军虽然在宇都宫方面聚集了由萨、长、鸟取、冈山、大垣等藩构成的兵力三千八百余，但被旧幕军大鸟圭介、土方岁三所部牵制，不能及时前往进驻，世良的意图又被仙台藩泄露给了会津方面。闰四月十九日当日，驻白河仙台藩兵朝须贺川方面撤退，城中仅剩二本松、棚仓等杂牌部队约二百余人。会津藩闻讯，立即挺兵大进，在四月二十日拂晓对白河城发动攻击，世良修藏的部下，长州藩士野村十郎虽然催督守军防战，但是守军压根没有任何战意，只是装模作样抵抗了一阵后退出城外。当天正午白河城完全落入会津之手。此役中除两名二本松藩兵不幸挨了会津的流弹而阵亡以外，两边都没有任何损失。

东山道总督府参谋，萨摩藩士伊地知正治为北进奥州，集结了一支由萨摩、长州，以及法式装备的谱代大名美浓大垣藩兵混成的少数精锐部队，从宇都宫北上进击奥州，他们一边和出没当地的大鸟、土方部队交火，前进至那须地区的大田原城。闰四月二十三日，白河陷落的消息传到伊地知阵中，后来又误传会津军有继续南下的企图，使他大惊失色，于是迅速组织了一支由萨摩城下四番队、长州一个小队、大垣一个中队以及武藏忍藩一个小队共二百五十人构成的反攻部队，不等后续兵力集结，决定在二十五日发动对白河的反扑。但是整个 1868 年都是阴雨连绵，大田原通向白河的道路泥泞不堪，政府军在二十五日拂晓抵达白河城南五公里的白坂附近时，会军早是严阵以待，山口次郎（斋藤一的化名）率领的新选组队士首先发动进攻，会津游击队、朱雀一番足轻队左右包抄，政府军挣扎在泥泞的道路里，陷入困境，只得退走。当时从军的长州兵士椿太郎吉回忆战况道：

因说要在四月二十五日攻打白河，就组建了萨长联合的选拔部队，先于主力部队出发。（二十五日）午夜二时，萨兵在左手缠上红布，长州则系上白布。在白坂前方有一座境之明神，那儿写着往东走就到会津。白坂附近没有敌人，但到了白河的入口附近便有了。到了天亮前后敌人开始接连不断地开炮，炮台在白河的入口，好几个人给打死打伤，我们的枪械因是前装枪，怎么打也打不中。我腿上也挨了一枪。据说二十四日夜间仙台兵从白河开来，他们分配了从新潟买来的后装步枪。因此敌人占得优势，我们遭到包围，想着要逃的时候，便有拿着枪的人朝着我们过来了。我自己也受了伤，虽然喊着谁来给我个痛快的，但谁也不动手。因为有一间民房，便拆下木头做了担架，对大垣藩的民夫喊不肯抬就杀了你，便让他们抬着跑，总算逃回了芦野（那须），官军吃了大败仗。

此战政府军被击毙十六人，负伤五十一人，从其出击部队的规模来看，可谓遭受了沉重的打击。会津战死八人，负伤三十到四十。也难说是全面的胜利。之后数日，同盟方面的援兵陆续赶到，在白河城下集结了约两千五百左右的兵力，其战斗序列如下：

会津（一千五百余人）
总督西乡赖母
副总督横山主税
朱雀一番士中队　中队头小森一贯斋
朱雀一番寄合中队　中队头 一柳四郎左卫门
朱雀一番足轻队　中队头杉田兵库
集义队　大队头辰野源左卫门
新选组　队头山口次郎（斋藤一）
会义队　队头 野田进
炮队　队长樋口久吉
游击队足轻队　队头远山伊右卫门

仙台（约千人）
参谋坂本大炊　辖步兵三个小队
副参谋今村鹭之助　辖炮兵一个小队

大队长濑上主膳　辖步兵五个小队、炮兵一个小队
大队长佐藤宫内　辖步兵三个小队、炮兵一个小队
集义队　队头今泉传之助、井口源吾

其余部队
棚仓一个大队　炮若干
二本松、三春、旧幕军若干

吸取第一次作战发动过于仓促、没有摸清白河周围地形和敌情的教训，伊地知在战后加紧了对白河方面的侦察。结论是仙台和会津协同不充分，机动力差。于是他在集结了由萨、长、大垣、忍藩兵力约七百人后，拟定了一个一部诱敌两面夹击的战术。即以战场中央设一部引诱敌人来攻，而置奇兵以左右两翼迂回袭击敌军侧面，将之击溃。伊地知的这个战术无非沿袭了萨摩藩的传统战术“钓野伏”的打法，但就当时情况而言，不得不说是相当冒险的一个作战，因为政府军的兵力不足，一旦协同上出了差池，两翼部队不能在合适的战机投入作战的话，各路兵马势单力孤，都有被优势敌军各个击破之虞，恐怕伊地知正治是料准了会、仙部队无非是临时编凑的乌合之众这一点，才有胆量执行这个方案。

◇　萨摩藩的传统战术“钓野伏”概念图，即以一部小股部队作为诱饵示弱，将敌军引入伏击圈后以奇兵夹击敌人侧翼。在战国时代岛津氏以此战法于耳川克大友，在户次川挫丰臣，屡试不爽

五月一日凌晨，政府军越过白河关，在白坂按照预定计划分成正面、左、右三个攻击纵队。战斗序列如下：

右翼：萨摩城下小铳二番队（队长村田新八）、城下小铳四番队（队长川村纯义），携山炮一门。

正面：炮兵队（山炮四门、臼炮一门），长州足轻第四大队一番中队二番小队（队长原田良八），大垣二个小队，忍藩一个小队

左翼：萨摩城下士小铳五番队（队长野津镇雄），携山炮二门，长州足轻第一大队二番中队（队长楢崎赖三）、同部四番中队二番小队（队长口羽兵部），大垣一个中队，携黑格火箭炮一门。

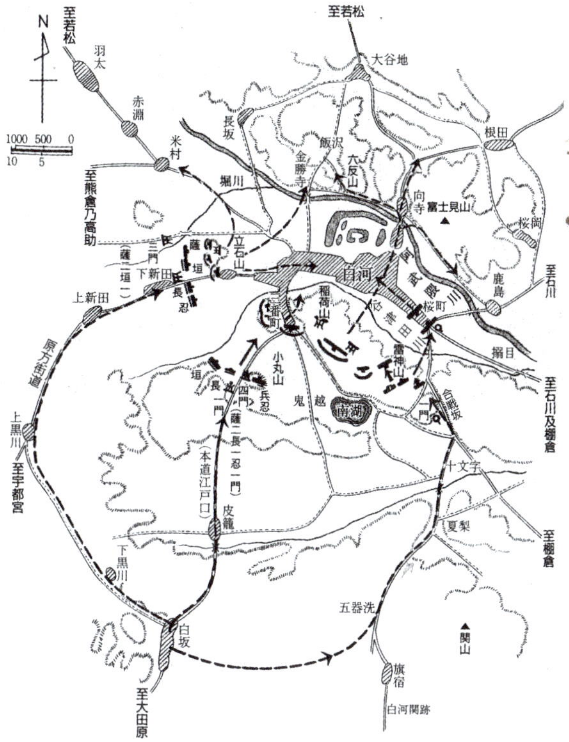

◇ 五月一日白河城攻略战示意图

三队各间隔两个小时出动，右翼部队在午前四时首先出击，左翼部队和中央部队则分别在午前六时和八时出击，伊地知考虑到左右两翼迂回机动需要时间，故做此安排，使三路部队能够在适当的时机进入战场。

右翼攻击队从南湖的东面迂回，朝雷神山进发，左翼攻击队则向黑川方面迂回，朝立石山方面进发。中央攻击纵队则沿奥州街道朝白河城正面进军，首先在白坂北面两公里处的皮笼消灭了同盟军的前哨部队，一路顺利前进，成功占据了小丸山高地。小丸山高地同白河城正面稻荷山高地相距八百米，中央攻击纵队将四门山炮展开，朝稻荷山发起炮击。稻荷山阵地屯驻着山口次郎的新选组，以及一柳四郎右卫门的会津藩朱雀队、仙台藩的炮兵等同盟方精锐，虽然遭到突袭，却也毫不示弱，搬出仙台藩炮队的六门火炮予以迎战，步兵则对小丸山发动反冲锋。激战中政府军的一门山炮突然发生故障，幸得敌方阵地在政府军臼炮射程之内，政府军将臼炮隐蔽在第一线一百米后，派观测员在小丸山上观测弹着点，用手旗

◇ 白河城攻略战的交战双方总指挥，左为会津藩家老西乡赖母，右为伊地知正治

信号传达观测结果，采用这种间接瞄准法朝仙台阵地猛烈射击，压制了同盟方的冲锋，会津军副总督横山主税在稻荷山顶遭到长州藩和大垣藩兵的射击而阵亡。总指挥西乡赖母听说横山阵亡，不禁大惊，将白河的守备部队和雷神山的一部守军朝中央方面投入。这正中伊地知正治下怀。

在中央方向展开激烈攻防的同时，政府军右翼部队在白坂的乡士引导下，沿着只有当地人才知道的丘陵间小径前进，没有受到任何阻挠，就登上了海拔三百四十九米的合战坂高地。在这里虽然碰上了同盟军的前哨，但右翼军果敢进攻将其轻松击溃。右翼队听闻中央方面炮声连作，便立即翻越合战坂，朝目标雷神山进发，据守雷神山的同盟方部队系会津两个小队和仙台藩濑上主膳大队，但因为其一部已经被调向中央方面，余下的兵力势单力孤，被政府军右翼部队轻松击溃。左翼部队在中央开战后，也对立石山展开迂回攻击，立石山虽然不高，但山势急峻，同盟军在此设置了七个壁垒，难以立时攻略。左翼部队遂采取一部朝敌人侧面迂回进攻，一部朝正面牵制的战术，交战之中会津军的指挥官日向茂太郎被政府军的狙击手击毙，立石山守军立即陷入混乱，仙台军参谋坂本大炊见立石山形势不妙，意图率队支援，结果遭狙击而死，刺杀世良修藏的主谋姉齿武之进也在这时战死。立石山高地亦告失陷。这样，正面的稻荷山便遭到三方面的夹攻。但陷入不利局面的稻荷山守军不知为何依然不肯及时撤退，结果通向白河城的退路也被包抄上来的政府军左右翼部队截断，陷入混乱状态的同盟军像被割麦子一样接连不断地被射倒在地，朱雀一番寄合队队长一柳四郎左卫门、军事奉行海老名卫门、军事方小松十太夫等会军指挥官相继战死。同盟军溃作一团，趟着阿武隈川冰冷的河水向北逃窜。白河城郭内的守兵因为都被调到前线，会津指挥部又已逃走，城池成了空城一座。当日正午，政府军夺取了白河城本丸。仙台藩残兵朝二本松方向撤退，棚仓藩兵朝棚仓撤退，会津残兵朝势至堂方面撤退，会津军总督西乡赖母收拾残兵，仅得三个小队。政府军光清点战场遗尸，就得七百余具，同盟军的伤溃人数就更可以想见。相反政府军仅战死十人，伤三十八人。综观整个战局，同盟军在军械方面，其近代化程度在总体上劣于政府军，尽管有部分部队装备了后膛步枪，但是火绳枪和前装滑膛步枪依然是同盟军的主要装备，故而在对射上往往会被政府军所压制。不过，武器的代差优劣只要不是天壤之别，就不能算是战争的决定性因素，同盟军总督西乡赖母的拙劣指挥也要为同盟军的失败负很大责任。他在进驻白河之前，山口次郎等人提出朝白坂、境明神方面分屯兵力，并派出巡哨部队摸清对方部署的建议，更进一步提出了将兵力在城外分散配置，便于四处包夹和伏击兵力不占优势的政府军的方案，但西乡赖母对这些建议充耳不闻。相反伊地知却派出斥候绘制了精密的地形图，摸清了同盟方的军事配置。结果政府军发动攻击之后，拥有优势兵力的同盟军始终不明敌情，把优势兵力放进敌人的口袋里听凭消耗，还放任敌军截断退路，导致溃退后几遭全歼。总之，西乡赖母愚蠢地蒙着双眼朝着伊地知布下的口袋里一头撞去，每一着都被政府军算准，居然上演了一出让两千五百优势兵力遭到不足三分之一的敌军包饺子围歼的丑剧。自此，奥州关门洞开，会津不得不将有限的兵力分散到太平和势至堂方面，三春、棚仓、守山等小藩被直接暴露在政府军的攻击范围之内。仙台藩拟定的《奥羽同盟列藩军议书》中据白河、进取北关东的战略意图也宣告破产。

伊地知正治所部七百政府军虽然占据了白河城，但是他们得不到进一步的支援，暂时无力展开进一步的追击。因为此时彰义队还未被消灭，而北关东各部旧幕兵的游击活动也没有被镇压。战线拉得过长的话，后方就有受到此时以会津为据点，在日光、今市，乃至越后口方面活动的大鸟圭介、土方岁三部的威胁。而且在北越方面，随着五月二日政府军和长冈藩的小千谷慈眼寺会谈的破裂，北越方面的全面战争爆发，政府军的被动局面尚没有大的改善。所以这对于同盟方面来说尚有挽回的时机，但是如前所述，奥羽同盟内部并不齐心，难以集结相当规模的部队实施夺还作战，倒是仙台藩士细谷直英组织流氓黑道无赖编成的夜袭队（正名冲击队，因队员皆着黑衣，也称“鸦组”）在这段时间大为活跃，在白河周围展开了各种骚扰活动（当然，火烧民房，强奸民女的事也干了不少），让政府军十分头疼。

五月二十六日，同盟方面终于纠集了仙台、会津、棚仓、二本松、相马各藩兵两千余人，从八个方面进逼白河，但当天阴雨连绵，道路泥泞，各部行动步调不一致，当全军到达白河之时已经失去了战机。在之后的两天中同盟军连续攻城，

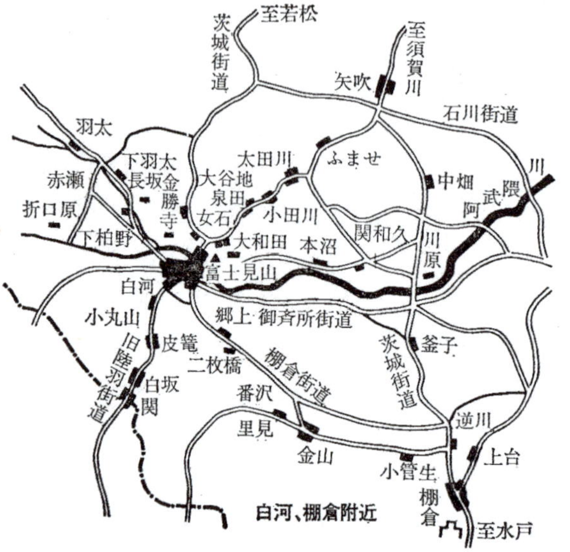

◇ 白河、棚仓附近要图

但这群乌合之众相互之间协调极差，又没有能够控制全局的总指挥，诸队只得各自为战，毫无进展。到了二十九日，东山道总督参谋板垣退助率领麾下的土佐藩兵到达白河，政府军在白河兵力一下扩充到了一千五百到六百余人。

六月十二日，同盟军四打白河城，但是这次也未收任何战果，仙台藩兵表现尤差，他们拿着只能打一百米远的火绳枪和使用圆形弹的扬格尔前装线膛猎枪（Jagdgewehr Riffle）距敌老远就乱放一气，不但够不到对方，反而徒然暴露位置，政府军的恩菲尔德步枪和米涅步枪则有三百米的射程，大可以在仙台步兵的射程外打得对方没脾气。这一天仙台军战死六十、负伤二十五，二本松藩战死八、负伤十八，棚仓战死十五，负伤十四，中村藩战死一人，会津损失不详，好容易组织起来的总攻又以毫无意义地损兵折将告终。这时政府军已经发动了太平洋沿岸的平潟港登陆作战，棚仓城的一部守军被调往磐城方向，城中仅剩三十人留守。板垣退助乘机率七百余人在六月二十四日一口气夺取了棚仓。

之后，两方在白河城下几度拉锯之后，七月十五日，同盟方面发动了最后一次对白河城的进攻，仙台藩士真田幸欢拟定了一个先以细谷直英的“鸦组”夜袭白河城下放火制造混乱，然后投入仙台主力部队一气夺取城池的方案。仙台藩家老坂英力亲自负责指挥，但是作战前夜天气极差，不但风雨交加，还黑得伸手不见五指，鸦组本来凭借月光混入城下纵火的作战无法施行，各部队都未能到位，真田急令中止作战，但此刻战斗已经打响了。《复古记》所载政府军战报咸称“贼”自会津、仙台两道迫来，遭官军迎头痛击，在正午十二时左右，政府军结束战斗归营。战斗又以仙台藩的全面失败告终。此后，因为各条战线的战况日渐不利，仙台、会津诸藩自顾不暇，同盟方面便再也无力投入兵力夺回白河了。

浜通（太平洋沿岸）、磐城方向的交战概况，仙台藩的投降

上野的彰义队覆灭之后，江户和南关东已被政府方面牢牢控制，政府军终于有余裕对同盟诸藩挥出其左勾拳。六月十六日到二十日，长州藩士木梨精一郎和肥前大村藩士渡边清左卫门率萨摩藩、日向佐土原藩（岛津分家）、大村藩（大村氏）、柳川藩（立花氏）、熊本藩（细川氏）等九州大名构成的政府军一千五百余人在常陆、磐城之间的平潟港登陆。平潟在当时系武藏河越藩的飞地，位于今天茨城县的北茨城市和福岛县之间。六月初，仙台藩向该地派遣了十四个小队的兵力，在平藩方面则布置了上总请西藩主林忠崇和旧幕臣人见胜太郎、伊庭八郎率领的游击队一百人，平潟也摆上了两个小队的仙台藩兵。但是这些人在政府军登陆时一枪未放便跑了个精光。人见胜太郎气得骂道：“为这等胆怯之兵尽力又助得甚事？还不如带队去会津帮手。”

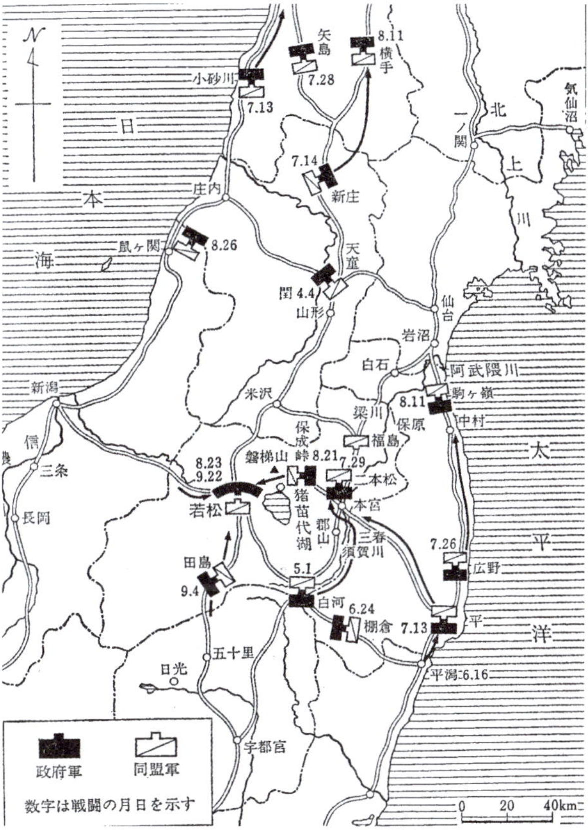

◇ 南奥战局总示意图

平潟方面的政府军在二十四日听说友军攻陷棚仓的消息后，决定呼应白河方面而进兵，在二十七日后续部队到达之后，在二十八日临近泉城。泉藩藩主本多忠纯在听说政府军登陆的消息后便逃往仙台，城

中只有一个小队的守军，于是泉城被轻易占领。二十九日政府军对汤长谷藩发动进攻，藩主内藤政养率部守备本城，会津、守山、棚仓诸藩也派兵前来支援，但因汤长谷城只是阵屋级别的建筑，难以坚守，只得朝平藩撤退。当日傍晚政府军冈山藩兵和佐土原藩兵合约六百余人进迫平城下。平藩藩主安藤信勇虽然在五月前后已经表态支持政府，并在该藩美浓的飞地募集士兵，意图加入政府军，但住在平城内的前藩主，1860 年前后曾担任幕府老中的安藤信正却因其佐幕思想而协助同盟方。当日以平藩为首的同盟军在城外的稻荷台猛烈抵抗，用六斤炮轰击政府军，其中米泽藩的援军因为装备了后膛步枪，火力猛烈，政府军因之受阻，只得退往汤长谷。七月一日政府军再行攻击，但大雨沾湿弹药，守军抵抗顽强不减前日，政府军只得再次退往汤长谷。双方对峙到七月十三日，政府军援兵陆续赶到，兵力增强了近一倍，木梨精一郎等人决定在攻占平城之后继续进攻中村相马藩，然后进军仙台领内。

七月十三日，政府军三面包围平城，当天又是大雨倾盆，这次轮到同盟军的旧式枪炮失去效用，装备后膛步枪的米泽藩兵却为保存实力在四仓观望不前，守军陷入困境，炮弹也施放殆尽，只能让城中的前藩主安藤信正避往仙台，弃城放火而走。同盟军向相马藩领内撤退。七月二十二日，政府军仙台追讨总督四条隆謌抵达平城，西国各藩的后续部队也陆续到达。这里，政府军决定兵分两路，由渡边清左卫门率萨摩、冈山、大村、佐土原、柳川兵共两千朝三春、二本松方面进军，增援白河口方面。另外总督四条隆謌率长州、福冈、津、广岛、久留米、熊本、郡山、鸟取、笠间等诸藩兵三千余朝中村藩领进军。

七月二十五至八月一日，政府军在广野、浪江诸地的战斗中连续挫败同盟方面的抵抗。此时，白河方面的三春藩反正到政府方面，中村藩的主力在广野、浪江战斗中元气大伤，赖以倚仗的军事指挥官相马胤真又在广野战斗中阵亡，同盟方形势不利，态度开始动摇。八月一日，浜通方面的仙台军余部通过相马中村城，退到仙台、中村藩境的驹岭，米泽藩兵也撤退回本领。只将相马中村藩顶在政府军枪口上。八月二日，仙台藩参政松本要人前往中村城，劝说中村藩主相马诚胤到仙台避难，其实是阴谋以其藩主为人质胁迫中村藩抗战到死。中村藩表面声称国君死社稷，绝不后退，婉拒仙台方的邀请。暗地里却在八月四日和政府军接触，并在六日正式宣布反正。七日四条隆謌进入中村城。该城成为政府军进攻仙台的指挥所。至此，仙台藩已经暴露在政府军的打击范围之内。仙台军以鲇贝太郎平为主将，率步兵十五个小队，炮手、杂兵合计一千五百人驻守中村附近的旗卷，又以石田正亲将三十四个步兵小队两千余人防守驹岭。八月九日，西军长州藩、鸟取藩、久留米藩大举进攻驹岭仙台阵地，仙台兵苦战三日不能敌，驹岭要塞落入政府军之手。仙台军虽然在十六、二十日组织了激烈的反击，但皆未果。仙台军事上的颓势使得藩中的稳健派意见再一次抬头。与此同时，米泽藩在看到北越战局难以挽回，便决心响应政府通过土佐藩提出的只要投降谢罪，就可保持祖先社稷的提议，在八月二十八日决定投降，而他们在正式投降前两天，就派重臣木滑要人和仙台藩重臣石母田赖至、坂英力等面会，传达了政府的宽大态度。这时，榎本武扬率领旧幕府海军舰队抵达仙台，在九月三日在仙台城内召开的军事会议上主张抗战到底，他打开仙台的地图，然后振振有词地说道："奥羽之地占日本全国六分之一，兵士全数可抵五万，有斯土斯兵，完全不必恐惧上方（京坂）的军队。"还建议在仙台设立军务局，启用跟随榎本舰队的法国军事顾问为其参谋。榎本的提议虽然给仙台藩内的主战派打了一针强心剂，但是和平论已经成为藩中舆论的大势。九月九日，仙台藩的同族宇和岛藩的使者来到仙台，将讨伐伊达庆邦的敕书传交给仙台藩，这件事使仙台藩上下决定了以投降恭顺来保全伊达家的态度。于是主张勤王的重臣远藤允信、大条孙三郎等复出为家老，松本要人、大内筑后、片平大丞等一群抗战派重臣失势引退。九月十二日，榎本武扬为了挽回局面，和土方岁三一道登仙台城，意图说服仙台当局转变态度，榎本极言"王政复古无非萨长之徒窃取政权之手段，奥羽之旗头仙台藩突然改变初志，朝萨长之徒屈膝，这是何等丑态"，但出来接待榎本的远藤和大条则对他们的夸夸其谈不屑一顾。事后远藤只是在手记里淡淡写道："榎本胆气可爱，但不知顺逆，于维新之皇业实有大害，至于土方，斗屑小人何足论。"榎本等人只得悻悻而去。九月十三日，仙台藩正式向总督府派遣了谢罪使。十七日，相马口方面的政府军正式接受仙台军的投降。在投降之时，仙台藩厅严令藩士要恭敬从事政府军人员，不得怠慢。而政府军上下作为"胜利者"自然是无所顾忌，所作所为全如一伙土匪，洗澡水略嫌热度不足，就拿柴火鞭挞仙台的伙夫，士兵们成群结伙地拥入仙台城的厨房，将厨子暴打一顿之后，将菜蔬百品吃个精光后扬长

◇ "鸦组"的领导者，仙台藩士细谷十太夫直英，他在整个戊辰战争中率领冲击队袭击政府军三十余次，未尝失手，使官军闻风色变。当时的民谣唱道："若没有细谷的乌鸦和长豇豆，官军便能高枕无忧"

◇ 仙台冲击队使用的乌鸦队旗

而去，他们还在城下乱抓老百姓的“花姑娘”，在民家到处掳掠鸡鱼菜蔬之余，还将百姓的看门狗杀了吃肉，并且打着天皇的菊花徽章到处撒野，看见路人不管是武士还是平民，就要他前来跪拜，不肯的话就拳脚棍棒交加。搞得仙台士民上下就是路逢政府军的马夫苦力，也不得不跪倒匍匐在地以求无事。这个就是明治政府的“天朝威仪”。

仙台藩是奥羽越列藩同盟的谋主之一，在事实上主导了同盟的成立，并且还提出了一个逐鹿中原的构想，想要推翻萨长的王政复古，亲自主导政局。但他们的实力真的符合他们的野心吗？无论在哪条战线上，同盟方的将士都给仙台兵投了极品差评，《二本松藩史》称：“斯等之人真可谓惰兵，无论如何皆应小心仙兵。”他们甚至被取了一个“咚五里”的绰号，意思是大炮一响就远遁五里。仙台藩的藩制里地方知行制度一直没有消除，其实际上一百余万石的知行地中，六十万石左右掌握在门阀家臣团手中，藩主的直属兵力不过七千，其他都是拥有二万石到数千石不等知行的大小门阀领主的私兵。所以仙台藩的兵制和战国时代相比没有大的进步，还是各路小领主的混成部队。这倒不是基本问题，因为萨摩、佐贺这样的西南雄藩的藩制在这点上和他们一样是半斤八两没啥区别。但仙台藩自近世后期以来，其以囤米贩米为基础的自然经济几遭天灾打击，财政十分困难，并且门阀守旧势力一直把持着藩厅，使得藩政改革停滞不前，在戊辰战争爆发前，该藩也未能实施全面的军制改革，其麾下各路杂牌人马装备是千奇百怪，训练水平也是参差不齐，一参加近代化的实战当然就会暴露出各种问题。

当然，也不能说仙台就是全无亮点，尽管他们在财政上和实际操作上都没有实施全面军事改革的余地，还是组编了一支人数近千、英式操练、全员装备施奈德步枪的新军额兵队。但藩方一直不舍得将这支心肝宝贝投入战场，结果这支仙台藩首屈一指的精锐竟然一枪未放而迎来了投降。队长星恂太郎愤懑难平，带着该部二百五十余人投靠了榎本武扬，一藩上下费尽心力组建的王牌部队，最后落得个楚材汉用的尴尬结局。同样讽刺的是，在整个东北战争中仙台藩唯一令对手生畏的部队，倒是细谷直英所率领的那支汇聚了各种流氓赌棍地痞无赖，却能神出鬼没地骚扰官军的“鸦组”冲击队。

怎么来评价仙台藩在戊辰战争中的所作所为呢？尽管政府在1868年年初强硬失当的朝敌追讨政策是酿成东北战争悲剧的根本原因之一，但仙台藩却利用了东北人民对强加给他们的“朝敌征讨”的不满，想要达成其推翻萨长政府，进而利用奥羽同盟号令天下的野心。所以他们对东北局势的激化也负有不可推卸的重大责任。同时，他们也为自己的落后保守和不切实际的野心付出了极大代价，战后，他们从六十四万石被削到二十八万石。不仅很多藩士因此失去了经济来源，藩内那些大名级的门阀领主也遭受了近同没收领地一般的惨重损失，例如战国名将伊达成实的后裔亘理伊达家，其二万三千八十五石的知行地被削到五十八石，其当主伊达邦成不得不带着他的家臣团背井离乡移住到北海道的胆振，冒着严寒开荒以维持生计，他们忍饥挨寒出力开拓的成果，就是今天北海道的伊达市。北海道和后来会津藩的转封地青森下北半岛一样，都是东北战争失败者的伤心之地。

◇ 仙台藩主一门亘理伊达家当主伊达邦成，虾夷开拓的功绩者之一

北越战役——决战长冈城下

在同盟军和政府军在奥州关门白河一线展开争夺的同时，作为会津盆地重要侧翼的北越后也是杀气四立，大战将至。因为会津藩在越后蒲原郡方面拥有领地，该藩在二月已经将以朱雀四番士中队、四番足轻队、青龙三番士中队、三番足轻队为基干的兵力朝北越派出。三月，会津军进驻藩境外的水原，到了四月更向新发田、沼垂等地展开。这时，桑名藩主松平定敬由于藩地倒向政府方面，不得不和佐幕派藩士一起前往桑名藩在越后的飞地柏崎，他们在该地整兵经武，杀掉了主张恭顺的家老吉村权左卫门，以抗战派家老服部半藏为军事总督，将藩兵二百余人编为雷神、致人、神风三队，做出了抵抗新政府的态势。古屋佐久左卫门率领的旧幕军冲锋队在关东战局陷入不利之后，也准备朝会津转进，在三月末开往北越后的新发田方面。这样，在当年三月到四月间，北越后也成为反政府势力的一个重要据点。

政府为了应对这一局势，在四月十九日任命从三位侍从高仓永祜为北陆道镇

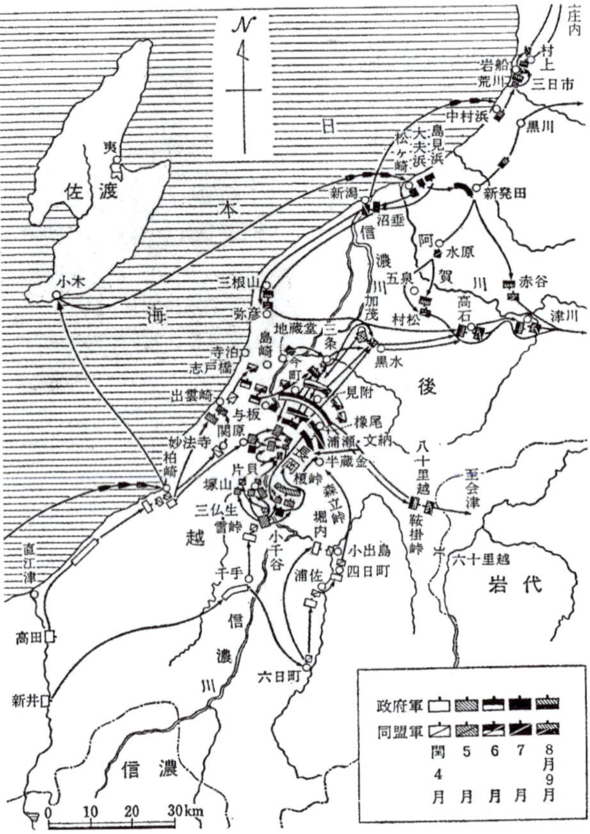

◇ 北越战争全般经过要图

抚总督兼会津征讨总督，以萨摩藩士黑田清隆和长州山县有朋为参谋出征越后。山县、黑田两参谋与其辖下的萨长藩兵在闰四月十九日抵达越后高田。高田藩主是谱代重镇、德川四天王家之一的榊原氏，但此时已转入政府军阵营。山县、黑田两参谋经过商议之后，决定先打击驻屯在小出岛的会津军以及鲸波地区的桑名军。官军兵分二路，从山道和日本海沿线两路进兵，夹击北越后的要冲长冈城。这样，长冈的城主，十四万二千七百石的谱代大名牧野家的态度就变得举足轻重了。

当时的长冈藩主牧野忠训年纪尚轻，藩政的实权在实干派家老河井继之助手中。他在大坂目睹鸟羽伏见之战幕军败北，上方陷入一片混乱的景象，便断定天下将乱，长冈藩须作未雨绸缪。一月二十三日他从大坂回到江户后，便立即让藩主从江户回到藩地，然后将长冈藩的江户藩邸及所有细软财货变卖干净，朝普鲁士的武器商人斯耐兄弟购买了大量后膛米涅步枪，以及两门当时在日本算是稀罕玩意的多管加特林机关炮，最后在三月三日带着购置的武器和在江户的残余藩士乘船从品川出航归藩。和河井同船的船客不仅有斯耐兄弟，还有桑名藩主松平定敬及该藩抗战派藩士，以及会津藩家老梶原平马，虽然没有留下什么资料，但是我们完全可以想象，这些人聚在一起，在反萨长这点上不会什么也不谈的。

三月二十三日，河井一行在新潟港登陆，二十八日抵达长冈城下。四月一日，他便命藩士登城，在藩主面前对全藩武士训话，痛切地说道：

萨长的奸臣构陷幕府，篡夺政权，连御谱代之士都恭顺萨长，真是可怜可叹！我长冈虽是小藩，但为守大义，即便孤立，也要报德川三百年的恩义。

◇ 长冈藩家老河井继之助，他是戊辰战争中东北诸藩难得一见的逸才，但比起同盟方面成打的平庸队友，仅靠一个人杰的奋迅是难以回天的

虽然河井继之助在暗地里恐怕是抱定了和政府军一战的决心，但表面上他还是打出了一个“中立”的幌子。这时，集结在高田的政府军在闰四月二十日按照原定作战计划开始前进。二十六日，政府军军监、土佐藩士岩村高俊率领的山路军一千五百余人在小千谷前的雪岭和防守当地的会津军交战，成功将其击退，并在第二天占领了小出岛和小千谷。海路部队也在二十七日占领了鲸波，并在二十八日进入柏崎。这样，长冈藩就直接和政府军对上了。但河井这时将藩境上的部队撤回，并拒绝会津藩佐川官兵卫要其参加奥羽列藩同盟的要求。摆出了既不和会津一伙，也不打算和政府军敌对的姿态。这样，在五月二日，政府军军监岩村高俊和河井继之助在小千谷的慈眼寺举行会谈。河井以藩主牧野忠训的名义向政府军提交了请愿书，声称长冈藩害怕“受邻国之兵祸，涂炭百姓，自取灭亡”，称战争只是“徒使百姓怨苦，妨碍农时，疲敝至极，诚属可悲之事”，希望政府军能够答应停战。

河井的“中立”在本质上和奥羽越列藩联盟的会津救解运动一样，都是对政府“朝敌征讨政策”的消极抵制，不仅不可能被政府方面答应，从当时奥羽方面已经风起云涌的局面来看，河井的真实想法大概就是要借着“武装中立”尽量拖延政府军进军，为奥羽方面做好军事准备争取时间。同时由于长冈藩内也不是没有主张恭顺政府的势力，河井也有必要让政府军开第一枪，使藩中的亲政府派失去立场。而在政府军方面，岩村高俊在率军开往越后的途中，和沿道诸藩的家老打了不少交道，在他的眼里这些人全是一班不中用的因循苟且之辈，想当然地把河井继之助当成了这类废物。所以岩村有没有看穿了河井的真实用意并不重要，关键是他一开头就没有心思和河井认真对话，再说政府军本来的既定方针就是要夺取长冈，这又有何可谈？两边既然如此，会谈的结果在开始前就可以说是决定了。河井的要求被血气方刚的岩村高俊全盘拒绝，得到战争口实的河井继之助立即决定和政府军开战。

◇ 小千谷慈眼寺内岩村军监和河井会谈的房间

◇ 陆援队时代的岩村高俊，维新后历任地方要职，明治二十五年成为贵族院议员

五月三日，回到长冈的河井立即在摄田屋的本阵召集各队长，将会谈决裂的情况做了通达，并痛愤地说道："不闻我之悲叹，侵我境、驱我民、妨我农事，彼辈果然并非王师，实乃奸贼。"藩士闻言，无不愤慨。五月五日，长冈藩和临近诸藩协议之后，一道加入奥羽列藩联盟。于是北越方面的战局正式展开。

长冈藩的主力由家老牧野图书和山本带刀指挥的两个来复枪大队构成，每个大队辖八个小队，每小队三十六人，一个大队加上队部约三百余人，并且普遍装备了米涅、恩菲尔德等线膛步枪。另外还编有刀枪队和农兵两个大队，约有近千人的兵力。按照河井继之助的布置，在摄田屋本营配置山本大队和炮两门，在信浓川主要渡河点之一的前岛布置了牧野大队的六个小队和两门炮，长冈城前的渡河口草生津布置了牧野大队的余下两个小队和五门炮，藏王配置两个小队、三门炮，下条则是两个小队和三门炮。另外让三个小队负责长冈城下的巡察和警戒。河井的基本防御思想是据信浓川天险，在各个渡口要隘都设置一定的守军，将山本大队作为机动打击兵力，一旦某渡口有事，则将山本大队作为援兵投入，配合该地守军将来犯的政府军消灭在滩头上。不过长冈藩加入奥羽同盟后，会津藩兵及各路反政府部队开始向长冈集结，长冈城下一时汇集了佐川官兵卫指挥的会津军六百人，立见尚文指挥的桑名藩雷神队三百六十人，以及古屋佐久左卫门的冲锋队五百人，这使得长冈藩的兵力大大增强，不但守御无虞，还有了对政府军发动反击的余裕。政府军在交涉破裂之后，岩村高俊在五月三日派出松代藩兵一个小队、尾张藩兵一个小队，携炮两门渡信浓川，占领了长冈藩境附近的要地榎岭。河井见此时信浓川因雨季来临涨水，对岸官军难以及时驰援，决心先吃掉政府军在榎岭的突出部，给予其迎头一击。

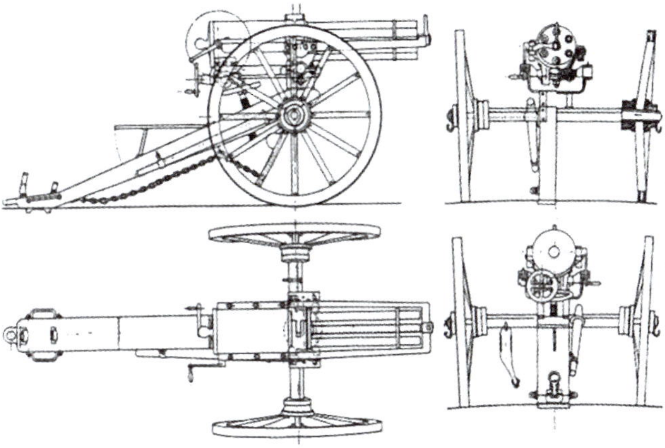

◇ 长冈藩购买的 1868 年型加特林机枪的四向视图，据说河井继之助在守卫长冈城时亲自操作此武器抵御官军

五月十日，同盟军从长冈出阵，朝被政府军占领的榎岭出发。在摄田屋本阵待命的山本带刀大队派出四个小队携炮两门，从妙见朝榎岭进军，会津藩也派出两个小队的兵力，携炮两门跟进。山本大队的另外四个小队则取村松一路，经东金仓山，计划占领妙见南面的石坂山古城址。

此时政府军防守榎岭的部队只有尾张藩一个小队、两门炮和前来和松代藩兵换防的上田藩兵一个小队。情况正如河井所料，信浓川河水暴涨，对岸政府军主力难以渡河支援，于是他当即下令发动进攻。从东金仓山下来的别动队四个小队未受抵抗占领了榎岭东面的石坂山，但从妙见进军的正面攻击部队四个小队遭到对岸政府军的侧射，一下难以进展。正面进攻受阻，会津、桑名部队便改道山路，朝榎岭南面迂回，占领了榎岭背面的朝日山、药师山等高地，朝榎岭背面的浦柄前进。

这时候政府军参谋黑田清隆正在发烧，负责在前线指挥的军监岩村高俊只管在小千谷置酒高会，听得榎岭方面枪声大作，也全不当回事。唯一能够视事的山县有朋看到榎岭局势不平静，连忙赶到小千谷，看到岩村只管喝酒，气得一脚把他踹翻，亲自接手指挥。他见榎岭的桥头堡受到同盟军的合围，多次试图朝该地派遣援军。十日傍晚信浓川水势减弱，政府军尾张藩兵三个小队、松代藩兵一个小队及长州藩兵一个小队强行渡河，成功地进入榎岭政府军阵地，当天夜间政府军还派萨摩一个小队强行渡过信浓川，在十一日拂晓抵达榎岭。十一日政府军继续朝榎岭投入兵力，长州藩兵两个小队、信浓高岛藩兵一个小队、越后高田藩兵

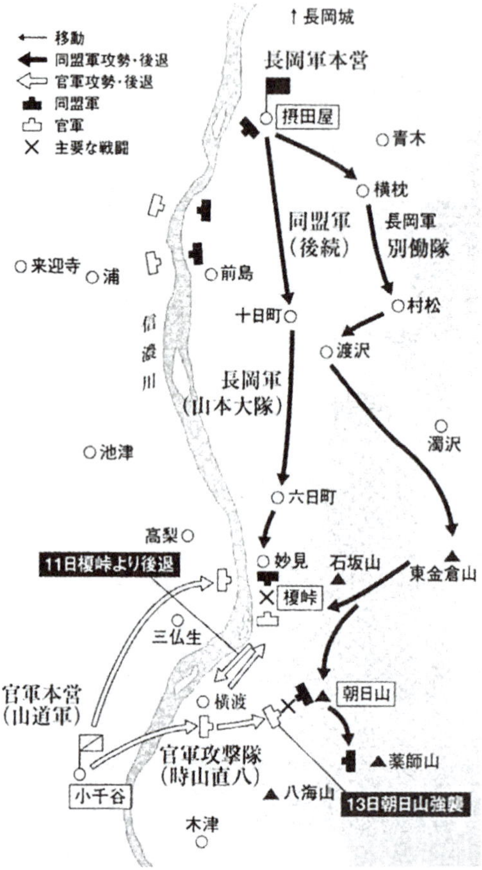

◇ 5月10日—13日榎岭、朝日山战斗经过要图

两个小队，萨摩半个小队陆续到位。由于榎岭阵地狭窄，鱼龙混杂的政府军部队反而施展不开，并且受到朝日山一线会津、桑名部队的威胁，于是政府军放弃榎岭阵地，朝后撤退。

政府军重整战线之后，山县有朋决定在五月十三日夺取会津、桑名军占领的朝日山高地，奇兵队老将时山直八负责指挥。当天拂晓浓雾大起，时山见时机来临，便推翻原定计划不等援兵，自行带领奇兵队二番、五番、六番队，长州支藩长府藩报国队一番、三番队，萨摩游击队二番、三番队、城下士步枪十番队半队等约两个中队基干的兵力朝朝日山会津、桑名阵地发起突袭。山腹的会津藩阵地被一一突破，但最后负责带路的当地农民摆了乌龙，他本准备把官兵带到“贼阵”的背后，没想到却带到了山顶桑名藩雷神队阵地的枪口正前。奇兵队立遭当头棒喝，冲在前面的时山直八当即饮弹毙命，政府军为之大溃。山县有朋见时山战死，为之放声号泣。顺带说一句，山顶桑名藩雷神队的队长正是日后在甲午、日俄二役中以悍将闻名的陆军大将立见尚文。所以到了明治时代之后，做上了日本第一号军阀头子的山县有朋每逢立见愣就是抬不起头来。

虽然政府军在朝日山战斗中惨败，但是同盟军也未能达到将渡河的官军赶下信浓川喂鱼的目的。从这个意义上来说，同盟军虽然取得了战术上的胜利，但是没能达成战役目的，反而将宝贵的预备队钉在了朝日山一线，背后长冈城的防御显得单薄起来。这时，政府军军监、长州藩士三好重臣率领的日本海沿岸一线部队在击破了沿道的会津藩兵之后，于五月十二日率队占领了距长冈城五公里，可以俯瞰整个长冈平野的关原高地。河井继之助见后背受敌，只得放手一搏，计划在五月十九日的半夜，调动以牧野大队为基干的信浓川沿岸守备部队渡河突袭对岸的政府军阵地。但是政府军动作比他更快，三好重臣居然在十九日拂晓抢先发动了对长冈城的进攻。三好重臣率领长州奇兵队三番队，长府藩报国队二、四番队率先渡河，高田藩榊原若狭大队，以及加贺前田藩的两个中队跟随长州奇兵队前进。在北面的藏王方面，萨摩藩城下小铳十番队半队，以及外城三番、四番队也渡过了信浓川，长冈藩的守备部队守御不及，连连败退。长冈城是位于平原上的平城，无险可守，河井继之助只能忍痛放弃了长冈城。在全线撤退之前，河井继之助让妙见、朝日山一线的部队朝药师山方面发动了一次佯动进攻，牵制住了当面山县有朋的政府军，然后井然有序地朝栃尾方面撤退。长冈藩虽然丢掉了本城，但是保住了赖以倚仗的主力部队，留得青山在，不怕没柴烧。负责长冈城守备的牧野大队和妙见方面的山本大队在栃尾会师后，朝桑名藩控制下的加茂战略转移。

这时，按照同盟方面的安排，越后国的旧主米泽藩上杉家为实现重返故国的悲愿，开始大举朝北越增兵。早在五月一日，米泽藩主上杉齐宪派重臣中条明资为总指挥、斋藤笃信为参谋，率一个大队（辖十一个小队，不过要注意的是米泽的大队只是小队之上的指挥机构，底下没有固定编制）六百五十余人作为先遣队前赴越后，之后在五月十三日又命家老色部久长为越后口总督，甘粕继成为参谋，率六百五十余人（包括总督色部直属六个小队及大井田修平大队）正式进发，之后又陆续派遣藩主上杉齐宪的马回组士十个小队，以及三十匁大筒队四队跟进。米泽藩军的军队编制没有太大变革，封建身份制的烙印非常明显，但是上杉家自直江兼续以来素有重视火器的传统，还是临时购买了不少新式枪炮，武备近代化较之会津仙台还是好很多的。一般兵卒装备从横滨购入的米涅线膛步枪（总数约两千余支），上级武士则人手一支拉风的斯彭塞七连发骑枪（约二百五十支），在轻火器上不输政府军，唯一的缺陷是没有近代化的火炮，所以在炮战上往往要吃亏。但是不管怎么说，河井继之助还是得到了一支粗具近代作战能力的生力援军。

大举进军越后的米泽军突破出羽、越后国境，首先强逼北越五藩中唯一坚持勤王论的新发田藩参加同盟，在越后下关设置了本阵。值得一提的是，日本海沿岸的重要港口新潟港落入了同盟一方的控制之中。

新潟港本属幕府直辖领地，按照开港条约规定，本应在庆应三年（1867）十二月七日，即公历的1868年元旦对外开港，但是因为局势不稳，英国驻日公使巴夏礼和法国、荷兰的代表协议后，决定延期开港。但是因为欧洲蚕疫蔓延，法国和意大利等国急盼日本出口的蚕种救其燃眉之急，所以外国商人压根不顾延期

◇ 米泽藩主上杉齐宪

开港的告示，朝新潟蜂拥而来。五月十二日，自称荷兰领事的荷兰商人斯涅尔来到新潟，声称日本朝廷已经许可开港，要求在新潟借寺院留宿。当时新潟港的行政当局，是旧幕府新潟奉行所的属员田中廉太郎，他受新政府的命令，负责处理新潟事务。但是当地米泽、会津等同盟诸藩的兵马遍地横行，势单力孤的田中根本无法作为奉行发号施令。五月三十日，他只得灰溜溜地将新潟的管理权引渡给米泽藩。于是新潟港的管理权被东北同盟顺利接下，仙台、会津、米泽、庄内四藩在新潟港设立了会议所。他们把新潟港变成了东北诸藩对抗中央的军械弹药补给港，通过普鲁士军火商斯耐大量购买洋枪洋炮，单米泽藩向斯耐购买的军火总额就达到了十一万六百六十美元。列藩同盟还通过新潟港作为外交窗口，向列强宣示自己抵抗萨长“横暴”的正当性，意图取得国际上的支持。从各种意义上来说，新潟港都成为东北同盟持续抗战的命脉所在，而对政府来说，只有成功攻占北越，才能掐断东北同盟最大的军火补给来源。北越地方的争夺战成为决定整个东北局势的眼目。

言归正传，河井继之助率长冈藩主力转移到加茂一线后，由于米泽和庄内部队的来援，总兵力达到三千余人，重整了旗鼓。河井便开始紧锣密鼓地筹划反攻作战，五月二十二日，同盟军在加茂集结兵力，其基本构成如下：

米泽藩　越后口副总督千坂高雅、参谋甘粕继成、大队长中条明资、大井田修平，总兵力一千余

长冈藩　总督河井继之助、军事挂花轮求马，兵力约七百

会津藩　总督一濑要人 奉行秋月悌次郎，兵力约七百

桑名藩　军事奉行金子权太左卫门，队长立见尚文，兵力约三百二十

上山藩　家老堀新兵卫，兵力约一百零五

村上藩　家老水谷孙平次，兵力约一百六十

村松藩 家老森重内，兵力约八十

（古屋佐久左卫门冲锋队和庄内藩虽然未记在内，但在后日到达。）

在二十二日的军议上，河井继之助主张夺取长冈，并建议先夺取长冈东北方面，临着信浓川支流刈谷田川的见附作为夺取长冈城的据点，此举得到了米泽藩以下同盟诸藩军事首脑的同意，于是军议决定兵分三路对政府军战线展开攻击，以见附为主攻方向，在赤坂、与坂方面发动牵制攻击。

米泽藩在进攻见附之前，首先进行了整编，首先从中条明资大队中抽出四个小队交由斋藤笃信指挥，组建了斋藤笃信大队，加上大井田修平大队所属的四个小队，构成了进攻见附的基干兵力。在此基础上加强了甘粕参谋直属的米泽藩上级武士侍组精选队中的须田右近队及散兵队浅羽德太郎队，以及冲锋队的三个小队。五月二十五日，米泽藩兵从加茂出发，在二十六日清晨对防守见附的萨摩藩外城四番队发起进攻。萨军外城四番在见附外围的小栗山设阵防守，米泽军以斋藤笃信大队进行正面进攻，派冲锋队对萨军阵地进行侧面包抄。萨军外城四番队不敌退走，小栗山阵地被米泽军占领，这时冲锋队以弹药耗尽为由要求撤退，大井田修平大队前来换防。米泽藩以八个小队的兵力占据了小栗山。政府军则在后撤之后，组织兵力反扑小栗山，出动的部队除萨摩外城四番队外，还有萨摩城下十番队、外城三番队各半队，长州奇兵二番队，松代五番狙击队，使得小栗山上的米泽藩兵陷入苦战。这时须田右近队以及浅羽德太郎队赶到，对政府军侧翼猛射，政府军一时手足无措，陷入了混乱。但训练有素的萨摩军立即重整了态势，用炮兵压制了须田、浅羽两队的攻击。斋藤、大井田两部只得放弃小栗山后退。之后双方对峙了两日，米泽藩的援军陆续抵达见附前线，斋藤大队加强到八个小队，大井田大队也扩至六个小队，甘粕继成也得到了散兵队五个小队。二十八日，米泽军复行前进，和政府军激烈交火至夜。二十九日，米泽藩越后口副总督千坂高雅亲来前线督战，米泽藩兵为之大奋起，挥师对指出村发起进攻，但遭到新政府军的反攻而陷入困境，这时复归战线的冲锋队对政府军侧面发起

◇ 旧幕军游击队冲锋队的指挥官古屋佐久左卫门，他出身九州筑后的豪农家庭，作为养子入籍幕府御家人古屋家，他勤修西洋医学和军事学，和沼间守一合作翻译了完本的英国步兵操典，戊辰战争时担任幕府步兵差图役头取，收罗了在鸟羽伏见之战中指挥官阵亡的幕府步兵第十一、十二联队的残部组织冲锋队，继续抵抗新政府军，最后在箱馆战争中负伤而不治

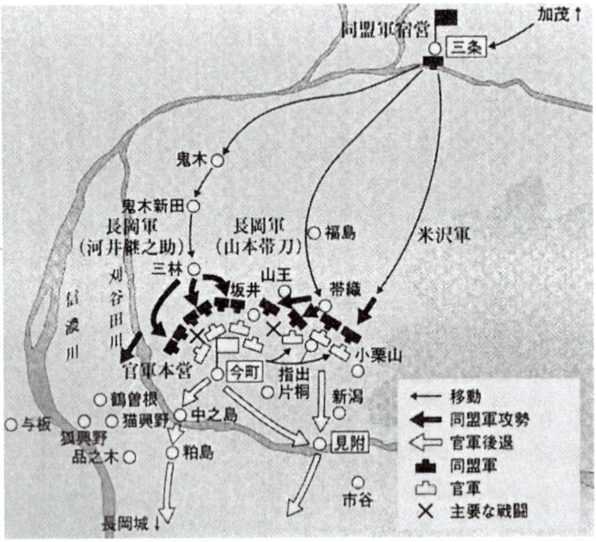

◇ 六月二日今町战斗经过要图

攻击，将政府军击溃。政府军放弃指出向片桐后退，但这时冲锋队竟然只热衷于抢掠，不肯乘胜对政府军进行追击，米泽藩只得派出斋藤大队单独追击败退的政府军，但政府军已经重整了战线，米泽的进攻反遭挫败。

与此同时，在赤坂、与坂方面的战线，政府军和同盟军都展开了此类拉锯争夺战，虽然两边的战况相持不下，但是同盟军的全面出击却成功地分散了政府军的兵力，使政府军的战线出现了空当。见附西面的今町便成为这个软肋，那里的萨长军被调空，一时只剩下了高田藩兵两个小队、尾张藩兵一个小队、信浓上田藩兵半个小队，以及越后本地的草莽勤王队方义队，所谓的重火力只有两门木炮。河井抓住这个机会，策划组织兵力夺取今町。他制订了一个三翼进兵的计划，左翼由山本带刀指挥，率长冈藩兵三个小队二门炮，中央则由长冈两个小队、佐川官兵卫的会津朱雀士中四番队，炮二门担负，右翼则布置长冈一个小队、长冈长枪队一个小队。古屋佐久左卫门的冲锋队则由河井亲自率领。五月二十九日，同盟军从加茂出阵，在三条分道而行，山本带刀的左翼攻击队在带织及山王一带扎营宿阵，河井率中央队和右翼队则在雨后的泥泞中进军，在鬼木村宿营。六月二日，今町战斗宣告打响。

右翼队最先发起进攻，他们在三林和河井所在的中央队分开之后，就自做木筏，渡过刈谷田川，沿着左岸南下，对高田藩兵守备的真弓阵地发起突袭。高田兵不及防守，朝狐兴野本阵后退，对追击而来的长冈军和冲锋队一部展开防战。长冈军则用携带的火炮加以应战，并派出一部迂回到猫兴野侧面，前出到鹤曾根，朝着今町背面中之岛方面的草莽勤王兵方义队阵地发起攻击。

政府军军监三好重臣见今町一线陷入危机，急忙带领长州奇兵队三番队前来增援，但高田藩兵已经放弃了阵地，朝中之岛后退。三好急忙带队进入中之岛，截住溃退的高田兵，重新组织防御，用施奈德步枪朝着同盟军猛射，并命方义队施放木炮加以牵制，一时顶住了长冈军的进攻。河井继之助亲自指挥的中央队配合右翼队渡河的同时也攻击前进，正面的尾张藩小队被击溃，中央和右翼队互为犄角，齐头并进，对今町西北方面的政府军阵地形成了夹击态势。

这时，米泽藩兵在见附方面也发起攻击，虽然被萨摩军优势火力击退，但还是有效地牵制了政府军兵力，使之无法对今町进行支援。对河井继之助来说，今町之战的成败是收复长冈的关键，有进无退，长冈藩兵人人如生龙活虎，奋勇作战。在河井及会津藩佐川官兵卫部的猛攻之下，政府军军监三好重臣中弹负伤，长州奇兵队三番队队长堀潜太郎、长府藩报国队军监熊野直介被击毙，政府军只得放弃今町，见附方面的政府军听闻今町陷落，也放弃阵地而逃。河井继之助策划的今町反攻作战获得了成功。根据山县有朋的命令，政府军将战线收缩到长冈城北面的十二潟、大黑、福井、大口村一线。长冈城的轮廓又重新收在河井继之助的望远镜里了。

但是，在六月十三日的军议中，长冈一线同盟军的总指挥被确定为米泽藩越后口的副总督千坂高雅，参谋则由同藩的甘粕继成担当，河井继之助失去了以往那样对整体战局的发言权，手上能够调动的兵力只剩下了七百长冈藩兵。而千坂高雅对发动进攻并不积极，只管按兵不动，还在六月二十三日下令没有命令不许放枪。除此之外，还有一个重要因素阻碍了河井继之助的运筹帷幄，长冈藩当时动员民夫支前，下发的津贴竟被各村的庄屋名主等村官地主老财贪污一空，小农佃户们之前就因年贡征收问题就和地主们积累了深厚矛盾，这下不满一下集中爆发出来，长冈城第一次陷落之后，信浓川下游地区的长冈领爆发了大规模一揆，暴动农民们打出“庄屋狩”的旗号，大打土豪。长冈藩派去的镇抚队不仅无法镇定地方，反被暴动农民击退。一揆一方面打击了长冈藩的后勤，另一方面，还分散了该藩本就不多的宝贵兵力，虽然这次农民暴动对战况没有直接影响，但是有力地牵制了长冈藩的注意力应是事实。

而政府军方面也因内部问题而裹足不前，总督府山县有朋和萨摩的黑田清隆不和，而横断整个越后国六十公里的战线，对于政府军而言也是拉得太长了，更兼给养和弹药补给不济，除萨长军和北越的勤王草莽队外，被“皇威”裹挟参加东北征讨的德川一门、谱代大名的军队士气低落，不肯卖力。相比之下同盟军倒能较快地从新潟港得到弹药枪械的补给。既然政府军也无力发动攻势，两边一时出现了休兵的情况。但从整体而言，新政府军自有余裕调遣后继部队和物资陆续增援前线，从六月到七月，政府朝北越战线新投入的兵力达到了三千人，时间拖

◇ 米泽藩重臣千坂高雅，出身中世以来的上杉谱代重臣家系。戊辰战争时起初率军前往庄内方面，进攻政府军泽为量副总督所部。但他到达一线后泽为量已离开新庄逃往秋田，遂将庄内方面的军务交给同藩重臣本庄昌长，自己来到越后方面，替负责新潟港务无法脱身的越后口总督色部久长指挥越后方面的米泽藩兵作战。维新后成为实业家

得越长，对同盟方面来说就越不利，河井继之助当然懂得这个道理，但他目前只是长冈藩的总指挥，说话的分量有限，眼下只能暂作休整，静待时机。

北越战线僵持的原因，政府方面当然知道，那就是同盟方控制新潟，源源不断地获得新式武器和弹药的补给。先是黑田清隆向大总督府建言，称新潟尚未开港，官军进攻之时，在港的美英船只恐有中炮危险，希望大总督府能通告美英公使，让他们迅速撤回本国船只，当然黑田可能并不知道当时出入新潟的外国船只并非英美船只，但这却说明了政府方面已经意识到了封锁新潟的必要性。接着在六月二十三日，神奈川府知事东久世通禧朝关八州镇将三条实美进言，称："外国船来航新潟，走私军火武器，助贼军之气焰。如此拖到冬季，官军行动将更为困难，若不作速攻略新潟，年内恐无望攻占会津。"在东久世进言一个月后的七月十六日，三条实美总算通知东久世，让他通告横滨的各国公使勿使本国船只靠近奥、羽、越三国海岸。这可视为政府封锁新潟港的预告。

三条实美的这一指示，和政府军在北越的进攻计划也有密切联系，被新任为会津征讨越后口总督的仁和寺宫嘉彰亲王在七月十五日抵达柏崎，接着在二十一日，政府军的摄津、第一丁卯两艘军舰和四艘运输船在长州藩士山田显义的带领下抵达柏崎，上面还搭载了萨、长、广岛（艺州）、明石、福知山、高锅等藩兵共一千余人。政府军决定海陆相应，一举发动攻势。

面对政府军的不断加强，河井继之助明白，对长冈城的夺取作战已经刻不容缓，他决心以长冈藩全军七百余人，强渡长冈城东北方面的湿地八丁冲，一举攻入长冈城下。七月十五日，他将这个决死的方案提交给同盟军指挥千坂高雅，以精诚之心说动千坂同意这个作战。七月十七日，河井召集了山本带刀、牧野图书等长冈军主要指挥官和会津、桑名的部队长，向他们说明了自己的作战计划。十九日，长冈军全军秘密从枥尾朝见附移动。作战本决定在二十日展开，但因为连日暴

雨，八丁冲水面暴涨无法渡涉，只能延期到二十四日实行。在这几天中，河井加紧收集了强渡作战需要的资材，以及对八丁冲的水文进行摸底，确保作战能够一举成功。

七月二十四日，作战如约展开，秘密在漆山集中的长冈藩兵按照预定计划，在黄昏六时开始强渡八丁冲。七月二十五日凌晨一时，长冈军全军十七个小队顺利渡过八丁冲。在集结完毕后，凌晨二时，长冈军对官军阵地发起突袭，一线的政府军守军只有龙冈藩兵六十八人，一触即溃。长冈藩军事挂川岛亿太郎率领的长冈军前锋在占领富岛村后，在当地放火，燃起狼烟，向长冈城正面的米泽藩兵发出攻击信号。看到强渡成功的信号后，米泽千坂高雅、甘粕继成投入香坂勘解由、大井田修平、柿崎家教、横山与一等四个大队在长冈城正面发动总攻，吸引政府军注意。长冈城周围的政府军被吸引往十二潟方向，老本守备空虚，河井所部七百壮士一举克复长冈城，城中的山县有朋、西园寺公望等要人连衣服也来不及穿，几乎是光身逃走，河井继之助终于实现了光复藩府的悲愿。

◇ 长冈藩军目付二见虎三郎的戎装照，臂上的梯子袖章是长冈藩兵的识别符号

河井继之助复夺长冈城，是北越战场上同盟方最后的回光返照，就在这一天，同盟军的背后突然生变。二十五日，在柏崎的政府军舰队抵达了新潟港背面阿贺野川东岸的松崎，防守该地的新发田藩兵因为早就心向政府，所以根本不加抵抗。不久，新发田藩便加入政府一方。

新发田藩本来就持亲政府立场，是被米泽软磨硬泡连哄带吓地拐进了东北同盟，再加上经过新发田的会津藩兵和旧幕府军每每都要雁过拔毛，问新发田藩上下强借资金粮草，搞得新发田藩上下士民都对东北同盟恨之入骨。其先在六月三日，在米泽藩主导下，仙台、米泽、会津三藩的军队进入新发田城下，企图逼迫新发田藩主沟口直正前往米泽。新发田藩势单力孤，只得在表面上答应同盟方的要求。六月五日，当藩主离开新发田城十里开外，全藩农民在新发田藩士的暗中组织下掀起暴动，他们拆掉了阿贺野川上的桥梁，打起席旗竹枪堵住前路，拦下了藩主车驾。到了六日，一揆又把会津、米泽代表的宿舍团团包围，成功地阻止了同盟方面绑架新发田藩主的图谋。之后会津方面强硬主张讨伐新发田藩，因米泽和仙

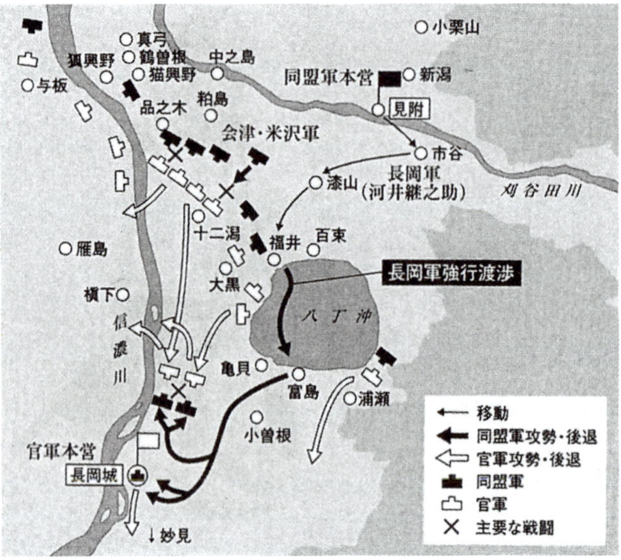

◇ 7月25日同盟军克复长冈作战经过要图

台的反对而作罢。这次，新发田藩总算是苦尽甘来，便毫无顾忌地宣布倒戈。这对同盟方面而言，不啻是一声晴天霹雳。

政府军登陆松崎后，便和海军舰队水陆并进，在二十九日直捣新潟港，新潟的同盟方面最高负责人是米泽藩的越后口军事总督色部久长，但他手头的兵力已经基本被调到了长冈前线，现地守军不足五百人。色部见新潟难以防守，不忍炮火延及新潟街市，下令米泽藩兵撤退，自持一杆斯彭塞七连发步枪，率数名直属家臣前去突击新政府军的本营关屋，为主力转移争取时间。他在激战中身负重伤，自知不治，乃从容切腹自尽。这位出身中世以来北越后武门宿族的上杉武士，终于在扬北的故土上流尽了最后一滴血，同时象征了上杉氏复归故土幻梦的破灭。

新潟的失守不仅使同盟方面新式枪械和弹药的来源被切断，也使长冈方面陷入腹背受敌的局面，二十五日河井虽然夺取长冈，但正面战场上的米泽藩兵并未能突破政府军防线，河井继之助所部反而孤悬敌后。在新潟陷落的这一天，政府军为夺回长冈发动了猛烈攻势，千坂高雅下令米泽藩兵全线撤退，只落得长冈藩兵孤军拼死抵抗，最终抵挡不住政府军的猛烈炮击，朝会津藩境内败退。河井继之助本就在二十五日的战斗中身负重伤，败走颠沛之间，伤势难痊。八月四日，长冈藩军残部撤到了长冈和会津藩境的隘口八十里越，河井已经倒在担架上难以起身，他自觉末路不远，便自嘲般地咏歌一首云：

八十里 软脚武士越过的坎

（原文是“八十里　腰抜け武士の　越す峠”，其中“腰抜け”和“越抜け”谐音，河井不仅自嘲自己已经落得个站不起来的境地，也抒发了丢失越后的悔恨之情）

八月十六日，长冈一代人杰河井继之助在会津领内的盐泽村伤重不治。

新潟和长冈的失守，决定了北越的战局，同盟军在之后的战局中节节败退，如同雪崩一般朝奥羽境内溃走，北越方面的同盟方诸藩相继向政府投降。八月十一日，越后最北面的大名村上藩向政府投降，而越后方面通向米泽盆地的要冲，米泽藩在越后的重要据点下关也告失陷。看到政府军兵临藩境，同盟整体战况不振，米泽藩丧失了抵抗的信心，政府方面乘机展开分化工作。八月十八日，土佐藩士泽本盛弥装作人夫模样，混进陆奥信夫郡庭坂的米泽军营，将土佐藩写给米泽重臣的密信交给其军监杉山盛之进，书中称米泽继续支持会津抵抗朝廷并非远大之计，若肯悔悟谢罪，便能保持祖先累代之祀，取回藩祖上杉谦信勤王之英名。米泽藩厅立即将杉山盛之进和市川宫内作为使节派往二本松方面的政府军军营，泽本则为之引路。二十五日夜，米泽藩代表见到了政府军参谋大村藩士渡边清左卫门，渡边提出以下六条作为同盟诸藩处置的纲领：

（1）即便是叛乱首谋只要肯投降，也不会被杀。

（2）若能悔悟谢罪就能安堵藩领，如伊豫松山、赞岐高松等藩之例。

（3）即便是会津藩，若肯真心悔悟谢罪，亦可存其祖先之祀。

（4）即便是灭亡之藩若肯降伏，也会下赐若干领地。

（5）奥羽诸藩若有降伏之意，以重臣为使节向所在官军提出申告。

（6）轮王寺宫若肯入京，或回江户谢罪，也会给予宽大处置，付从之僧人和旧幕臣也将予以轻处。

以上六条对陷入不利局面的米泽来说，完全是有利的条件，于是米泽藩便确定了恭顺的方针。八月二十八日，米泽藩主上杉齐宪派遣使者向越后口总督请降，并且还在九月三日派世子上杉茂宪到新发田的越后口总督府输诚，自请担负会津征讨的先锋。政府军不仅成功分化了米泽，因为米泽还拉动了仙台的投降，并且在会津藩前来求援时将渡边的六条纲领转达给会津，间接地动摇了会津的抵抗意志，此举可谓是一石二鸟的良策。于是北越后战火全面熄灭。越后方面的政府军得以长驱直入会津藩领。

北越战役是决定戊辰东北战争趋向的一个重要转折点，它不仅响应了政府军在白河方面的攻势，对会津藩形成了全面夹击之势，还切断了同盟方面的武器弹药来源，沉重打击了奥羽越列藩联盟的后勤补给，使同盟失去了继续抵抗的气力。

反观同盟方面，这个战区的同盟军所受的武器弹药补给的充分程度胜过其他任何一个战场，更因河井继之助为首的长冈藩兵的出色表现，使得北越战场成为东北一方最有可能达成突破的战区。但同盟方面却因会津藩和旧幕兵的残暴行径而丢失了关键的民心，上杉军因为尚有越后子弟兵意识，纪律还算严明，能获得居民的一定拥护。而会津藩兵和从关东各地拥来的旧幕府脱走兵、水户诸生党浪人组成的各路游击队却同盗匪一般无异，他们以收集军费粮草为名，明火执仗地打劫越后各地居民，弄得天怒人怨。在最后的败退阶段，会津藩兵完全丧失了军纪。据为政府军救治伤兵而从军的英国医生威利斯的见闻："在越后退却途中，会津兵强奸妇女，掠夺民家，将略示反抗意图的人全都杀尽。""会津兵在领内败走之际，化为一群毫无秩序的暴徒，越接近他们自己的领地，评判越差。"会津藩的残酷暴行导致他们退到哪里，那里的居民就纷纷跑散，抓不到人夫，只得自己背负辎重，狼狈败逃。不仅如此，在加茂等地甚至发生了由新发田藩和草莽勤王派组织的农民武装拿着竹枪锄头切断会津军的退路的事件。当然，这不是说政府军就是秋毫无犯的"解放军"，同样由封建领主军队乌合而成的政府军的军纪和东北诸藩相比基本是五十步和百步之差，但整个北越的人心背离了会津藩确是事实。而如今日本一群过分袒护会津的历史小说家们却只管强调会津遭受政府军劫掠的悲惨，对会津自己的劣迹却是采取一句话不提的选择性失明态度。

进击的庄内——秋田方面的攻防

四月底天童之战后，驻扎在新庄的奥羽镇抚副总督泽为量和麾下的几百号萨长兵见四周皆敌，孤立无援，便在五月九日从新庄向秋田方面转移。但这时秋田藩因为在形式上参加了奥羽越列藩同盟，并不欢迎政府军驻留境内，反要泽为量取道津轻前往箱馆，泽为量没有办法，只能服从，乃在十六日抵达了秋田藩北境的大馆。但津轻藩也不欢迎政府军进入藩境，砍倒了沿道树木，阻止人马通行。泽为量进退两难，只能暂时待在大馆城里，近半个月内无所作为，徒耗岁月。

到了七月一日，转机来临，从仙台逃出生天的九条总督和政府军援兵抵达秋田，泽副总督在听闻消息后也在这天率部来到秋田和九条总督会师。九条麾下有佐贺藩兵七百五十三人、小仓藩兵一百四十二人，而泽副总督手下则有奥羽镇抚总督府原来直属的萨摩长州兵各一百余、筑前福冈藩兵一百四十二人，在秋田的政府军兵力一下暴涨近千。何况其中的佐贺藩兵尤属装备精良的优秀战力，更兼正副总督齐聚，对秋田藩构成了不小的压力。

在这种情势下，秋田藩内以吉川忠安为首的“正义派”藩士声势大张。在这种形势下，秋田藩在连开三天重臣会议后，决定脱离同盟，举藩勤王，并立即实施庄内藩讨伐。七月四日，秋田向总督府提交了请求出任庄内讨伐先锋的请愿书，在同一天，秋田藩勤王派受总督府参谋大山纲良的指使，袭击了为了监视该藩而滞留秋田城下的十一名仙台使节，将其中六人杀死。而参加了白石会议，主导了秋田藩参加同盟一事的家老户村十太夫也在当天被迫隐居。

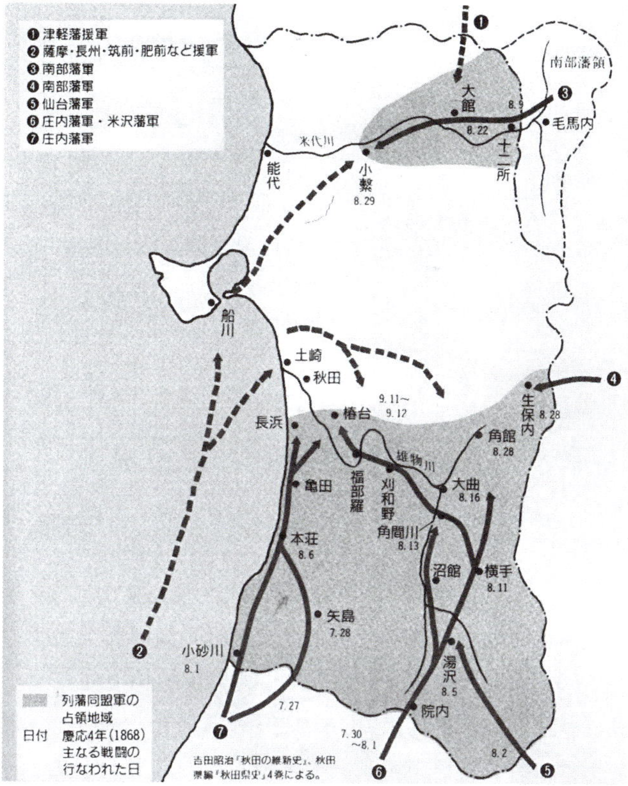

◇ 秋田战局全般经过示意图

政府军和秋田藩兵在七月十一日大举南下攻打庄内，在十二日进入新庄藩境内。但他们立即遭到了庄内军的强势反击，庄内从北越战线调回了松平甚三郎的一番大队和酒井玄蕃的二番大队前去秋田战线抵御政府军的攻势。七月十三日，庄内二番大队在新庄南面最上川畔的舟形和南下的政府军遭遇，成功地给予政府军当头棒喝。之后，庄内军得到了米泽藩本庄昌长大队，以及山形、上山二藩援军的加强，在十四日对新庄发动反攻，一举攻入新庄城下，将城池攻陷，政府军退向院内，新庄藩主户泽正实逃往秋田境内。和在北越战区和强盗一样臭名昭彰的会津藩不同，庄内军军纪严明，二番大队队长酒井玄蕃宣布对俘虏缴枪不杀，并且半减新庄藩领年贡，致力于宣抚工作，于是人心大定，庄内藩一直维持对新庄领的统治到九月二十三日，其间新庄领内安堵晏然。

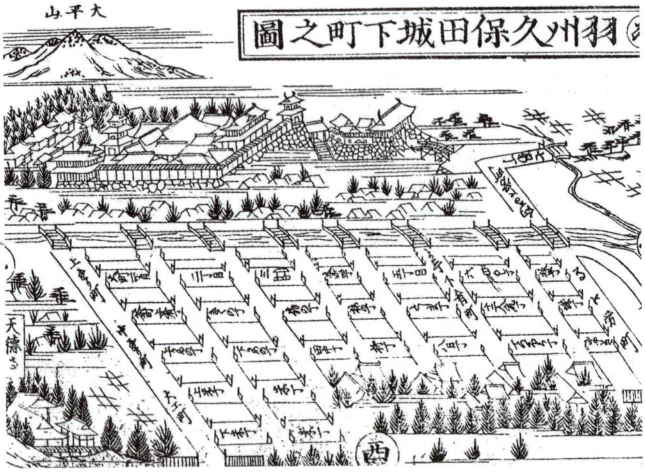

◇ 1855 年刊行的《东讲商人鉴》中描绘秋田城下景象的插图

七月十六日，休整完毕的庄内一、二番大队及同盟诸藩的援军开始北上，从院内口入侵秋田藩领。他们在突破盐根坂岭、雄胜岭后，在八月十日打下了秋田藩重臣户村大学据守的支城横手城。又于十六日挟玉川、雄物川和神宫寺方面泽为量的政府军主力对峙。可谓势如破竹。

和别的战区不同，在秋田战线政府军和同盟军的实力对比完全发生倒转，庄内军属于同盟阵营中数一数二的强兵，而秋田方面政府军的主力却是装备比仙台藩还要糟糕的秋田藩佐竹军，他们只有一个中队约一百余人的英式部队，余下的几千号藩兵装备还停留在关原之战时代的水平上，这些武士老爷“拘泥旧弊，军将等妄自尊大，身携无益之仆从”，“穿着气派的阵羽织，有的还提着长枪，五个武士就带着一个仆从，每个人还携带替换衣服和棉被”。压根不是庄内藩的对手。而这时由于盛冈藩倒向同盟方，入侵秋田北境，政府军中的萨长部队为保存实力，也不敢出力抵抗就撤向神宫寺方向，只扔下秋田军独守横手城。一系列的胜利使得庄内藩士气大涨，政府军为之夺气。

在日本海沿岸方面，庄内投入了三番、四番两个大队的兵力，他们的对手是佐贺藩新派到秋田一线增援本藩作战的支领主武雄锅岛家（龙造寺隆信三子后藤家信的家系）的军队，武雄锅岛军在佐贺藩兵中算得上是一等一的精锐，全领出兵四个大队，每个大队由一个装备雷明顿步枪的上士小队和四个装备斯彭塞步枪的足轻小队编成，炮队则拥有法式四磅山炮二门、六磅阿姆斯特朗炮四门，大小口径臼炮四门，可谓精强无比。武雄锅岛军先发的两个大队和一部炮队在秋田和本藩部队会合后南下，八月五日在平泽和庄内三番大队展开激战，武雄锅岛部队虽然用猛烈的火力压得庄内军一时无法前进，但是庄内军在坚持到四番大队援兵到来后，灵活地展开迂回作战，切断佐贺军的退路。政府军接战不利，连连败退。

结果本庄藩领落入庄内手中，龟田藩岩城家反水到庄内一边，海道方面的政府军也被打了个落花流水。

战局至此，秋田藩近三分之二的领土被庄内等同盟方面的部队占据，佐竹家的本城秋田城岌岌可危，沿日本海方面的三番、四番大队虽然继续北上，但终于在雄物川河口被布下背水之阵的佐贺武雄领及秋田军击退。

从七月二十四日到八月二十二日，政府军的增援总算从海路抵达秋田，其中主要是九州肥前的大村、平户、岛原三藩以及长崎振远队混编的联军约一千四百人，以及西乡隆盛在鹿儿岛新召集的萨摩藩兵五队七百三十七人，这些生力军立即调向神宫寺前线。这些新到部队士气较高，显然没把庄内军放在眼里，于是在八月二十三日援军到齐之后，政府军对雄物川沿线的庄内阵地展开全面攻势。

右翼方面主攻的政府军部队是长崎振远队，他们和庄内二番大队发生交火，但因地形不利部队机动，只是互相放枪应酬，未有激烈冲突。在左翼，长州、小仓、大村、秋田诸藩部队分成左、中、右三个攻击队分别朝前方的仙台藩阵地前进，其中中央和左队和仙台藩兵展开遭遇战，仙台兵力比政府军多一倍，政府军兵力不足，难以取得进展，不久因为政府军中央战线失利，该战线的政府军只得收兵。

中央方面的战况最为激烈，萨摩藩兵先遣二队人马跋涉玉川上游

◇ 横手城在中世时原是当地的领主小野寺氏的居城，该氏因关原之战参加西军而被除封，而成为移封至秋田的佐竹氏支城，一国一城令颁布后，佐竹氏向幕府提出申请而保留了该城。图为该城的复制天守

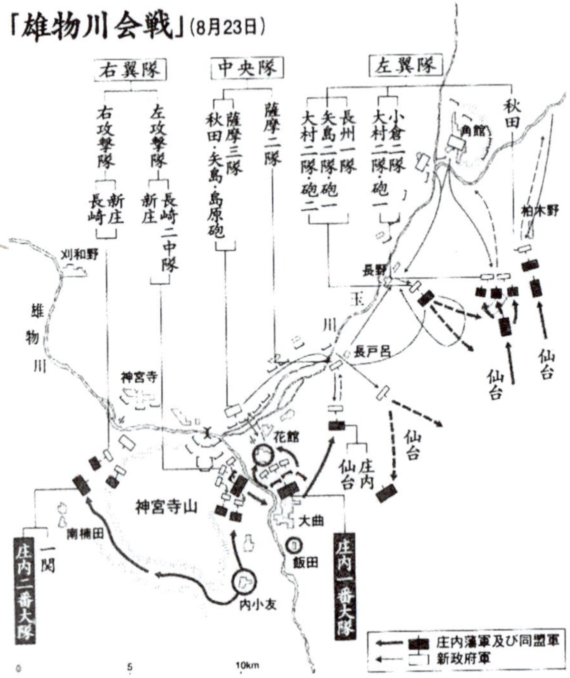

◇ 8月23日雄物川会战经过要图

的浅滩，击退了前方的仙台藩兵。萨军在初战获胜后，继续投入兵力，并且派出了炮队，对庄内一番大队据守的大曲发动正面攻击，但庄内有人数优势，又有工事可以依托，萨军并不能占到便宜。在日落之后，萨军退向花馆。庄内方面派了一支十人左右的夜袭队潜入花馆引发骚乱，萨军人生地不熟，突遭袭击，自相溃乱。队长岛津新八郎以下战死二十四人，伤十六人，狼狈败退。政府军在八月二十三日的攻势中失利后，不敢贸然发动进攻，于是战况胶着下来。

雄物川会战后，庄内军召集各队队长举行军议，虽然有人主张既然不能迅速令秋田藩就范，就应该撤回部队固守门庭，但庄内军内要求进一步夺取战果的声音占了优势。藩方撤换了进展不利的海道口方面三番、四番大队的大队长，而且派遣新编的龟崎大队前来支援。八月内整个东北战线同盟方面是兵败如山倒，唯独庄内军士气高昂，他们决定不将当面西军击退，就绝不退却。于是在九月，庄内军渡过雄物川，对政府军防线展开了新一轮的攻势。

九月六日，庄内藩四番大队调集了足够进行渡河作战的船只，于是将消息将二番大队通报，希望能够携手干一票大的。四番大队在海道口佐贺阵地东面的清水木偷偷渡过雄物川对岸，二番大队也呼应四番大队渡河。一番大队则在花馆对岸大开空枪，摆出佯攻的姿态，吸引政府军的注意力，使渡河作战顺利进行。

九月八日朝，由于二番大队行动延误，四番大队单独从清水木渡过雄物川对面，击退了政府军的哨戒部队，和午后成功渡河的二番大队一道，确保了渡口的桥头堡。

九日，庄内的龟崎大队渡河前来增援。各队进行军议，决定由四番大队和龟崎大队一道继续北进夺取秋田，二番大队则东进和一番大队协同作战，驱逐神宫寺方面的政府军。从大局看，即便庄内有能力打下秋田城，也挽回不了白河会津方面溃烂的形势，但是当下他们并没有接到任何消息，只是沉浸在战术性胜利的喜悦中，绝大多数庄内将士都摩拳擦掌地要把战争继续下去，二番大队队长酒井玄蕃放出话说三天之内就要在神宫寺招待三番大队的战友们同饮庆功酒。

十日清晨，二番大队开始东进，目标是神宫寺西北的关门刈和野，他们在该地西面的上淀川遭到新政府军方面秋田藩兵二百五十余人的射击，二番大队的前锋立即散开应战，接下来本队前卫的二队也爬上东西山地展开迂回，主力则展开密集阵形猛烈射击。秋田藩兵不仅被击退，在退却途中还遭到庄内迂回部队的袭击，被打得大败亏输。十一日拂晓，从峰吉川出发的二番大队朝刈和野进兵，政府军在北面太平山山腹到山裾布阵，对从大路而来的二番大队开火，二番大队一度后撤到对方射程外，重整阵形后朝政府军射击，政府军陷入混乱，庄内军乘机发起进攻，将政府军击退到神宫寺。神宫寺政府军本阵的幕僚们见战况不利，向副总督泽为量提出让他本人朝角馆方面暂退的建议，这样也便于抽出总督的卫戍部队进行反击，泽副总督同意了这个要求，但是政府军诸队听闻副总督转进，竟然自行奔溃，结果是全军上下一股脑儿地狼奔豕突到角馆。泽为量气得脸色发绿，要诸藩队长写下连署血誓文，以期雪耻。

庄内军虽然在神宫寺方面大获全胜，但是对秋田的进攻却遭到了挫败，盖因

庄内藩軍雄物川渡河作戦（9月8日~11日）

◇ 9月8日—11日庄内军雄物川渡河作战示意图。（A）8日，二番、四番大队控制了雄物川弯曲部。（B）9日庄内援军亀崎大队到达，和四番大队一道朝秋田城下进军。（C）东进的二番大队在太平山、上淀川方面击退政府军。（D）11日二番大队突破太平山方面政府军战线，占领了神宫寺政府军本营。政府军向角馆溃退，一番、二番大队成功会师。（E）四番大队进攻秋田城下失利，政府军朝刈和野反攻，庄内军在阻止了政府军攻势后，因得知东北战局整体形势不利，遂朝领内撤兵

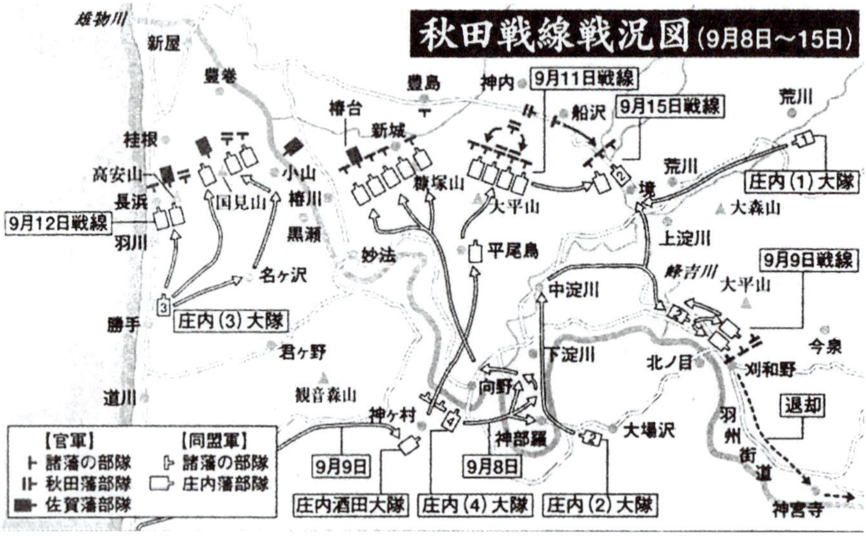

◇ 九月八日—十五日，秋田对庄内战线的最终局面

进攻秋田的主力四番大队是新征组、农兵队以及庄内支藩出羽松山藩的混编部队，搞游击夜袭虽然是拿手本事，但是一般野战能力还是比番号靠前的部队要略糟一点，龟崎大队也是新编部队，终归战力略差。而他们却要面对急于一雪雄物川之耻的萨摩武士，以及佐贺藩兵的阿姆斯特朗炮。十日，四番大队和龟崎大队在椿台和政府军展开决战，只要突破该点，秋田城下就在眼前。此地是个海拔四五十米的小高地，秋田藩在此建造阵屋，作为防卫秋田的据点。该日，秋田藩以下的守军照例溃退，庄内四番大队一气占领了要地糠塚山，在十一日对椿台展开进攻，萨军也前进和庄内对攻，反将糠塚山夺取，庄内军虽然等到了后援，但福冈、佐贺藩兵从左右两翼杀将过来，佐贺藩将阿姆斯特朗炮拉上附近的高地，朝着庄内军一阵猛轰，还派出三个小队企图包抄庄内藩的后路，庄内方害怕被包围，只得退走。十二日拂晓，海道口的三番大队也对秋田城正南面的长浜发起攻击，由于协调不畅，此次进攻未能配合四番大队在椿台的攻势。守备该地的佐贺军因为早先将一部遣往椿台方面，兵力不足，便放弃当面阵地，从容退到预设的第二阵地，和秋田藩兵一道组织抵抗，佐贺藩的六磅阿姆斯特朗炮再次发挥威力，庄内军只得后退。庄内一部企图迂回雄物川右岸渗透进政府军阵地，也被布置在左岸的阿姆斯特朗炮压制，不得不后退，庄内军的进击势头终于被刹在了秋田城下。政府军反在十五日朝刈和野发动反扑，来势甚猛，二番大队队长酒井玄蕃不顾病身，叫随从抬着肩舆前进督阵，挥舞破军星队旗，叱咤鼓励全队奋勇抵抗，二番大队

打光了步枪弹药，于是让炮队开炮支援，全军发起白刃突击，终于在十六日的午后打退了政府军的进攻，成功地守住了刈和野。庄内军在此战后清点战利品，发现政府军文件中有米泽藩投降的通知文件，不禁大吃一惊。庄内藩前线指挥们在军议之后，认为继续作战已属无益，遂决定全面撤退。政府军方面因为兵站线跟不上，竟然无法组织追击。

虽然庄内得以全师而退，但是大势已去，友军已经是倒戈的倒戈，投降的投降，政府军四面包围了庄内全境。九月二十七日，庄内藩终于开城投降，酒井家用自己的傲人战绩打出了无愧“德川四天王”首席家门的气概，赢得了敌手萨摩藩西乡隆盛等人的尊重，他们如愿获得了宽大处置。这个仅次会津的东北二号“朝敌”在面临战后处分时，藩主和“首谋”们所获的处罚只是在家谨慎，没有人因此掉脑袋，削封也仅只五万石，在战后居然还能保持十二万石的封地，相比丢掉了绝大部分封地的会津和仙台而言，这和“本领安堵”基本没有区别了。从这个意义上来说，庄内藩是东北诸藩在戊辰战争中唯一的胜利者。

秋田战役的另外一个战场是在秋田和南部藩境上。七月三日以来，盛冈南部藩关于是否应该响应同盟的号召，进攻秋田开起了马拉松会议。七月十六日，从京都归来的首席家老楢山佐渡回到本藩。此人系南部家门阀上士，虽然他在京都见到了西乡隆盛等政府高官，但西乡和他身边的一群下级武士在接见楢山时随随便便地盘腿胡坐在地板上，一边大口吃着牛肉火锅一边和楢山说话，西乡操的鹿儿岛方言同楢山的南部口音也发生了鸡同鸭讲的惨烈碰撞。这使得门阀观念和武士名誉感极强的楢山觉得这些人如同一群土匪，把天下交给他们便等同名教末日。另外一种说法称岩仓具视在接见他时，指出萨长两藩势力太大，恐成为第二个幕府，希望奥羽诸藩一致团结和萨长对着干。岩仓是玩弄权谋的人，说出的话

◇ 9月2日在大馆神明社附近政府军和南部军的交火，秋田藩在得到萨、长、佐贺的支援后转入反攻，南部藩战力不继，接连败退

虚虚实实真伪难辨，但这个愚直的东北土老帽却不动脑子地照单全收。总之，在京的经历使楢山觉得萨摩正是该除的国贼，打倒专横的萨长才是报国之道。他力主响应同盟号召，遣兵进攻秋田。于是七月二十七日，南部藩出动两千余众，在楢山指挥下开始向秋田进军，八月九日侵入秋田领内，在月末经过大馆，深入秋田藩北部中央地域，之后政府军萨摩、佐贺等藩援军大至，装备以旧式枪械为主的南部军战况日益不利，最后在九月二十四日宣布投降。南部藩的邻居兼世仇津轻藩则以投机心态坐山观虎斗，待见南部战况不利，便果断脱离同盟，宣布“勤王”，并在八月底派出藩兵一百余人袭扰南部领内的野边地，九月二十三日和闻讯前来的南部藩兵接战。津轻藩偷鸡不成蚀把米，没有能打死一个南部兵，自己反被击毙二十九人。政府方面知道津轻的参战只为捞分，将这起儿戏战归为私斗处理。

在整个秋田战役中，政府军总计阵亡六百十四人，其中秋田藩兵占到了三百三十八人。庄内则战死三百三十二人，负伤六百余人。但战争的最大牺牲者还是秋田藩的百姓，他们被各个阵营拉夫派役，苦不堪言，秋田阵亡的三百多人中，从军民夫就有六十多人。不管是同盟军和政府军，实施抢掠的现象都不稀见，大馆地区的十二所町在被入侵的南部军抢光了所有粮食财物家畜后，给一把火夷为平地。平鹿郡的沼馆村也遭到了同盟方仙台藩兵的抢掠，仙台人冲入百姓家中，四处抢劫金货和衣服。同盟军撤退之后，政府军进入龟田藩的城下，竟然不论武士居民饱掠一通。时人对这些行径的评价是“与其说是合战不如说是盗贼所为，真是前代未闻、言语难尽之恶行”。战场暴行倒在其次，秋田藩为供应军费，朝领民强课十万两御用金，还向各个村庄征派军马、食粮、衣服、马草、薪炭，使得本就挣扎在生命线上的百姓生不如死，苦不堪言。当时有歌谣唱道：

今年收成一如何
二分实收余皆秕
再三征米仍不足
四倍征收杂役银
军事杂用如山积
黄金价高涨六成
若使人见七贯金
杂役钱更增八倍
百姓九死存一命
流浪十方想要见个宜居之地好收成

这首歌谣所反映的情况，适用于东北战争的任何一个战场！

会津落城

最后让我们把视线转回到白河一线，由于白河城夺还无望，政府军大队将至，从七月中旬开始，三春藩对同盟方的军事调遣就变得不积极了，并对同盟方怀有二心。到了二十六日，板垣退助，伊地知正治的东山道镇抚军到达三春城，藩主秋田映季亲自出城迎接官军。三春的反正，据说是当藩的豪商之子，后日成为自由党巨魁的河野广中成功地使三春藩论趋于“勤王”所致，河野广中还和同志田母野秀显等人组织了一百余人的草莽队“奇正队”，加入政府军作战。总之，同盟方面完全没有预料到三春秋田家会突然变脸，背后被狠狠地插了一刀。

三春门户洞开，二本松藩就完全暴露在了政府军的枪口之下。二十七日，政府军就以三春藩兵为前锋向导，付出战死二十几人的代价攻占了本宫，防守当地的同盟军战死一百四十四人。本宫距离二本松城仅仅八公里，而二本松藩的主力

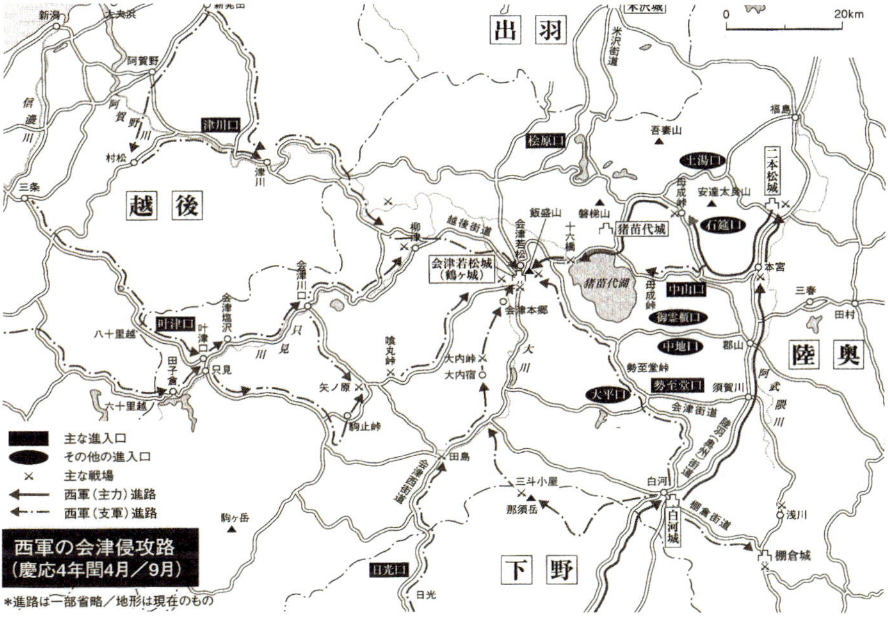

◇ 政府军会津攻略战全般要图

都被派到别地，不及回援。城里除为数不多的留守人员外，只剩下了六十岁以上的老人和十二到十八岁的孩子，二本松留守人员此时的惊愕和绝望是可以想见的。当时就有人悲愤地编成俗谣唱道：“笨死啦笨死啦！二本松真个大蠢蛋，满满地着了三春狐狸的道。”但事已至此一切已晚，二本松藩只得将老人和少年藩士们动员起来，以杯水车薪的三百老弱幼孺抵御东山道军两千虎狼般的萨土诸藩兵。

这些少年藩士，有的穿着洋式的筒裤，有的穿着松垮垮的义经裤，有的孩子还在腰间别着比自己腿还长的大刀，刀鞘头撞在地上乒乓作响，他们虽然装束不一，但是有两样东西是共同的，一是别在肩膀上，绘有藩主丹羽家家徽的布片，一个是初生牛犊不怕虎的心。二本松的藩风充斥着东北落后地区所固有的愚直保守和尚武之风，生于藩士家庭的孩子们在每天早饭之时，母亲都会拿着筷子手把手地教授孩子武士之道和切腹时的做法，二本松的百姓之间都流传着一句话：“千万别对蝮蛇和武士家的孩子出手。”二本松藩的少年就是接受这样严酷的斯巴达教育而成长起来的，这也注定了他们的悲剧结局。

以二本松藩的枪炮教头木村仪三郎为队长而组建的少年炮兵队约二十五人，在城下南口的大坛布阵设防。那里是个低矮的小高地，有一家住户，房子旁边有几株杉树。他们在房子和杉树中间架上了一门早就落后于时代的和式百匁玉大筒。因为此地没有遮蔽所，他们竟然只是在地上插上两根木桩，在中间钉上横木，把两枚破旧的榻榻米用绳子挂起来权充避弹工事。这些没有见过真正的战争，却满脑子武士名誉观的少年们一点没有紧张感，却在那里说些“敌人软绵绵的炮弹，怎么穿得了这张榻榻米”之类的玩笑话，气氛简直和春游没有区别。

七月二十九日，政府军渡过阿武隈川，大举杀至二本松城下。二本松藩的这些半大孩子确实体现了少年兵所特有的不知死活，一步不退地奋力作战。但是这些雏鸟怎么是武装到牙齿的萨摩、土佐藩兵的对手？板垣退助的政府军对大坛口发起了猛烈攻击，避弹的榻榻米被打得像筛子一样，少年们也一个接一个地中弹倒下，二本松少年兵中大坛口的例子特别有名，木村炮队二十五名少年队员中，连队长在内战死十人，战伤五人，折损过半，这些孩子有的牢记着父辈“见到敌人不要先抽刀砍，只管向前突刺”的教诲，只朝着政府军的枪林弹雨里一头扎进便再也没能回来，有的身负重伤后，还朝过路的官军军官喊：“快替我介错（切腹后砍头，以减轻痛苦）”，官军的军官见他伤已致命，无可挽回，只得忍泪斩下其头颅。

正午间，二本松城的本丸四处火起，当时患病的藩主丹羽长国在前几日便已经逃出，留守的丹羽一学等七名家老切腹自尽以殉社稷。这一日战死的二本松藩士达二百四十五人。这里面又有多少花季少年呢？如果不是三春的背后捅刀，或许他们也不必用自己的年轻生命为丹羽家殉葬了吧。带队的士官几乎战死，队员也大半阵亡，二本松少年兵总体的牺牲数字，实在难以确定。

◇ 二本松城址公园内的二本松藩少年兵铜像

二本松城的陷落，和北越方面长冈的陷落刚好在同一日，政府军对会津已经形成了包围之势。听说二本松藩陷落，福岛藩主板仓胜尚吓得肝胆俱裂，急忙带着家臣逃到米泽，米泽表示只能接受藩主和随身家臣二三人避难，拒绝其他人入境，余下的人只能悻悻地回到福岛，这时福岛方面还见不到一个官兵。福岛藩只是个三万石的小大名，这么做还是情有可原，而仙台藩在二本松之役前后的表现就诚所谓是可耻了。在石筵口布阵的会津军和大鸟圭介的传习队还是抽出了一些兵力前去二本松赴援，无奈被击退，还阵亡三十余人。而坐拥大队人马的仙台藩不仅未能有效地支援二本松，当二本松城陷，驻扎在须贺川方面的仙台藩兵连直接北上转进本国的胆子也没有了，居然哀求会津借道逃命，打算绕个大圈，从猪苗代去米泽，然后通过福岛回到仙台。仙台藩的狼狈败走，让坐镇白河的同盟盟主轮王寺宫大为恐慌，他亲自写信给仙台藩主伊达庆邦，望他出阵前沿，勉励诸队，让他们再坚持一下，但貌似已经没有什么能够挡得住仙台藩兵的两条腿了。八月初仙台兵在绕了一大圈之后撤到福岛附近，准备占领当时已经成为空城的福岛城，但他们竟然在福岛及保原、梁川等地到处滋扰作弊，弄得福岛居民怨声载道，结果引发了百姓一揆。八月三日，仙台军前锋三个小队从濑上驿出发，朝福岛行进，遭到大股农民暴动队伍的包围。根据仙台藩重臣石母田赖至的日记称："驿上聚集了农兵一千人，皆为发动一揆的农民。先锋队毫无准备地前进，碰上了手持刀枪镰锄的一揆，被迫开始战斗。小监察须田健吉、平田小四郎、宫代七三郎等拔刀应战，斩二十余人方突围，须田健吉战死……撤下队伍，死枪兵二人，因此向大越求援，等到晚上。"到了第二天傍晚，"福岛农民受敌方煽动发动一揆，昨天和我军前锋作战

◇ 1868年当时三十一岁的板垣退助，据他后日回忆，他因为在战争见到了天下闻名的大藩会津因不得民心而被轻松击溃，从而感悟到了伸张民权的重要性

的群众，进逼濑上，被别手组击退。”仙台藩兵就这样给农民暴动搞得筋疲力尽，好容易进了福岛，市中店门紧闭，住民跑得一个不剩。仙台藩士请米泽、会津藩士帮忙，而且求福岛藩吏前来做居民工作，才唤回了福岛跑散的居民。同盟的军事总指挥，旧老中小笠原长行原本计划组织攻势夺回二本松，见仙台藩兵都是这样成事不足害民有余的废物，只能兴叹作罢。

这样，在八月中旬，政府军在各个方面都做好了给会津藩封喉一击的准备，但大总督府起初决定先平定米泽、仙台，再对付会津。对此，东山道参谋板垣退助和伊地知正治立即主张展开会津攻略作战，他们的理由如下：

奥羽严寒之地，如今再过三四十日必至降雪。暖地之士卒转战严寒季节，实为不利。若为取米泽仙台而空耗时日，年内恐难以攻占会津，战斗将拖延至明春。如此则我军将产厌战之心，敌之防备将十倍于今。拖延时日，亦非无生内变之患。说来会津乃是根本，米泽、仙台无非枝叶，去其根本，枝叶自枯。

板垣等人的意见抓住了问题的要害，会津攻略作战就此敲定。他们选择位于安达太良山麓的石筵口方向作为进攻的路线。但在战术执行上东山道的萨土两参谋发生了分歧，伊地知正治主张越过母成岭沿猪苗代湖北岸进军，板垣退助则认为越过御灵柜岭从南岸进军更好。两者各执己见，互不相让。

从实际上来看，如果从母成岭方面进军的话，道路比较平坦，便于快速进军。但是若同盟军在猪苗代城放火，并烧掉十六桥，那么政府军速攻的步伐就会被延误。伊地知对自己的作战方案非常自信，认为一定能抢在同盟军毁坏十六桥前面完成作战。事实表明，新政府军的突进并没有留给同盟军多少时间去完成这些阻挠行动。

对此，板垣退助也坚持己见，二人意见很难调和。于是提出了一个折中方案，就是暂缓进攻节奏，将兵力一分为二，两道并进，尽早发起攻击。但是在实际上相当于旧日本陆军一个旅团规模的东山道总督府部队用于正面攻击的兵力只有三千左右。即使击退敌军，要在敌区扎根也需要更多的兵力。因此将三千兵力一分为二，也就是让一千五百人去攻打一个隘口，很可能都无法得手，这个方案存在的危险不言自明。面对坂垣和伊地知的意气之争，长州藩士桃井发藏出来打圆场，向他们指出分散兵力并非明智举措。到了开始攻击的前一天，板垣改变立场，同意翻越母成岭，根据伊地知的方案，新政府军预定在八月二十日强攻母成岭，完成这个闪击作战。

◇ 戊辰战争从军的土佐藩士合影，前列左起伴权太夫、板垣退助（中央）、谷乙猪（少年）、山地元治。中列：谷神兵卫、谷干城（卷袖持刀者）、山田清廉、吉本祐雄。后列左起：片冈健吉、真边正精、西山荣、北村重赖、别府彦九郎

与此相对，同盟军在失去二本松之后，士气低落。同时由于将大半兵力投入越后战线，一时无法抽调回援，而且剩余的兵力分散于会津国境的各隘口，也就完全无法有效地利用内线的优势。守备母成岭的苦差，落在了时为会津客将的大鸟圭介、土方岁三所部旧幕府陆军教导队，即传习步兵队身上。

传习步兵队的兵员乃是幕府庆应军事改革时用旗本们上交的兵赋雇用的江户町人（市民），他们直接接受幕府聘请的法国陆军教导团的训练，装备和训练十分精良，但是由于北关东转战的消耗，战斗力大为削弱，眼下也是一支疲兵。基本上，母成岭守军三分之一以上为大鸟指挥的传习队（约三百五十余），算是守军最有战斗力的部队。另外有会津藩若年寄田中源之进指挥的会津藩兵三百余人，二本松藩家老丹羽丹波指挥的二本松藩败残兵百余人，山口次郎指挥的旧新选组五十余人。另外还有仙台等同盟军各藩兵五十人左右，计共八百余众。

七月二本松失陷以前，同盟军的母成岭阵地只是会津和二本松的联络据点，只有若干会津军驻守。二本松失陷以后，该地一度是同盟军收复二本松的前进基地，后来夺还作战成为泡影，母成岭就成为会津藩境守备的重要基地之一。除在谷口荻冈的原有阵地外，同盟军在二本松方面山麓的隘路口中军山上构筑第二线

◇ 幕末时期的大鸟圭介（中立者）

阵地，接着在其上方的母成岭建造第三层阵地。母成岭虽然号称天险，其实较之其他隘口，那儿的隘路口的地形开阔，山岭的坡度也比较缓。虽然通往出口的隘路为山地包围，但是主道之外还有不少小道，这是防守上容易形成漏洞的地方。

大鸟圭介的部队调防该处是在八月上旬，对于进入母成岭的大鸟所拥有的兵力而言，其守备范围过于广大，更何况构筑了三线阵地。但大鸟没有选择，他决定活用已有的一、二线阵地给新政府军一定打击后逐次后退，然后以第三阵地为最后防线进行决战。

八月二十日，政府军在攻击母成岭之前发起了对中山岭的攻击，不过这只是小股部队发动的佯攻而已，主力三千余人在同一时间向母成岭推进。大鸟没有被新政府军的佯攻行动迷惑，他早就发觉新政府军主力正在向母成岭开进，于是准备反过来袭击新政府军，他们在坂下集结以二本松藩兵残余下来的三个小队，仙台藩兵三个小队，会津藩兵三个小队，以传习步兵一个大队（当时一个传习步兵大队的战斗人员数目为四百）为援兵，在同地展开阵势企图伏击新政府军。大鸟为了出席同盟军在猪苗代举行的军事会议，将实际指挥委任给部下后离开。

要想在内战中做好情报的保密十分困难，在大鸟圭介布置进攻的同时，政府军同时得到了同盟军正在展开的情报，于是从萨摩藩兵中抽出一个小铳队（战斗人员数目为八十，中队规模）担任先遣队。这股先头部队看见了在高地上展开的大股同盟军，判断自己无法与之抗衡，于是等到后续部队萨摩藩、长州藩、土佐藩合计六个小队（五百多人）到达以后再发动进攻。

同盟军拥有占据中央高地的地利，新政府军不敢贸然正面进攻，而从左右两侧展开攻击，但是进展缓慢。这是因为大鸟传习队中的炮兵从隐蔽阵地中炮击新政府军。就在战局胶着之际，土佐藩的一个小队利用沟渠的掩护迂回到高地后方，开始攻击大鸟军的背后。与此同时，新政府军马上从两侧发起了突击，试图扭转形势。传习步兵队做出最稳妥的行动，即攻击后方兵力薄弱的土佐藩兵，将陷入混乱的友军接入本阵，在确保退路的情况下向后撤退。在传习队奋力殿后之下，政府军各藩兵无法突破同盟军阵地，使得同盟军得以脱离战场，稳守阵地的传习步兵队在此战伤亡三十余人，头取（队长）浅田麟之助身负重伤，在日落前成功阻止了政府军的追击。

赶赴猪苗代城参加军事会议的大鸟返回母成岭是在八月二十日黄昏。他遇见之前在坂下的前哨战败退的会津藩兵后，知道自己的部属独力负责殿后，还在恶战苦斗之中。大鸟愤懑难平，对仙台、二本松以及会津藩兵丢下友军只管自己逃命的卑劣作风十分失望，他在《南柯纪行》中写道“今方知三藩之兵不足信也”。由江户町人组成的传习步兵在那些武士荣誉观爆棚的同盟军当中遭受这种待遇并不稀奇。据说板垣退助在战后检查阵亡的传习步兵的尸体的时候，发现许多身有刺青之人，便认为官军的士族兵被这种人打死，真是不值得。板垣退助在日后成为民权运动的领袖之一，但他当时的三观并不能从武士身份意识中脱离出来，大概同盟军对伙伴传习步兵见死不救也是出于这种身份歧视意识。当大鸟看见部下传习队终于撤回之后，拉着他们的手大声痛哭。他虽是幕臣，但仅是出身于播州赤穗的一个町医家庭，放在同盟军当中，也是要挨不少人的白眼的。

新政府军分成正面和左翼、右翼三队迫近母成岭。政府军在完成对二本松攻略之后的一个月之内调查了周围各隘口的敌军布防，知道母成岭存在三重防御体系。政府军决定利用三线阵地的空隙穿插分断敌军阵地。即先以猛烈的火力压制正面的敌军，让一队插入敌人阵地的背后，突破第一线之后继续打击第二线敌人，将一、二线的敌军孤立。接着左右两翼同时强行进行迂回运动，从左右送出一队到第三线的背后，切断敌人的退路，将三线的敌军全部包围起来。大鸟圭介

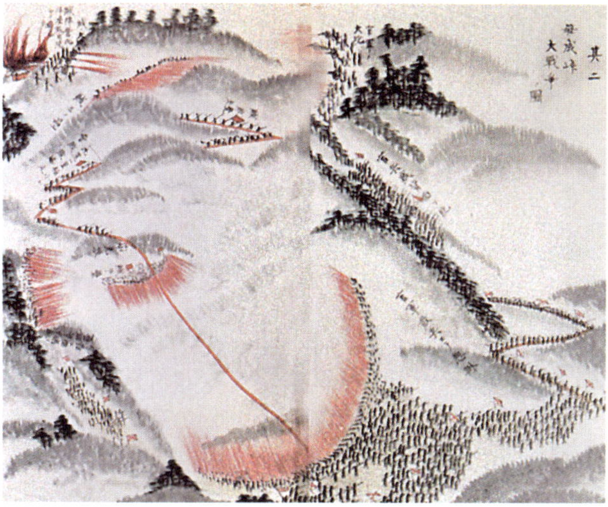

◇ 萨摩方面编纂的《戊辰之役实录》中母成岭战斗的插图

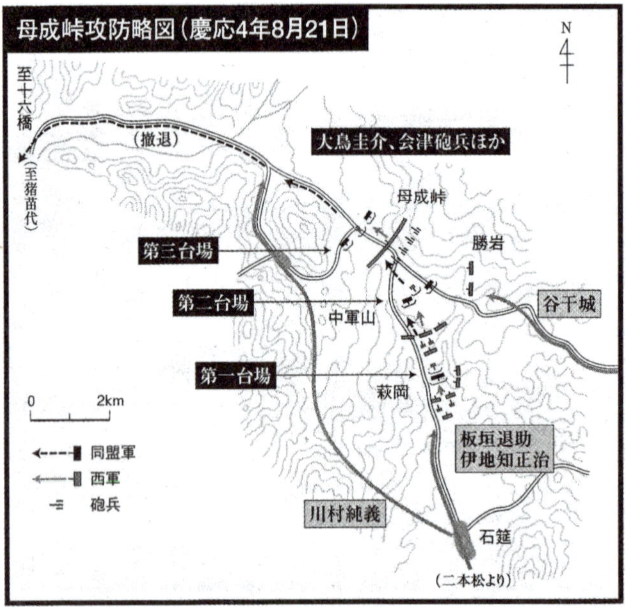

◇ 母成岭战斗经过要图

从北关东转战以来就和板垣的东山道军打了不少交道，非常熟悉对手的作风。他认为新政府军将在早晨发动攻击，于是在夜半开始就亲自布置防御，严密防备敌军的来袭，但是由于兵力过少防备无法做得充分，他为此弄得夜不能寐。

八月二十一日早晨，浓雾笼罩着整个母成岭。著名的母成岭战斗打响了。新政府军为了在敌军正面集中火力，把炮队配置在中央。伊地知在左翼集中了从萨摩城下小铳一番队到六番队的精锐，毫无疑问是希望在此战取得辉煌战绩。右翼则由长州三番队和土佐藩七个小队负责。中间有萨摩藩的准主力七队，还集中了从大炮一番队到三番队的三支炮队，预备队则是长州、土佐、佐土原藩兵的一部。在前日攻击中山岭的佯攻部队也开赴母成岭战场，和本队合流参与这次作战。战斗打响后，政府军三个方面的攻击部队都在浓雾中前进。上午九时，右翼部队与第二线阵地接触。大鸟军号炮二声发出遭遇敌军的信号。双方开始交火，右翼队与第二线阵地之间存在很难翻越的深谷，因此行动缓慢，迂回到其后方也很困难，右翼队一时被大鸟军的优势火力逼入进退维谷的困境。其间中央队也开始攻击荻冈第一线阵地，守军放弃了那里向中军山第二线阵地后退。中央队在占领第一线阵地之后马上向第二线阵地推进。好不容易才集结完毕的政府军炮兵在此时却无用武之地，这是因为并没有炮击第二线阵地的适当地形。

同盟军虽然坚守第二线阵地，但是在浓雾中看见右翼队的一部迂回到北方之后，马上让一部（应是传习步兵）迎击敌迂回队。但被政府迂回部队击败溃退，守军为此动摇。 中央队逐渐逼近开始动摇的第二线阵地，右翼队也终于突入此地，陷入混乱之中的大鸟军以第三线阵地为目标开始后退。另外，政府军的左翼队在浓雾之中向没有道路的山中前进，被困在浓密的草丛里，无法进行原先预定的攻击。

右翼队和中央队在中军山第二线阵地合流以后，便于中午对母成岭第三线阵地发起了强攻。为了避开来自岭口的炮击，第三线阵地设在从母成岭顶到猪苗代附近的一侧。如果乘势而来的敌军越过山岭突进至此，就会遭到近距离的猛烈炮击。但是新政府军也是参加过鸟羽、伏见之战的善战部队，他们并不急于前进，反而将炮兵展开，毫无间断地向第三线阵地开炮。传习步兵队遭到炮击，大为恐慌，但尚能坚持。会津、仙台藩兵却开始四处逃散，又把大鸟的传习队扔在后面，再次被友军抛弃的传习步兵队独力难支，至此只能向山中逃亡。按照新政府军原先的计划，左翼队应该出现在阵地后方切断同盟军的退路，将之一网打尽，但是左翼队尚在山里走迷宫，无法到达大鸟军的背后，这对传习队来说是不幸中的万幸。此战同盟方面阵没计八十余人，政府军阵亡约二十五人。

从母成岭撤退下来的各路败兵被大鸟圭介收容，他打算以猪苗代城为据点抵抗政府军。但是猪苗代的留守高桥权大辅却早早地在城下放火，连城郭带会津祖庙——祭奠着藩祖保科正之牌位的土津神社一道烧作白地后撤退。虽说这帮人抹脚的理由是向若松城本营报信，但是若松城得知母成岭陷落的消息却整整给拖了半天以上。驻扎在势至堂口和大平口的会津兵看猪苗代方面烟火大起，才知道母成方面陷落。可见会津连传令通信的准备也没有做好。之前普鲁士武器商人斯耐曾劝会津方面“应在各处准备骏马粮秣，置精壮之士以为传令”，但会津方面显然对此充耳不闻。

母成岭的失陷对会津来说还谈不上是一剑封喉的致命性打击，前方尚有一处要隘，就是架设在日桥川上的十六桥，只要能切断这座桥，会津军尚还能迟滞政府军的进击。隶属母成岭战斗中迷失方向未能参加战斗，左翼队的萨摩城下四番队的队长川村纯义为挽回其在前日战斗中的失态，马不停蹄地对十六桥连夜发起突击。戊辰时隶属于城下四番队，日后的陆军元帅川村景明回忆当时的情况道：

当时我是从属川村部队的一名士卒，部队进入猪苗代休息时，由于大家都十分疲惫，希望上头赶快下达就地宿营的命令，为此早早准备好食物，做好宿营的准备。然而队长看见这种状况，异常愤怒，大声叱责包括我在内的所有队员，众人为此茫然失措。回忆起当时的情景，至今让人感慨万分。

当萨军城下四番队在八月二十二日赶到十六桥时，小股会津残兵正在准备破坏桥梁，川村部立即在日桥川东岸散开，一起开枪，会津兵四散逃亡，政府军成

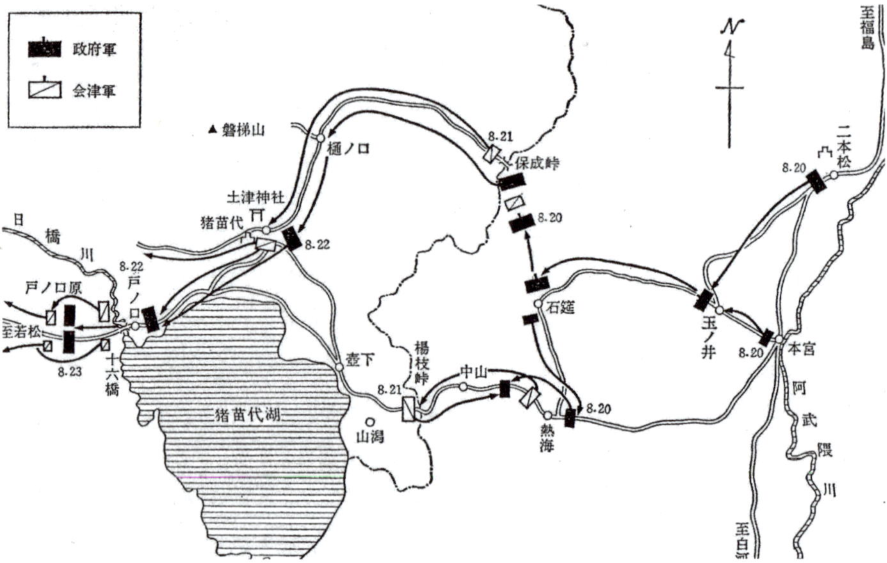

◇ 政府军石筵口突破作战全般经过要图

功控制了十六桥。若松城方面虽然也派出猛将佐川官兵卫提一队人马前去毁桥，但毕竟情报已经晚了半天了。倒是在中山口和大平口设防的会津军距离该地较近，应该有发现猪苗代方面失手，就立即前去破坏十六桥的意识。但这些蠢物看见猪苗代火起，就好像这些火已经烧到自己屁股一样，连滚带爬地朝会津若松城一路狂奔，终于导致了十六桥弃守的恶果，会津在石筵口的防战上乌龙连连，一错再错，竟然自己将毫无设防的会津城下朝西军敞开。

会津藩犯下的这起恶性失误还连带导致了两个悲剧，第一个就是著名的少年兵白虎士中二番队的集体自尽事件，他们当天作为出城督战的藩主松平容保的护卫被派遣到设在泷泽村的会津前敌指挥部，中途接到了防卫十六桥的命令，当他们前出到桥西的户之原口时，那里除掉萨军川村队外，土佐、佐土原藩的援军也已赶到，这些少年兵抵敌不住，四散逃去。其中和队长日向内记失散，由十七岁的副队长篠田仪三郎率领的二十余人好不容易在二十三日清晨摸到会津若松城东的饭盛山中，看见政府军突入城下，黑烟四起。这些疲劳困顿、饿着肚子，情绪又十分绝望的少年们见状以为城池已陷，他们有的吟咏着“面向梓弓矢如雨，一步不退武士路”的和歌，有的则朗诵文天祥“人生自古谁无死，留取丹心照汗青”的名句，或切腹，或互刺，或刺喉，集体自尽。二十人中只有一个名叫饭沼贞吉的队士被偶然过路的会津下级武士的妻子救活。这一事件一直成为会津“戊辰悲剧”

的象征而传承至今。

如果说白虎队的牺牲是悲剧的话，另外一件“悲剧”与其说是悲剧，不如说是黑色幽默了。那些先前得知母成岭失手，不管三七二十一飞也似的往城下瞎跑的边境守备队的撤退路线反而被闪电般出现在会津城下的政府军切断，他们只能一边无组织地抵抗，一边朝城池撤退，越发加剧了城池的混乱，导致在枪林弹雨中四处逃亡的会津藩士家属和居民纷纷被践入沟壑。另外，由于这些部队的抵抗全无章法，也无法有效打击政府军。

◇ 饭盛山中的会津白虎队士集体自杀之图

这样，八月二十三日清晨，伊地知正治、板垣退助所部萨摩、长州、土佐、大垣、大村、佐土原六藩三千之众如洪水决堤之势，从城北的甲贺町口冲入会津城下。而当时城下未及建设一处堑壕和街垒，导致政府军轻松突破了若松城外郭，一下接近内郭。土佐藩兵作战尤其奋勇，他们发现了在阵前指挥作战的松平容保，就朝着他一阵猛射，容保坐骑中弹，摔下马来，差点要给按倒取首，亏得护卫野村甚兵卫努力救驾，算是捡了性命逃回城内。当时会津所获得的新式枪械，基本被配备给了出击各部，城中的留守部队大半只有落后于时代的滑膛格贝步枪，而政府军诸藩装备好的有斯奈德和夏斯波特步枪，差点的也有恩菲尔德，其射程都在前装滑膛枪的二倍到四倍以上，所以在城外的对射中会津根本占不到上风。会津既然连防御工事也来不及设置，疏散居民就更别说了。杀红了眼的政府军冲入城下，到处杀人剽掠，表现出封建军队特有的残暴性。会津方面的记录称政府军“不问商工农家，公然建大标札分捕（注：分捕意指缴获和掠取战利品）家财，记曰萨州分捕、长州分捕、某藩分捕，而杀戮男女老幼，公然以强奸为事，掠市井百姓之妻子儿女至阵所、宿舍为侍妾，以分捕之酒食为夜宵、酒肴，豪侈至极。”不少会津藩士的家室为避免受辱而集体自尽，家老西乡赖母家中全体女眷的自尽就是一例，当土佐藩士中岛信行突入西乡邸后，为满屋的淋漓鲜血和散乱在血海中的白衣青丝而震惊不已，西乡的大女儿，十六岁的细布子尚有一丝余气，问中岛是敌是友，中岛只能答称是自己人，少女随即要求中岛为之解脱，中岛便含泪拔出匕首刺穿了她的脖颈。

虽然板垣退助和伊地知正治的白河口方面部队蹂躏了会津城下，但他们在进攻内郭时，却遭到守军的有力还击。政府军当时并未能包围整个内郭，只是从城北的甲贺町口朝会津城本丸扑来，当他们进击至北出丸时，遭到了守军火力的猛烈打击，防守出丸的部队乃是大鸟圭介余下的一部传习步兵以及幕府撒兵队，作战经验丰富。冲在前面的土佐藩兵首先遭殃，士官小笠原唯八、谦吉兄弟以下二十几个土佐兵首先成为枪下鬼，板垣退助为之失色，他急忙请求萨摩和大垣藩兵增援，大垣藩也挡不住会军的猛烈射击而后退，萨摩军跟着顶上，他们用大炮轰击出丸，但出丸守军并未稍退，萨军炮队指挥官大山严沉不住气，下令强攻，反而被打死打伤近百

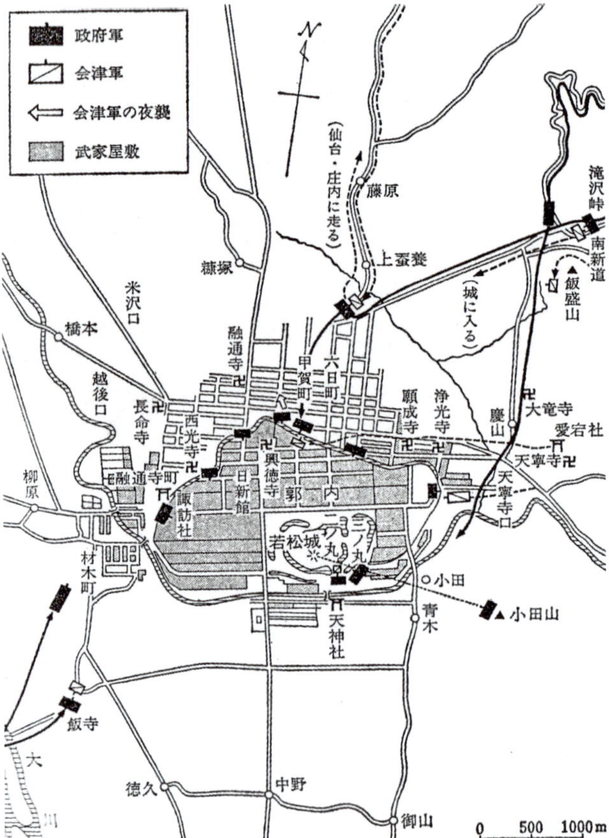

◇ 会津若松城攻防战略图

人，狼狈败退。板垣退助见强攻不能见效，只得下令停止进攻，坐待后续增援。

事已至此，松平容保让弟弟松平定敬和立见尚文等桑名藩兵朝米泽避难，伤愈复出的新选组副长土方岁三曾在八月二十三日去庄内求援，但把主力全数投往秋田战场的庄内藩也没有救援会津的余地，他见事不能为，打算以仙台为据点继续抵抗政府军，也率领大多数队士离开了会津。只有山口次郎（斋藤一）表示："既然已来会津，如今见城破在即而弃之而去，诚非正义之举，我愿同新选组之队名于此地共死。"遂同队中十二名同志留下来和会津共存亡（战后只余斋藤在内的六人生存）。大鸟圭介率残部从猪苗代的群山中突围，抵达米泽，要求上杉家派兵支援会津，遭到这时已经计划朝政府恭顺的米泽方拒绝，两人各带残部前往仙台，和榎本武扬舰队会合，他们的战争要到第二年初的箱馆战役才算画下句号。

从二十四日到二十五日，板垣退助把部队逐渐撤到外郭，而之前给堵在外围的会津方内藤介右卫门、原田对马等边境守备队成功进入城内。二十六日，从日光口方面扮作舞狮行列骗过政府军撤回城内的山川大藏部队算是这些部队中最有力的一支生力军。这几天，政府军虽然组织炮队攻城，但是炮弹只能够着城墙，不能对城内造成有效杀伤。于是板垣退助意图夺取城外会军防守薄弱的小田山作为炮兵阵地，此山海拔三百米，距城一千六百米，只要占领此高地，足可俯瞰城内，指哪儿打哪儿。这座高地在山川大藏部队入城的当天被政府军夺取，政府军待到佐贺藩的炮兵到达后，用威力巨大之阿姆斯特朗炮轰击城内，近郊某寺的僧人用念珠算炮击次数，算出最多时一天有两千五百发炮弹落入城内。名城会津若松被打得千疮百孔，在城中避难的伤员和女子倒了大霉。《会津戊辰战史》生动地描绘了当时的情状：

西军入城下已过数日，数万敌兵（这里的数字当然不免夸张，当时城下政府军还未至此数）自城东北至西北置数十壁垒，日夜发炮攻击孤城。电光曳空，万雷震地。郭内郭外之家宅街市或罹兵火，或遭放火，为之成荒野一空，战死之壮士，毙于流弹之妇女横尸曝骸不可收，腥风覆鼻，流血淋漓，其惨状目不忍睹。

（顺带一提，戊辰战争中的"贼尸"无论是士是民，都是不许收尸埋葬的，在战后放置荒郊野外，任由鸟兽啄食。只是下了一道命令，说这些战死者虽然是贼，但也是天皇赤子，不许人为加以侮辱，算是天子的"慈悲"。）

无论是十六桥也好，还是小田山也好，会津藩守城战的失败就是由接连不断的马虎大意堆出来的。

◇ 从天宁寺方向朝若松城内开炮的萨摩藩兵

二十九日，被连日的炮击轰恼了的会津组织一千余人，准备突击城外的政府军，目标是在城西北的西军指挥所长命寺。虽然会津方面意图夜袭，但是总指挥佐川官兵卫因在前夜酗酒，醉得连亲娘也不认得，直是睡到太阳高起才知道自己是谁，完全延误了攻击时机。但是箭在弦上，不得不发，突击队像二次大战末期的日军万岁冲锋那样，怀揣写有“庆应四戊辰年八月二十九日战死”的遗书，发疯地挥舞着冷兵器朝政府军的枪林弹雨里撞去。幸好当时并不是自动火器的时代，会津敢死队还是靠着不要命的拼劲一时驱散了长州、大垣的前沿部队，并打死打伤敌人百数十人，但自己也战死了差不多的数，况且也未能突破政府军战线。佐川见闯下大祸，羞于回城，带领残部在城下四处转战。这说的好听是游击战，说得难听只是脱离了指挥的胡闹，根本对政府军造不成多大损害，倒是当时政府军动员农民，从郡山方面朝会津若松前线大量运送补给，基本没有什么防备，佐川若能前去扰乱政府军的补给线，倒是能够给围城之敌造成一些麻烦，不过当局者迷，他也不可能想到这一着。

到了九月上旬，政府方艺州、越前福井、尾张、备前冈山、宇都宫、馆林、小仓诸藩援军陆续到达若松城下，围城的政府军达到了两万七千余人。随着米泽和仙台的陆续投降。会津已经失去了外援。当时会津在城外尚有从一部从越后撤退回来的残部，以及佐川官兵卫部队共数百人，在城南集结，和政府军互有一些零星战斗。九月十四日，政府军调集兵力，对这些残余进行全力围剿，会津军在城外的残部战至十七、十八日，被政府军驱逐到会津外围。于是会津若松城终于被政府军围得水泄不通。

在这些绝望的日子里，城中伤员爆了棚，因为医药几乎断绝，等待着这些伤员的基本就是死神。避入城中的妇女在藩主的姐姐照姬的带领下，负责看护伤员，做饭，铸造弹丸，极端点的还有有名的新岛八重这样托枪上阵的例子，会津藩家老山川大藏的妻子甚至为处理未发炮弹而被炸得粉身碎骨。连从北越战场跟随政府军来到会津的英国医生威利斯也听说“关于参加会津阵营的日本妇人之勇敢和气力，有很多故事。这些女性都剪短了头发，麻利地从事炊事和负伤者的照顾，并且不少人背起步枪，为辛苦的巡逻工作出力”。城中的士气却一直没有衰退，会津藩士特有的愚直，这时却成了他们的精神支柱，但战况到了这个局面，松平容保也决定必须终止毫无意义的人命牺牲，九月二十二日，会津藩终于打出白旗，向政府军投降。开城时城内尚存四千九百五十六人，其中妇女、病员、老幼共占了三成。

以会津的投降为标志，奥羽的战火终于熄灭了，当投降以来一直被幽禁在泷

◇ 描绘松平容保投降的锦绘，仪式结束后，图中的红地毯被会津藩士们争割一空，作为国耻纪念，谓之“泣血毡”

泽村妙国寺的松平容保、喜德父子被送往东京时，根据前文提到的英国医生威利斯的观察：

前去为会津藩前主君送别的，除了护卫以外连十几个人都凑不拢。人们从各种方面都显示了冷淡和事不关己的态度。在路上田野里劳作的农民们看到过去大名鼎鼎的会津侯出发之际，连身子也不别转过来。我发觉除掉武士阶级以外的人，对藩主也好，或对同行的家老也好，一点也发露不出怜悯或同情的神色，一般的意见认为，他们引发了残酷且毫无必要的战争，败北之际只要不切腹，他们就失去了值得尊敬的全部价值。

威利斯在进入会津前，还异想天开地幻想自己或会见到如苏格兰一般的“高地居住者特有的健康的体格和对其领主强烈的敬爱”，但他结果所见的，却是超过了正常人口比例的武士阶级，和被这些多余人口骑在底下的，“体格糟糕，矮小，虚弱的种族”。在他眼里，会津的贫困到达了极端的地步，和他在上野、信浓的

◇ 重建的会津若松城天守阁

蚕业地区所目睹的繁荣景象形成了鲜明对比，造成这一切的原因是什么呢？自然是松平容保为着他“会津士魂”的愚忠，不顾穷困的财政，硬要为幕府火中取栗，担任那吃力花钱又不讨好的京都守护职所招来的恶果。

这些“体格糟糕、矮小、虚弱的种族”对于会津松平家的倒台，报以可怕的沉默，在这沉默里燃起的却是熊熊的怒火。从若松陷落后的十月三日到十一月下旬，如火如荼的农民改世一揆席卷了整个会津藩域，因为农民们起事时呀呀地怒吼，这次暴动被称为“呀呀一揆”。位于会津藩权力末端的地主老财，村官村吏们首当其冲地成为农民们“肝煎征伐”，即打土豪的目标，所有的检地账、年贡账、分限账、质地账都被搜出烧毁，农民拒纳佃租，要求取回典当的土地，剥夺以往的村官村吏的特权，全面改选“肝煎”（村长、名主），并且废除旧藩怨天尤人的专卖制度，要求自由买卖特产品。随着这次农民运动如暴风一般掠过，尘归尘，土归土，会津藩魂魄俱亡，他们不仅失去了对其领地的统治，连其留下的统治机构也被不留痕迹地砸毁了。但是这只是旧秩序崩塌所带来的瞬间的光辉，而比德川幕藩旧政严苛百倍的天皇制国家取代了旧藩权力，小农们面临着比藩制时代更为敲骨吸髓的压榨和奴役。如果在旧藩时代，农民尚能用百姓一揆来对苛政提出抗议，但如今他们面临天皇制神话之下万世一系、金瓯无缺的“赫赫皇威”，和这副亘古的幽灵所支配的全套近代化镇压机器和严密的精神意识控制，在经济和精神上的双重残酷剥削之下，明治东北农民的形体和精神面貌是怎么样的呢？读一读仙台出身的小说家和剧作家真山青果（1878—1948）的名作《南小泉村》中对宫城县农民的描写就能明白。

皮肤虽厚，但不论老人小孩，面黄肌瘦，干瘪灰暗。脸庞大多是牙齿和下颚很大的扁平脸，眼睑松弛下垂，就像里面藏着条虫似的，手脚大得难看，可十有八个扁平足。胸部、肩部没有肌肉，肚皮令人作呕地垂迭着。……那张嘴多么龌龊，那个鼻子多么卑贱，特别是那一双眼神实在令人厌恶，就像怕人的野兽的眼睛。每当我看到这种嘴角挂着愚昧的傻笑，茶褐色的眼珠不怀好意地滴溜溜乱转，就情不自禁地联想起据说在土耳其极多的贱民吉普赛人的眼睛。

结语　白河以北——山百文

随着 1869 年箱馆战役结束，榎本武扬的“虾夷共和国”宣告投降，明治政府

戊辰戦争，諸藩没収地一覧（総計 880,800石）

藩 主·藩 名	旧高（石）	削封高(石)	新高（石）
伊達慶邦(仙　台)	625,600	345,600	280,000
松平容保(会　津)	230,000	200,000	30,000
南部利剛(盛　岡)	200,000	70,000	130,000
丹羽長国(二本松)	100,700	50,700	50,000
酒井忠篤(庄　内)	170,000	50,000	120,000
牧野忠訓(長　岡)	74,000	50,000	24,000
阿部正静(白　河)	100,000	40,000	60,000
上杉斉憲(米　沢)	180,000	40,000	140,000
久世広文(関　宿)	58,000	5,000	53,000
松平信庸(上ノ山)	30,000	3,000	27,000
田村邦栄(一ノ関)	30,000	3,000	27,000
酒井忠良(松　山)	25,000	2,500	22,500
板倉勝尚(福　島)	30,000	2,000	28,000
本多忠紀(　泉　)	20,000	2,000	18,000
織田信敏(天　童)	20,000	2,000	18,000
岩城隆邦(亀　田)	20,000	2,000	18,000
内藤政養(湯長谷)	15,000	1,000	14,000
南部信民(八　戸)	20,000	1,000	19,000
水野勝知(結　城)	18,000	1,000	17,000
林　忠崇(請　西)	10,000	10,000	

◇ 戊辰战争“朝敌”藩改易削封一览

统一了全国，整个戊辰战争算是画上了句号。参加奥羽越列藩联盟的诸侯，除掉例如秋田藩佐竹家这样有反正立功表现的，基本受到了削封的处罚。明治二年五月，陆奥会津藩萱野权兵卫，仙台藩坂英力、但木土佐，南部藩楢山佐渡，出羽山形藩水野三郎右卫门，越后村上藩鸟井三十郎，村松藩堀右卫门三郎、斋藤久七，下野结城藩水野又兵卫、茂野喜内，下总关宿藩小岛弥兵卫等人作为“叛逆主谋”，做了各自主君的替死鬼，有人说明治维新是不流血的革命，无非是不流上层人物的血罢了。

在奥羽越诸藩削封中被处罚最烈的便是会津藩、仙台藩以及北越的长冈藩，其中会津藩得到了“举藩流罪”的待遇，政府虽然同意保留会津松平家家名，让容保的幼子松平容大继承其家名，但只在本州岛极北的苦寒不毛之地津轻下北半岛赐其三万石（此地全是不适农作的火山灰地，实际收入不过七千余石），成立斗南藩，任其自生自灭。藩士们落得了即便吃死猫死狗，为了不被萨长的家伙笑话，也要挣扎着活下去的境地。而仙台的情况等于只安堵了伊达宗家的领地，而其庞大的支领主陪臣团丧失了几乎所有的经济来源，他们和会津藩士一样，只能以艰辛困苦的开拓来维持生活。对于东北诸藩的藩士们而言，他们的近代史就是一部向天皇制国家寻求“雪冤”的历史。

“逆贼”的包袱如果只让那些参加同盟的封建领主和其家臣团承担，倒也罢了。

但是我们不能忘记，通过明治维新建立的“大日本帝国”可不是为了达成人民推翻封建制的愿望而建立的国家，在近代天皇制的话语背景之下，胆敢对抗赫然天威的东北地域，不论官民上下都是“贼”，东北诸藩的武士自不消说，连那些期待新世道能让他们安居乐业的无辜之民，都逃脱不掉“叛逆”的刻印！戊辰战争的东北阶段可不是什么冠冕堂皇、打破封建制的“革命战争”和“解放战争”（即便有，也是客观所带来的因素），萨摩藩和长州藩的倒幕派以“皇国”的逻辑对其专制政治的异见分子东北诸藩的武力征服是它的另一个侧面，并且它在形式上也是日本历史上封建武士团之间最后一次战争，封建诸侯互斗的野蛮和残暴性在这次内战中尽情复苏，给战地的无辜平民带来极大苦难。维新史家远山茂树在其名著《明治维新》的1951年初版中称萨长一手炮制的王政复古政变充分地体现了明治维新“低俗的权谋术数性”，那么东北战争同样地拉低了这次所谓的“变革”水平的下限。

以往，奥羽两州大地在日本史上一再受到中央权力的蹂躏，在古代的“东北三十八年战争”的最后，反抗天皇朝廷的虾夷族被桓武天皇任命的征夷大将军坂上田村麻吕彻底地征服，古代末期的“前九年之役”中，源氏武士团觊觎领导东北人民自治的地方豪族的财富，挑起战端，再次把“叛逆”的头衔强加在东北人头上，东北地区在镰仓幕府建立之后，更成为源氏武士团——关东御家人的殖民地。在皇国史观的话语中，发生以上两次动乱的东北地域乃是不服王化之荒域，而明治戊辰战争东北方的失败更加剧了这一地域歧视。讥笑东北地僻人穷的谚语“白河以北，一山百文”（意思就是白河以北的奥羽地界，一座山只值一百个铜板）四处流行起来，东北成为落后和愚昧的象征。在废藩置县后，成为第一任秋田县令的旧佐贺藩士岛义勇就对他的任地轻蔑地说道：“当县秋田地处僻远，不知上国之事，世上都说那里要开化完全起码要花二十年。”在萨长土肥藩阀眼里，在战争中和他们站到了一个阵营里的秋田且是如此，其他的“贼地”便更不必说了。明治日本富国强兵，对峙万国，对外扩张的国家战略给日本一般劳动人民带来了沉重的负担，本来经济就比较后进的东北，背上了比日本其他地区重得多的包袱，而他们却继续承受着中央对他们的冷眼和歧视。所以说，本来只应该属于失去了往日的荣光的东北诸藩武士的怨恨，扩大成为整个东北地区居民对中央的怨恨，而戊辰战争对他们造成的深重心伤，一个多世纪的岁月也未能抹去。

一百多年过去了，“大日本帝国”早就成为历史名词，但日本国家带给东北人的苦难真的结束了吗？在二战后日本的高速经济增长期，支持着日本的经济成长的人力中不少是每年从疲敝的东北农村拥向东京“集团就职”的民工潮。为了供应东京都内三千六百万人骄奢淫逸的“发达社会现代生活”，当年戊辰战争的旧战场之一，福岛县的相马浜通地区一溜造上了十座核电站，号称“原发银座”。东北人继续为着日本国家的发展默默地做出贡献和牺牲。二零一一年的三一一东北大地震不仅重创了当年遭受战灾最重的福岛、宫城两县，还把浜通地区的“原发银座”变成了不可接触的核污染地区。到笔者写完这篇文章的二零一三年底，依然有二十七万余难民流落在内地的各处安置所，无法回到东北的故乡。而在东京都内饱食终日的安倍内阁却不顾东北人民的福祉，把国家预算大笔大笔地花在军备扩充和在非洲、东南亚装凯子充大国门面等毫无意义的外交秀上。恐怕在出身于山口县，也就是过去的长州藩的安倍首相内心里，他自为天下社稷万年计，岂惜那东北升斗蚁民！以此观之，白河以北，一山依旧百文。

最后的幕府海军

幕末箱馆战争

作者：张捷闻

江户开城与旧幕舰队脱走

庆应三年（1867）三月二十六日的清晨，一艘崭新的军舰徐徐开进了日本的大港横滨，一名三十开外的年轻人从军舰上快步而下，与其他和服木屐、留着月代的日本人不同，他一身西装革履，分头油光闪亮，显得英气勃勃。这位青年名叫榎本武扬（通称釜次郎），刚刚自万里之外的欧洲留学归来。榎本武扬出身并不高贵，父亲原本是个乡下人，因为和德川幕府臣僚榎本武由的女儿结婚，才继承岳父家业，成了一名幕臣。但榎本武扬自幼好学，从小便醉心于当时刚刚输入日本的先进西方文化，特别是对航海与军事抱有极大兴趣，曾在幕府的长崎海军传习所学习。文久三年（1863），因为成绩优异，被幕府选为官费留学生，派往荷兰留学。在荷兰，他如饥似渴地攻读海军和军事学，整整四年手不释卷，终于学有所成。在搭乘幕府向荷兰新订购的军舰开阳丸回国后，这位海归秀才很快被任命为幕府海军军舰头并的要职。榎本当然不会忘记是谁给予了

◇ 榎本武扬像

◇ 年轻时身穿和服的榎本武扬

穷书生出身的他这一切，于是踌躇满志，想用自己在国外学到的西方先进知识，来报答恩主德川幕府。

但非常不幸的是，当时他所要效忠的德川幕府，却正处在风雨飘摇之中。在归国后不到一年的明治元年（1868）一月，幕府军在京都郊外的鸟羽伏见之战中被萨摩、长州为首的倒幕派诸侯联军打得大败亏输。末代将军德川庆喜狼狈逃回老巢江户城。倒幕诸藩们很快建立了以明治天皇为国家元首的新政府，并调集五万大军，兵临江户城下。当时为了是战是和，幕府各路大员展开了激烈的争论。已经升任幕府海军副总裁，掌握幕府海军主力的榎本武扬屡次联合主战派同僚上书，坚决主张与新政府军决战。无奈幕府将军德川庆喜自从鸟羽伏见败后已经彻底成了泄气的皮球，压根就提不起抗战到底的劲头。于是主和一派的意见渐渐占据了上风。四月四日，幕府主和派名臣胜海舟在经过艰苦的谈判之后，终于以幕府海陆军全体缴械、献出江户城、将军庆喜回老家闭门反省等五款条件与新政府方面达成和平协议。四月十一日，新政府军开进江户城，接管了城内各处要地，庞然大物的德川幕府，就这么如阳光下的雪人一般彻底冰消水解了。

这样一个残酷的结局，对于一心忠于德川家的榎本武扬来说是无论如何不能接受的。虽然在江户开城一事上是有心杀贼，无力回天，但他手中仍掌握着一叠最大的筹码——德川幕府十余年来苦心打造的当时日本最强的海军舰队。榎本暗下决心，一定要利用它和自己十年寒窗的平生所学，为德川家至少搏出一个可以接受的结果来。于是，他开始暗暗联结同志，筹划举事。然而密谋尚未搞出个子丑寅卯，讨债的倒是先上了门来。四月十一日，在接管了江户城的当天，新政府海军先锋大原俊实派来的使者也到了幕府海军基地品川港，要求榎本按照和平协议，立即将所有军舰转交新政府方面。榎本因为德川家的不战而降正窝了一肚子火，哪肯照办，只推说躲避风浪，干脆拉了全部舰队跑到馆山去了。新政府方面得知消息后大发雷霆，把田安庆赖、胜海舟等旧幕大员喊去狠狠骂了一顿，指责他们破坏协议。胜海舟也是猪八戒照镜子两面不是人，只得亲自跑去馆山，好说歹说把榎本劝了回来。虽然由于当时新政府对德川家的处分未定，榎本怕连累主家，所以勉强同意了胜海舟的劝说，但新政府方面要求接收海军舰船的使者仍是接二连三地派了来。榎本今天推明天明天推后天，最后实在推不过，就把富士山、观光、朝阳、翔鹤四舰交出去搪塞。问题是翔鹤只是艘无战斗力的运输舰，观光和朝阳两舰都有损坏，唯一能马上用于作战的只有富士山一艘。大原俊实磨了半天嘴皮只到手这么一堆破烂，气得吹胡子瞪眼，但榎本饶你说破大天也不肯交出任何一艘战舰了。

◇ 主持与新政府军和议的胜海舟

就这样两边太极拳一直打到了五月二十四日，新政府正式宣布了对德川家的处分决定，德川家被转封骏府，原本四百万石的领地被扒得只剩七十万石，这点地盘供养德川家一族都够呛，剩下那批成千上万靠幕府吃饭的幕臣们几乎是全体净身出户，大批被迫“下岗”的原幕府臣僚们实在气不过这辛辛苦苦几十年一夜回到类人猿的下场，纷纷来找榎本商议对策。而得知主家已经事了的榎本也再不愿意和新政府方面蘑菇下去了，当时仙台、会津、米泽等东北反新政府的诸侯组成了奥羽越列藩同盟，正与新政府军兵戎相见，同盟曾数次与榎本联络，请求他率领旧幕府海军加入自己一方作战。榎本虽然并未拒绝，但心中一直盘算的却是另一个念头，他想起了十九岁时曾和幕府箱馆奉行堀利熙一起考察过的虾夷，那片广袤而当时尚未开拓的处女地给年轻的榎本武扬留下了深刻的印象，他暗暗决定，万一奥羽越列藩同盟不靠谱，那么，他就将率领这些德川旧臣前往虾夷，在那里再兴德川家的声威！

明治元年（1868）八月十九日夜，榎本武扬率领旧幕府海军开阳、回天、蟠龙、千代田形、长鲸、神速、美贺保、咸临八艘军舰，载着包括原幕府若年寄永井尚志、老中小笠原长行、陆军奉行并松平太郎等旧幕府高官在内的约二千名死硬派佐幕人士相继起锚，离开品川冲，向东北方向驰去。而几名一向受雇于幕府的法国军事顾问，竟然也非常讲义气地决定和他们同行。在临走之前，榎本武扬修书一封寄给胜海舟，托他上交给新政府的江户镇将府。这封被称为《德川家臣大举告文》的文书，从头到尾几乎就是一篇对新政府的宣战布告，内中痛斥王政复古“名为

◇ 幕府军舰朝阳丸，为荷兰建造的蒸汽战舰，排水量300吨，备炮12门，新政府军自榎本武扬手中接收后修复，成为海军主力战舰，活跃于箱馆战争中

光明正大，实未尽天下之舆论，乃出自一二强藩私意之物”。称德川庆喜“蒙朝敌之冤罪，仓廪遭没收，旧臣迷茫无路”。所以他现在决定率德川旧臣离开江户，开拓虾夷，要求新政府将整个虾夷赐予他们这些失去领地的德川遗臣以为生存之资，如若不然则“已存为开皇国一和之基，而不辞一战之觉悟”。胜海舟读完这张反动大字报无异于五雷轰顶，急忙通知镇将府，镇将府立即派出汽船武藏丸前去追赶，但榎本舰队早已去远，武藏丸出去转了一圈，两手空空回来复命，镇将府方面也只有徒呼奈何罢了。

榎本舰队出航后，趁着明月当空，绕过房总半岛南端，转舵向北开去。但开航不久，他们便遭到了第一次打击——不是来自新政府，而是来自老天爷。8月的日本并非适合航海的季节，因为那正好是每年的台风季。榎本舰队刚刚到了鹿岛滩，就遇上了一场暴风雨，舰队被狂风暴雨吹得七零八落，有的断了桅杆有的坏了舵轮，一直到了二十四日，长鲸丸才勉强挣扎到了仙台藩领的松岛湾，开阳、回天、千代田形、神速也陆续到来。而咸临、蟠龙、美贺保三舰却始终不见踪影。原来美贺保原本因为航速不够，是由旗舰开阳丸拖曳而行，但在暴风雨的混乱中拉索断裂，一路飘回了上总，搁浅在了銚子冲。舰员上陆后走投无路，只得向新政府军投降。美贺保丸作为榎本舰队的弹药运输舰，失去了它几乎等于丢了大半的武器弹药储备，对于榎本舰队来说实在是件极其要命的事。咸临与蟠龙两艘的命运也没好到哪，被顶头风吹到了伊豆下田附近，由于船体受到了一定的损伤，估计是坚持不到东北的目的地，于是二舰干脆掉头往南，偷偷摸进了骏河的清水港，居然在新政府的鼻子底下丁丁当当修起了船来。被蒙在鼓里的大总督府直到九月十八日才得到情报，急忙派富士山、飞龙、武藏三艘军舰前来捕拿，二艘榎本舰队军舰中蟠龙早在七天前便修理完毕溜之大吉了，不过咸临就没那么好运，被三艘新政府军舰堵个正着，大副春山辨藏以下二十余名船员战死，舰长小林文次郎率余众投降。

出门便连丢了两艘战舰和大半军火的榎本武扬可谓是出师不利，当然，这还不是他最后一次走背字。

◇ 幕府军舰咸临丸。1855 年荷兰制造，排水量 620 吨，曾搭载幕府遣美使节团横渡太平洋赴美

明治元年（1868）九月二日，榎本在仙台城谒见了仙台藩主伊达庆邦，次日又同仙台藩士石母田赖至、远藤主税等进行了会谈。榎本一开始指望说服作为奥羽越列藩同盟盟主的仙台藩与自己联手，同新政府军死战到底，他在与石母田赖至的会谈中说到“奥羽之地占日本六分之一，其兵可得五万人，是以何惧上国之兵耶？见机施策并不为难也”。公允地讲，如果榎本在五月底或者六月初便直接带舰队北上，加入尚处于全盛时期的奥羽越列藩同盟一边，那么同盟方对新政府军将获得绝对的海上优势，不但可以对新政府军的海上运输路线造成严重威胁，且新潟等同盟方重要补给港口也未必如此轻易陷落，那么整个战争的局势就可能完全两样了。但非常遗憾的是，由于为了等待德川家处分决定及制订下一步的计划，榎本在品川多蘑菇了整整三个多月，此时的形势已大为不同，新政府军大兵压境，同盟军屡战屡败，白河、新潟、长冈等各要地纷纷失守，同盟方战斗力最强悍的会津、庄内两藩已被重重包围，其余诸藩更是溃的溃降的降，几乎陷入了土崩瓦解的绝境。仙台藩眼见大势已去，早已做下了向新政府投降谢罪的决定，安肯因为你榎本一初来乍到的外人几句忽悠就重整旗鼓？所以饶是榎本一张利口把稻草吹成了金条，仙台藩上下不但无人响应，反而于九月十五日向新政府军平潟口总督府送上了降表，剩下的会津、庄内两藩也在几天后开城投降，奥羽越列藩同盟同榎本的抗战计划一起彻底宣告失败。

奥羽越列藩同盟的溃灭，使榎本军在日本失去了最后的落脚点。既然眼下仙台已经投降到新政府一方，作为新政府指名缉拿的榎本舰队，自然也无法再在仙台藩领待下去，于是榎本开始再次考虑占据虾夷的计划。而那些原本依附于奥羽越列藩的佐幕派残兵败将走投无路，都把全日本唯一敢跟新政府对抗的榎本舰队当成了最后的救命稻草，纷纷前来投奔。其中包括土方岁三率领的新选组、大鸟圭介指挥的步兵传习队、古屋佐久左卫门率领的冲锋队以及伊庭八郎、人见胜太

◇ 伊达庆邦之子，伊达宗基

郎率领的游击队等等，而仙台藩的唯一一支全英式训练的武装队伍——额兵队，也因为反对仙台藩的恭顺投降政策，在队长星恂太郎率领下叛出本藩，来投靠榎本军。收容了这些散兵游勇的榎本军兵力顿时膨胀到了近三千人，而且这些新加入的部队大多在戊辰战争中久经战阵，像传习队、额兵队之类更是全用洋操练出来的精锐部队，拥有较强的战斗力，这对榎本攻打虾夷的计划来说，无疑是一剂强心针，榎本最终下了决心，重新整编舰队。原本六艘军舰中千代田形舰已同在仙台遇到的原幕府运输舰长崎丸一起被派去援助正遭新政府军围困的庄内藩（但当赶到时庄内藩已投降，长崎丸遇风暴触礁沉没，千代田形于十一月逃到箱馆），榎本又干脆抢了仙台藩的大江、凤凰两艘运输船，把舰队重新扩充到了七艘。1868 年十月九日，榎本舰队汽笛高鸣，离开仙台的松岛港，经宫古湾北上，向虾夷挺进。

虾夷岛在箱馆战争结束后的明治二年（1869）九月由新政府改称为北海道，系日本北疆苦寒之地。室町、战国时代，陆奥土豪出身的和人豪族蛎崎氏经过与阿伊努土著人的长期鏖战，终于获得了虾夷南部的控制权。德川幕府建立后，改称松前氏的蛎崎氏被封为松前藩主，统治虾夷南部，并渐渐向北部扩张控制范围。到了幕末，由于 1854 年《日美亲和条约》规定虾夷南部沿海的重要港口箱馆将作为开港场所之一，故幕府把箱馆城及附近地区划为幕府直辖领，以箱馆奉行作为最高行政长官，直接管理箱馆城内政外交之事。1868 年德川幕府灭亡后，新政府派员接收了旧幕府领地，设立箱馆府并任命公卿清水谷公考为箱馆府知事。而松前藩虽然一度参加奥羽越列藩同盟，但也很快叛投到了新政府一方。所以榎本军所面对的，将是一个完全为新政府所控制的虾夷，一场恶战似乎在所难免了。

在十天的风浪颠簸后，逃离江户整整两个月的榎本舰队越过津轻海峡，在会合了摆脱新政府军追捕的蟠龙丸后，终于踏上了虾夷这片他们的应许之地。10 月 20 日，旗舰回天与开阳、凤凰二船首先在箱馆以北约四十公里的鹫之木靠岸登陆，其余各舰也陆续来会。榎本军全军登陆集结后，按预定计划兵分两路南下，第一个目标便是新政府虾夷行政中枢箱馆城。一路由大鸟圭介的副官本多幸七郎和游

◇ 进军虾夷的士兵合影

击队队长人见胜太郎率传习步兵三十人为先锋，取道茅部道的大路，从北面向箱馆进发。这票人马名义上是“使节团”，去向新政府方提交榎本军的虾夷开拓请愿书的，但这封请愿书的内容却是：“经营虾夷地之事，德川家已早向朝廷请愿，某等目的乃虾夷地开拓及北方警备，因此欲请箱馆府再次向朝廷请愿，请愿被接受之前，请将箱馆府交与我等掌管，若不接受，则不辞一战。”这封与其说是请愿书不如说是恐吓信的玩意儿，榎本军方面料定新政府不会接受，所谓请愿本来也不过是先礼后兵的把戏而已。所以由大鸟圭介和法国顾问斯兰特率传习队第二大队、第一大队一小队、游击队、新选组等主力随后跟进，做好随时谈崩开打的准备。另一路由土方岁三为主将率额兵队与陆军队沿海岸线取道鹿部、川汲，从东面进攻箱馆城。

二十一日，榎本军前锋到达大沼以南的峠下村，在村内安营扎寨过夜。而新政府军方面已经接到了旧幕府脱走人员在鹫之木登陆的情报，清水谷知事感觉事态严重，急忙派出讨伐军。二十一日夜，以松前、津轻藩兵为主力的二百余名新政府军到达峠下村以南，发现村中已有敌军后，新政府军队长黑泽传藏决定发动夜袭。政府军架起大炮，趁夜色从西南、东南方向对峠下村发动猛攻。当时村中只有“使节团”的三十余名传习步兵，被打了个措手不及，队长本多幸七郎和人见胜太郎从墙壁被炮弹轰了个大洞的宿舍里急忙冲出来指挥抵抗。但不得不说，

◇ 大鸟圭介（1833—1911），幕臣，幼名庆太郎，就学于绪方洪庵、中浜万次郎门下，出仕幕府后历任海陆军兵书取调方、开成所教授、步兵奉行等要职。维新后曾任元老院议官、驻清全权公使、枢密顾问官，封男爵

这支传习步兵队不愧为幕府重金聘用法国教官打造出来的精锐部队，在遭到夜袭的情况下竟然丝毫不乱，在本多的指挥下就地组织反击。他们首先派出探子通过枪炮火光大致摸清了敌军的兵力和来路，然后也分兵两路，一路留守村内，一路由人见胜太郎亲自率领，直扑新政府军炮兵阵地观音山。传习步兵首先抄小路抢占了敌军阵地背后的制高点，以树木为掩护对敌军炮兵排枪齐射，政府军炮兵哪里想得到敌人会出现在背后，顿时大乱，人见胜太郎见机不可失，暴喝一声，当先冲进敌阵，长剑疾舞。敌兵顿时被这位西冈是心流剑术高手连伤数人，其余的丢盔弃甲狼狈而逃。

而与此同时，留守村内的一路也与敌军接上了火，攻入村内的新政府军四处放火，在夜战中这却是一件极为愚蠢的举动，以村内房屋为掩蔽工事的传习步兵拿这些身影暴露在火光之下的新政府士兵做了一场轻松的打靶练习，很快把他们从哪里来打回了哪里去。两面攻击均告失利的新政府军只得往南溃退，这场榎本军与新政府军的初战以榎本军反败为胜而告终，榎本军方面只有士官山本泰次郎一人负伤，而新政府军方面战死负伤各五人。在这场规模并不算大的战斗中，榎本军的传习步兵队不但并未被敌军偷袭打乱阵脚，反而依靠精准的侦察和极其有效的战术组织反击，竟打退了近七倍兵力的敌军进攻，其极为专业的战斗素质与强大的实战能力确实令人叹为观止。

次日，接到前方战报的大鸟圭介率领主力部队赶到，与前锋部队会合后，全军在峠下村内召开作战会议。大鸟在作战会议上认为，既然双方已经真刀真枪地开了片儿，那也不用再去故作姿态递什么劳什子请愿书了，全军当集中兵力，以尽早打下箱馆城为第一要务。根据侦察兵报告，新政府军攻打峠下村失利后，将主力部队分别屯扎在峠下村以南的大野、七重二村内，榎本军要想南下箱馆，就必须先拔除这两个据点。于是，大鸟等一致议决，兵分两路，同时进攻。由刚在峠下之战中立下头功的猛将人见胜太郎率领游击队、新选组、工兵队进兵七重村，而大鸟亲自率领传习第二大队三个小队及士官队两个小队总共五小队的兵力攻打大野。

二十四日凌晨，按照部署，两路人马冒着凛冽的寒风与鹅毛大雪分头出发，向各自的目标挺进。人见胜太郎一军在七重村与新政府军遭遇，新政府方面这次明显早有防备，不但集结了约五百人马，且在七重村南方山上的制高点设下了阵地，居高临下对榎本军猛烈开火。人见胜太郎率军仰攻不利，被迫退到二三丁远的一片树林里，以树木为掩护重整旗鼓，与攻上来的敌军激烈交火。只有二百五十人兵力的榎本军寡不敌众又失了先机，渐渐被对方火力压制。正危急之时，和峠下之战中的人见胜太郎一样，榎本军中再次出现了白刃突击决定胜局的英雄。游击队队士大冈幸二郎、杉田金次郎和炮兵諏访部信五郎三人眼见形势不妙，干脆扔下步枪，冒着弹雨拔刀扑进敌阵，左冲右突。新政府军方面正打得顺手，哪里会想到对方还有这样不怕死的亡命之徒，不但不跑反而会突进来拼刺刀？虽然这三位超级英雄很快被乱枪打成了筛子，但他们的决死突击造成了新政府军一阵混乱，火力顿时有所减弱，人见胜太郎见机不可失，立即率领传习队全军抽刀拔剑呼啸而出，杀进对方阵地展开白刃战。在这种近距离的白刃格斗中，新政府军的火力和地形优势顿时无法发挥，被杀得七零八落，丢下十几具尸体四散而逃。而胜利的榎本军也付出了沉重的代价，战死者除大冈幸二郎等三人外，还有年仅十七岁的新选组队士三好胖，受伤者十余人。

◇ 人见胜太郎（1843—1922），幕臣人见胜之丞长子，1867 年加入幕府军游击队，江户开城后曾率游击队转战关东及东北，五稜郭投降后不久被新政府赦免，担任茨城县大书记官、茨城县令等职，后退出政坛，从事实业经营

比起费了九牛二虎之力才勉强打个险胜的人见胜太郎来，大鸟圭介指挥的一路却是顺风顺水。当时大野村的守军大约四五百人，主要为松前、弘前两藩藩兵。榎本军由大川正次郎为先锋，缓缓向敌军阵地推进，很快和守军接上了火。大鸟自己和副官本多幸七郎各率一军先后前来支援。新政府军方面也连忙集中兵力奋起反击，正和大鸟等人乒乒乓乓打得相持不下，忽然斜刺里喊声大振，枪子炮弹如雨点般打过来。原来大鸟圭介在开战前早已派遣部下泷川充太郎率领一支奇兵，

◇ 画家永岛孟斋描绘的箱馆战争锦绘

沿山路迂回前进，趁着新政府军全部注意力都集中在正面战场时，神不知鬼不觉地抄到了新政府军阵地侧翼发动了突然袭击，新政府军在敌方猛烈交叉火力打击下顿时崩溃，丢下大量武器弹药仓皇弃村而逃。大鸟率军乘胜追击，一口气夺取了大野村和大野村西边的文月村，阵斩敌军十一人，生擒三人，缴获军火粮食不计其数，己方却只有区区五人轻伤。大野、七重两村的陷落，使箱馆城门户大开，大鸟圭介在大野村集中了全部兵力，并会合了松冈四郎次郎和法国顾问布吕内带来的二百余名援军，挥兵南下，直扑箱馆城。同时，绕道鹿部的土方岁三队也是一路高歌猛进几乎畅行无阻，遇到的最大麻烦反而是沿途崎岖的山路和海边凛冽的寒风，从鹫之木出发还不到一周便打到了箱馆以东的汤之川，与从北方杀来的大鸟军会师，对箱馆形成了两面夹击之势。而榎本军的水师也派出回天、蟠龙二舰于十月二十五日到达箱馆近海，封锁了海路，只等榎本武扬一声令下，便发动总攻。

箱馆城位于虾夷南部，津轻海峡北岸，与下北半岛隔海而望，素来为幕府控制虾夷的要地，安政四年（1857）为了加强作为条约开港场所的箱馆城的防御，幕府将军德川家定亲自批准在箱馆城以北建造了著名堡垒五稜郭，庆应二年（1866）竣工落成后，幕府将箱馆奉行所从箱馆城迁入此地，此堡垒遂成为虾夷的行政中心。幕府垮台后，新政府的箱馆府知事也驻扎于此。这座由幕府著名洋学家武田斐三郎主持设计的巨型城堡占地约二十四万七千平方米，采用了当时最为先进的欧式稜堡防御工事设计，整体如一个大五角星形，以石垣覆土作为防护壁，外绕护城河，安有多处枪眼炮位，从任何一面进攻都将遭到守军两面交叉火力的打击，而外围又筑有权现、龟田、千代岱等多处炮台，可谓当时日本第一难攻不落的要塞。

大鸟、土方二将自然深知此节，所以也各自做好了啃硬骨头的心理准备。不料二十六日发动进攻时，对方居然鸦雀无声丝毫没反应，大鸟、土方两人小心翼翼地带兵跑到堡垒大门口张望，发现里面除了几个趁火打劫的地痞流氓外竟然半个武装人员都没有。找百姓问了才知道，那位清水谷知事老爷二十四日收到大野、七重两村失守的败报，唬得走了三魂丧了七魄，当夜就带了守兵逃出五稜郭，跑到箱馆港坐上雇来的英国商船往青森溜了号，把这座坚固堡垒和整个箱馆城就这么拱手送给了榎本军。既然清水谷知事老爷送上这份大礼，大鸟、土方自然却之不恭，老实不客气地收下，分兵把守城内各要隘，检点战利品，顺手又虏获了不知箱馆已经易手而糊里糊涂撞进港来的秋田藩军舰高雄丸。榎本武扬也乘坐旗舰开阳丸率领全军于十一月一日进驻五稜郭，放礼炮二十一响，宣告了对箱馆的占领。

◇ 法国顾问布吕内（Jules Brunet 1838—1911），法国阿尔萨斯人，陆军士官学校毕业，1866 年以炮兵上尉军衔担任法国对日军事顾问团副团长，负责训练幕府陆军传习队，箱馆战争后回国，一度受到军法审判，但很快复归军籍，普法战争后升任四十八旅团长，少将

这样一个结果实在是令人哭笑不得，因为当时的新政府军虽然连败数阵，但主力尚存，如果死守五稜郭坚城以待援，榎本军或许根本就无法在虾夷立足。所以连当时传习队队士渡边某也在手记《义团录》里说：“郭内设有橹屏，粮草弹药库存无数，二十四斤到五十斤的火炮备有十一门，若有五百人之兵，储粮谷弹药以据之，虽以六十州之兵来攻亦不可陷，以吾等不满三千之兵又岂能奈何之？然官兵不战而弃之，可谓侥幸。” 清水谷知事这一临阵脱逃的怯懦举动，使新政府军丧失了唯一可以阻止榎本军的机会，彻底将整个虾夷战局推入万劫不复的境地。

◇ 现在的北海道五稜郭公园照片

松前之战与箱馆政府的成立

箱馆的失陷与清水谷知事的逃亡，使得新政府在虾夷的行政中枢完全崩溃。剩下唯一阻碍榎本控制整个虾夷的便只有当地老牌地头蛇松前藩了。榎本军先是派去了使者，希望说服松前藩归顺，结果松前藩送回了使者的脑袋作为答复。榎本武扬气得七窍生烟，立即点起两路大兵，杀奔松前藩。正面由土方岁三为大将，率领彰义队、额兵队、冲锋队、炮兵队、工兵队和两名法国顾问等七百余人，沿海岸进发，直取松前城。松前藩方面在劈了榎本军使者之后，也料定对方不肯善罢甘休，所以早早在箱馆到松前路上的天险知内峠构筑工事设下炮垒，严阵以待。十月三十日，前来进攻的土方军与松前藩兵在知内爆发激战。虽说此次松前藩也是有备而来，但毕竟只是个蛮荒之地的外样小藩，藩兵的武器装备大多还是前膛盖贝尔和火绳枪，战斗力与洋枪洋炮武装到牙齿的额兵队冲锋队压根无法相比。所以不到一天便被土方打破了阵地，而十一月二日对榎本军辎重队的夜袭又以失败告终，只得全军向松前城北的要塞福岛撤退。

而在土方军出动同时，榎本军舰队蟠龙舰也自箱馆港开航，从海路开始进击，十一月一日，蟠龙首先侵入松前城下的福山湾，与松前城外各炮台进行激烈炮战，松前城虽然为防俄国入侵，筑有炮台十余处，但大多配备的只是和式旧炮，无论威力还是射程射速都惨不忍睹。而作为当年英国女王赠送给幕府将军的礼物，蟠龙舰却是名不虚传，虽然中了筑岛炮台的两发炮弹，但仍是越战越勇，在船长松冈磐吉指挥下四门十二磅炮火力全开，用专门破坏防御工事的爆裂弹把松前方面的炮台一一打成哑巴后优哉游哉地在敌方眼皮底下扬长而去。调头往北会合了前来增援的回天舰后，又开始炮轰屯扎在福岛、吉冈等地的松前兵阵地。刚刚在知内打败敌军，正向福岛进发的土方听见炮声，拔剑高喊道："不要让海军抢了头功啊！"率领全军全速突进，驻守福岛的一共只有四五百松前藩兵，其中大半还是刚刚从知内败下来的，已是惊弓之鸟，哪里还挡得住榎本军海陆两路的猛攻，被一顿暴菜打得焦头烂额，连丢了福岛、吉冈两处阵地。土方乘胜追击，在海军炮火掩护下，于十一月五日一鼓作气直取位于福山的松前藩老巢松前城。

◇ 土方岁三像

由于松前城是松前藩历代居城，守军已是退无可退，所以打得十分顽强，长枪短炮各种压箱底的玩意全拿了出来拼命抵抗。土方一面派彰义队对松前城正门进行佯攻，一面自己亲率额兵队与陆军队主攻侧门。守军也将城内唯一一门野战炮扛到侧门应敌，松前藩兵们采取打开城门就放炮，放完立即关上城门装弹的战术，一时给土方军造成了较大杀伤。但土方不愧是当年新选组的智囊副长，眼见形势不妙，眉头一皱，计上心来，当下招募死士二十余人，趁守军关门装弹的时候偷偷埋伏到了城门边上。守军给野炮装完弹药，打开大门刚想发射。土方军伏兵四起，对准门里举枪就轰。守军炮手当场就被打翻数人，其余的也一阵大乱，那批敢死队员们也不重新装弹，把枪一扔，拔出大刀就冲了进去。守军急忙想关门，可那门堵在门洞里的大炮这时却成了障碍物，城门一下子关不上。而土方岁三率领的主力部队却已经随后杀到，打破城门一拥而入，城中守军在巷战失利后，在城内放火做掩护，从后门往西边的地藏山方向突围，松前城就此宣告失陷。

土方率军在松前城经过几日休整后再度出击，根据情报显示，撤出松前城的松前藩兵已经逃往松前城以北的江差，榎本军仍分海陆两路追击。陆路还是由土

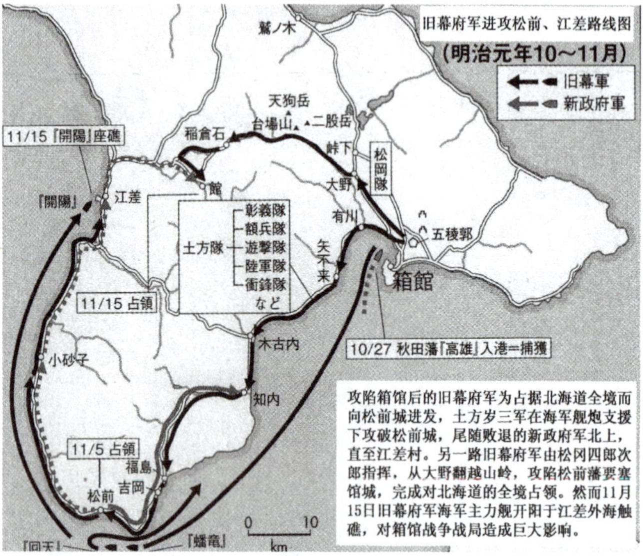

◇ 榎本军进攻松前、江差等地线路图

方率额兵队与冲锋队沿海岸线进军，而海路则由榎本亲自指挥的旗舰开阳丸替下了回天、蟠龙二舰，于十一月十四日夜从松前开航，前往江差。十五日，开阳丸首先到达江差，对岸上松前藩阵地连开数炮，但敌军阵地上已是空无一人，问了土人，才知没有海上优势的松前兵料守不住这座沿海小村，已经转移到内陆的熊石村去了，榎本一面派人上陆检点战利品，一面将船暂且停泊，以待土方的陆军。但是悲剧来了，当天夜里，榎本遇到了开航以来的第二次风暴，在猛烈的暴风下，庞然大物的开阳丸竟然连抛两锚都碇不住，被巨浪直接卷向岸边，狠狠地撞在了礁石上，船员们想尽了办法都无济于事，只得携带所有可以携带的武器装备坐小船登陆，眼睁睁地看着开阳丸姓陈名了到底。而赶来救援开阳的神速舰也在江差附近遇到了风暴，不但没把开阳捞出来，反而把自己搭了进去。神速作为运输船倒也罢了，而开阳丸是由幕府委托荷兰制造的最新锐战舰，排水量两千五百九十吨，备有三十四门大炮，一向是幕府海军的王牌，曾经参加过对萨摩藩的阿波冲海战，并运载过末代将军德川庆喜从大坂撤回江户，这样一艘在当时日本可谓天下无敌的战舰，竟然在攻打江差这么个无关紧要的地方莫名其妙沉没，就此改变了榎本舰队与新政府海军的力量对比，这对榎本军的士气是一个严重的打击。《义团录》中回忆道：“夫脱籍（者）之浮沉在开阳一舰，如今沉没，如失手足眼眸。若此舰尚存，虽有甲铁舰数十艘，因有可破彼之炮丸，亦不足忧也，何况如商舶之坏舰耶？”而榎本的部将，曾任开阳丸机关长的小杉雅之进也在回忆录《麦从录》中哀叹：“众人如失暗夜之灯。”

开阳丸是莫名其妙地完蛋了，但土方率领的榎本军陆军却是势如破竹，直接拿下了已是空城一座的江差。而另一路由一连队队长松冈四郎次郎率领的五个小队约二百余人兵力的别动队进展也非常顺利。这路人马十一月十日从箱馆出发，由大野方向取道二股口山路进军，目标是松前藩的重要堡垒馆城。馆城位于箱馆西北，当时由年轻的松前藩主松前德广亲自率军镇守，该地群山缭绕，易守难攻。松前兵在馆城以东的稻仓石设下关卡，并砍倒大树作为路障，阻碍敌军前进。馆城到大野大多为山路，极为险峻，据说每年十月到次年二月便积雪封山，无法行走。好在当年雪势不大，松冈一面指挥工兵逢山开道遇水迭桥，边清理道路边缓缓推进。一面派出军目付石井梅太郎和两个雇来的当地土民向导化装后前往稻仓石关卡侦察，不料这仨倒霉蛋在被卫兵盘查时太过紧张，竟然一不小心把手枪给掉了出来，结果一起被摘了脑壳。虽然如此，松冈军还是在十一月十二日顺利到达了稻仓石，当时守军早已筑好关卡工事，备下两门野战炮和两门臼炮严阵以待，似乎是固若金汤。但松冈到底是内行看门道，到阵前转了转便立即发现了破绽——关卡两边的山顶制高点上居然没有半个敌军把守！松冈立即率兵一口气爬上两面高山，居高临下跟打地鼠似的将敌军一一狙翻，只付出二人阵亡六人受伤的微小代价就轻松拿下了这个要隘。构筑防线居然不占领制高点这种可笑的低级错误完全暴露出了松前兵的拙劣战术素养。当时榎本军士官石川忠恕在回忆录《说梦录》里评价道：

◇ 榎本军攻破松前城的画像

◇ 莫名其妙毁于风暴的榎本军旗舰开阳丸

“敌若以洋法筑起胸壁，可自在施放大小炮，若左右之山亦置守兵，则我军无论如何亦难破之矣。”这个见地极为正确，所以后来新政府军进攻时，按此法防守的榎本军就给敌军造成了极大麻烦，这是后话。

稻仓石一破，馆城已经失去了最后的屏障，松冈率领全军倍道兼行，很快对馆城完成了合围。松前藩守兵数次出战皆不能取胜，只得全部龟缩入城防守。十一月十三日，松冈军开始了最后的总攻，兵分三路向馆城城门发动突击。残存的守兵二百余人在蛎崎武部和铃木折太郎的指挥下拼死抵抗，双方爆发激烈枪战，馆城笼罩在一片硝烟烈火之中。松冈军以壕沟为掩护，迅速向城墙逼近，差图役下役越智一朔冒着弹雨从城门下的缝隙钻进城去，从里面拔掉门闩打开了大门，其余人马发一声喊，争先恐后地奋勇杀入，与守军展开逐街逐屋的巷战。这时松前藩主松前德广早已经带着老婆孩子向熊石村落荒而逃，包括当年织田信长送的兼纲长枪、武田信玄送的备前兼光短刀和德川家康的亲笔信在内好多来不及带走的传家宝都叫榎本军卷了包。剩下的松前藩士们为了掩护藩主撤退无不死战，石川忠恕回忆说，当他们杀进正门时，敌方一个胖大和尚极为勇猛，右手举着把大刀，左手拿着块砧板当盾牌大吼着当先冲进榎本军阵中，手里的大刀舞得如风车一般，当即被他砍伤了四人。榎本军差图役黑泽正助与陆军奉行添役堀觉之助等拥上去围攻，好容易才把他击毙，后来才知此人是松前藩正义队队长三上超顺，原本是不知法花寺僧人，因为武艺高强所以被松前藩聘用。但几名勇士的奋战毕竟无法挽回城池失陷的命运，正门被攻破后，侧门也很快陷落，松前兵战死十八人，受伤无数，只得弃城追随藩主往熊石村逃去。

馆城的陷落使松前藩丧失了最后的据点，藩主松前德广再也没有了继续作战的意志和能力，只得带着家小和亲信家臣乘坐四艘运输舰离开虾夷逃往青森，或许因为把祖宗基业丢了个干净又气又伤心，这位原本身体就不佳的藩主到青森后就病势加重，没过多久干脆一命呜呼了，年仅二十五岁。剩下的松前藩兵大约四五百人于十一月十七日在熊石向榎本军缴械投降。十二月十五日，整个箱馆城张灯结彩，礼炮轰鸣，榎本武扬与手下彻夜欢饮，庆祝虾夷全岛平定，并着手建立政权。按照西式习俗，由士官投票选举了政府领导班子。计票结果榎本武扬高票当选为总裁；旧幕臣松平太郎当选副总裁；原幕府海军将领荒井郁之助当选海军奉行；在平定虾夷战斗中功勋卓著的大鸟圭介和土方岁三当选为陆军奉行与陆军奉行并；原幕府若年寄，能吏永井尚志为箱馆奉行；而猛将人见胜太郎和松冈四郎次郎则分别担任松前奉行和江差奉行，镇守这二处要地，

◇ 榎本军部分要员及法国顾问团合影，前排左起炮兵队头取细谷安太郎、法国顾问团副团长布吕内上尉、箱馆政府副总裁松平太郎、翻译官田岛应亲。后排左起安德烈·卡兹诺夫、约翰·马尔兰、福岛时之助、亚瑟·佛当

◇ 虾夷共和国要员合影，后排左起开阳丸机关长小杉雅之进、会计奉行榎本对马、开阳丸士官林董、蟠龙丸舰长松冈磐吉，前排左起海军奉行荒井郁之助、总裁榎本武扬

其余各要职也各有分配。箱馆政府——这一戊辰战争中最后一个与明治新政府分庭抗礼的势力，就此耸立在了虾夷的冰天雪地之中。

而新政府方面，自十一月一日接到清水谷知事败往青森的报告后，深感事态严重，立即对福山、大野、弘前三藩下达动员令，命三藩兵马会同随清水谷知事撤回本州的部分松前藩兵把守青森附近的各处战略要地，严防榎本军乘势南下袭击本州东北地区。并任命长州藩士山田市之允为陆奥青森口陆军参谋，率领长州藩兵一千三百人从秋田出发，星夜赶往青森增援。这时虾夷战事仍酣，松前藩在榎本海陆军猛攻之下已是岌岌可危，求援信如雪片般飞往青森。但镇守青森的弘前、秋田两藩一是未得上峰指示，不敢轻动；二是兵微将寡，也是有心无力。山田倒是颇讲义气，一到地方看了求援报告，当即拍板开始组织救援队，但毕竟为时已晚，援军最好的登陆地点松前城已于十一月十三日陷落，沿海的新政府军据点只剩下离本州既远又同样朝不保夕的江差，如果勉强派兵增援，搞不好会落入无处立足的窘境。山田召集秋田、弘前等藩的重臣开了好几次诸葛亮会，仍是无计可施，结果没过两天，江差和馆城相继失陷的消息连同狼狈跑路的松前德广一起到了青森，派援兵之事就此不了了之。

局外中立的撤废与甲铁舰回收问题

当时京都朝廷各路大员对于如何应对虾夷局势也已经吵得沸反盈天，不少人认为虾夷一陷，若榎本武扬等乘胜跨海南下，进取津轻，那么奥羽越列藩同盟的余党必然蜂起响应，刚刚平定的东北局势只怕得一夜回到解放前，所以主张趁敌方立足未稳，立即发大兵征讨，把箱馆政府掐死在襁褓之中。但新政府方面的军事专家，军务官大村益次郎却力排众议，否决了立即进兵征讨的意见。按照日本修史局记录记载，大村认为：“今官军已会青森，对贼呈隔海对垒之势，贼兵不知敌军多少，必然日夜戒严以备其来袭，安有窥内地之暇哉？彼漂泊凛寒穷阴之地，欲战不得，欲进不敢，时值严冬，或不服水土，或不惯天候，或罹疾病，或思归乡。且贼素乏资粮，虽占虾夷，久必困穷，如此以待来春则士气必衰。而我发大舰，调生兵，以会青森。则后来者必欲一战建功以压前军，而前军耻久屯无功，必相竞奋战，如此则一举以破贼，是万全之策也。”诚然，大村的观点确实是切中要害，榎本军新得虾夷，士气正盛，且当时又值严冬，天候恶劣，与其跑去冰冻三尺的虾夷陪对方喝西北风，还不如等到来年春暖再作计较。但除此之外，另一件重要的事情也正令新政府焦头烂额，若不将其彻底搞定，北伐箱馆更是难有十成胜算，那就是收回甲铁舰问题。

◇ 新政府青森口陆军参谋山田市之允（1844-1892），名显义，长州藩士，陆军中将。曾任长州藩御楯队军监，参加下关攘夷战争、功山寺举兵，鸟羽伏见之战后作为新政府军将领活跃于戊辰战争。维新后历任兵部大丞、东京镇台司令长官、司法大臣等要职，封伯爵

甲铁舰后名东舰，由法国波尔多造船厂建造，该舰全长六十米，排水量一千三百五十八吨，备有一门三百磅和两门七十磅前装阿姆斯特朗滑膛炮，最恐怖的是全舰外侧直到吃水线下一点二米都裹有钢板，最厚处钢板厚达一百二十五毫米，可谓能攻善守的海上无敌堡垒。这艘船1865年完全竣工后，几经转手卖给了美国政府，取名石墙（Stonewall）号。庆应三年（1867）幕府使节小野友五郎在访问美国时一眼看中了这艘战舰，向美国政府提出购买并得到同意，但等到次年四月一日美国方面把甲铁舰开进横滨准备交货时，戊辰战争已经爆发。英国、美国、荷兰、普鲁士、意大利、法国六国公使宣布对日本内战采取“局外中立”政策，按照局外中立原则，各外国政府不得对双方交战团体出售武装、船舶、军

◇ 甲铁舰照片

需等物品。明治新政府由于当时的海军力量基本是个空架子，从旧幕府舰队只接收到了几艘旧船且一半都是坏的，所以希望能够着速将甲铁舰掌握在手中，以支援当时正与奥羽越列藩同盟如火如荼的战争，故派出代表会见美国驻日公使罗伯特·冯·瓦尔肯波格，请求将甲铁舰交付给已代替德川幕府成为日本合法政府的明治新政府方面。其实此时甲铁舰的购买手续早已办完，美国方面只是替日本把船开过来而已，并非“出售”，且德川幕府当时因为将军庆喜宣布大政奉还，从法理上早已不存在了，按理接收并不存在问题。但这位瓦尔肯波格公使因为素来对幕府抱有好感，且据说和榎本武扬又有私交，故此虽然美国国务卿休瓦特给他的训令是此舰事宜你可便宜行事，他却故意放刁，拿了局外中立做挡箭牌，把甲铁舰就是扣下不给。原本新政府方面对于列强局外中立政策不但没有异议，还暗中支持，因为德川幕府作为日本的实际执政政权，幕末时期大部分外交事务都由它经手，所以比起新店开张的京都朝廷新政府更有获得外国——特别是一向与幕府关系密切的法国——援助的希望。但直到这时候，新政府才发现这玩意反把自己给套了进去，无奈之下，只有派神奈川裁判所总督东久世通禧致信六国公使，表示德川家已经投降，希望能撤销局外中立。但被一口回绝，洋大人们的理由振振有词——德川家是投降了，奥羽越列藩同盟不还是正和你干仗么？按照国际惯例，只要你们国内有交战团体存在，俺们的局外中立就仍然有效。

这下新政府哑巴吃黄连有苦说不出，只得加紧对奥羽越列藩同盟的攻势，终于于九月二十二日拿下了会津若松城，结束了东北的战争。十月二十五日，外国官知事伊达宗城、副知事东久世通禧致信六国公使，通报了奥羽平定的消息，并再次请求撤销局外中立。原本新政府算是守得云开见月明，不料一波未平一波又起，就在十月二十五日当天，箱馆城被榎本军攻陷，且深通国际法的榎本抢先一着，在箱馆招待了当时驻留箱馆的各外国领事，并公布一份声明书，书中声称“（我等）并非反贼盗匪，乃有武装防卫权之交战团体也”，这下新政府方面顿时头大如斗，若榎本军被洋人们承认为交战团体，那局外中立状态还得继续保持下去，甲铁号回收便遥遥无期，但更要命的是，奥羽越列藩同盟好歹还在本州岛上，海路没优势还能指望走陆路去收拾它。而榎本军占领的虾夷，和本州隔了个津轻海峡，要去攻打的话必须先确保制海权，但要抗衡拥有开阳舰这样海上怪物的榎本海军，眼下也只有收回甲铁号这华山一条路了。

等到十一月十七日的虾夷彻底失陷，新政府方面算是被逼上了梁山，十一月二十二日与二十三日，明治天皇在江户亲自接见了六国公使，争取六国对明治新政府承认。二十七日，辅相岩仓具视先会见了英国公使帕克斯，十二月三日又在横滨与六国公使举行会谈，在两次会谈中岩仓极力否认榎本军的交战团体权，将他们指斥为海盗和叛贼，敦促六国政府立即撤销局外中立，甚至连“若维护局外中立，乃是将海贼一派与天皇政府置于同一水准，此绝非友好国代表所应为之事也”这样的狠话都放了出来。但饶是岩仓唾沫横飞讲得口干舌燥，洋大人们始终意见不一，英法荷三国公使主张不承认榎本军的交战团体权，同意结束局外中立。但美普意三国公使反对，六国公使打成了三比三，所以各国代表车轱辘会开了近一个星期，仍然是议而不决。眼看都快到年底了，岩仓急得像热锅上的蚂蚁，屡次催促，各国代表也感到事情不能老拖下去，于是一面对新政府方面以尚需时日以待研究为借口挡驾，一面暗中等待之前派往箱馆一探虚实的英国军舰萨特利特号和法国军舰威尼斯号的回报，根据榎本军实际情况再作定夺。

◇ 美国驻日公使瓦尔肯波格（Robert B. Van Valkenburgh 1821—1888），纽约人，共和党员，曾参加南北战争，1861—1865 年任国会议员，次年就任美国驻日公使，任满回国后任佛罗里达最高法院法官

明治元年（1868）十二月二十六日，经过近一个月实地调查的萨特利特号和威尼斯号返回横滨，带回了英国驻箱馆领事尤斯丁的虾夷情况调查

报告，这份调查报告对箱馆政府非常不利，根据报告显示，箱馆政府武器、弹药与钱粮极度缺乏，只得向当地居民进行竭泽而渔式的拉夫征税，但虾夷荒僻之地，人丁稀少产业落后，即便是再怎么刮地皮也难以维持。且由于战争，箱馆港的各国商人纷纷撤离，贸易陷于停顿状态，各种物资补给来源断绝，虾夷各地物价飞涨，人心惶惶，“现在保持的只不过表面的平静而已”。当然，尤斯丁作为一直力挺新政府的英国领事，其报告或有夸大其词的部分在内，不过箱馆政府方面缺粮少弹，且无处补给的现实是不容否认的，在损失开阳丸，海军优势已荡然无存的情况下，以虾夷一荒岛对抗整个日本，从战略上来讲也是实无胜算。于是各国公使根据此份报告书及其他各渠道的情报综合考虑，决定抛弃箱馆政府，拒绝承认其交战团体权，正式取消局外中立。这次连一向力挺榎本的美国公使也无异议了，扬基佬毕竟还是比较现实，个人感情归个人感情，但为了一个注定要完蛋的箱馆政府而去开罪将来是全日本合法政权的明治新政府这种蠢事还是干不出来的。两天后的十二月二十八日，六国公使正式发布通告，宣布由于日本内战已经结束，局外中立正式撤废，新政府方面也终于如愿以偿地接收甲铁舰，拥有了与箱馆政府在海上一较短长的实力。

宫古湾大海战

甲铁舰的入手与开阳丸的沉没，使明治新政府与箱馆政府的海上实力对比顿时发生了逆转，这使新政府对虾夷的征伐的条件开始成熟，大队兵马遂源源不断开始向东北方向开拔。到明治二年（1869）二月中旬，在本州东北沿海的青森、平馆、奥内等地已经集结了包括长州、松前、备前、水户等藩总共六千三百余人的军队，清水谷公考受任为青森口总督之职，长州藩士山田市之允、萨摩藩士黑田了介、肥后藩士增田虎之助等为海陆军参谋，统一指挥各藩兵马。全军个个摩拳擦掌，只等海军舰船一到，便立即北上攻打虾夷。而海军方面，新政府也迅速发布动员令，向麾下各藩调兵遣将，编成了拥有以甲铁为首，总共四艘战舰（甲铁、阳春、春日、丁卯）和四艘运输舰（飞龙、丰安、戊辰、晨风）的庞大舰队，由军务官判事增田虎之助率领，于三月九日自品川出发，二十一日左右全舰队进入本州东北海岸的宫古湾，由于天气不佳，暂且在港内避风，等待适合进军的时机。

新政府海军进发的消息很快由探子传回了箱馆，榎本武扬召集部下商议对策，如今开阳舰已失，要正面与拥有甲铁舰的新政府海军对抗基本是死路一条，但如果放手不管，等敌军海陆两军会师，则可利用海军优势，轻易对虾夷任何沿海地点发动登陆作战，箱馆政府的覆亡也只是时间问题。打不过，又不能不打，这个严峻的问题使榎本和他的部下犯了难，正面面相觑无计可施时，原开阳舰舰长，榎本军中的海军专家甲贺源吾却突然福至心灵，提出了一个大胆的计划。甲贺认为，既然正面与新政府海军交战并无胜算，那只有靠奇袭取胜，趁现在敌军舰队正在宫古湾停靠，可以依靠现有的海军对其发动突袭，设法一气夺取或击毁威胁最大的甲铁舰。榎本与麾下诸将及法国顾问商议后，认为最好的防守确实还是进攻，现在既然别无他法，那么这个计划是唯一的选择，于是决定接受甲贺的提案，开始组织奇袭舰队。舰队由战斗力仅次于开阳的箱馆政府主力舰回天为旗舰，率领蟠龙与高雄二舰出击，先挂外国旗以迷惑对方，混进宫古湾后由搭载陆战队的蟠龙、高雄二舰夹击甲铁，与其进行接舷战，尽量将其捕获。而拥有十九门大炮的回天负责掩护，击退其他新政府海军舰船的阻挠，如果能顺利夺下甲铁，那箱馆政府海军实力将再一次凌驾于明治新政府之上，新政府的登陆计划必然流产。这可以说是决定箱馆政府命运的一场赌博，幸运之神是否会眷顾这些已是日暮途穷的流亡者们呢？

明治二年（1869）三月二十日深夜，奇袭舰队从箱馆出航，舰队由海军奉行荒井郁之助亲自指挥，陆军奉行并土方岁三率领神木队、新选组等也搭乘旗舰回天一同出击，而彰义队、游击队一部搭乘蟠龙、高雄二舰，负责接舷战斗。二十二日，舰队进入八户郊外的鲛港，根据派出的探子递回的情报，新政府军舰队正在宫古湾港内停留，他们对于箱馆政府的偷袭计划似乎毫无察觉，不但诸舰停靠的位置乱七八糟，甚至部分士兵已经上岸寻欢作乐去了，舰上只留下了一些水手看船。荒井觉得机不可失，立即下令全舰队迅速南下，急袭宫古湾。但是，开航的第二天，箱馆政府舰队再一次遇到了风暴，蟠龙号被吹得不知去向，而高雄号的机器也出了严重故障，根本无法跟上回天的航速。荒井等这下傻

◇ 新政府军参谋黑田了介（1840—1900），名清隆，萨摩藩士，陆军中将。维新后历任开拓使长官、农商务大臣，1888 年任内阁总理大臣

◇ 回天舰长甲贺源吾像

了眼，有人提出取消作战，但回天舰长甲贺源吾和法国顾问尼哥尔认为敌军现在正是麻痹大意之时，如果失去了这次千载难逢的良机，下次就再不可能有挽回战局的机会，所以主张就靠回天一舰进行突袭。荒井想想反正也已无退路，决定还是拼死一搏。

二十五日凌晨，挂着美国国旗的回天成功混进了宫古湾，悄悄向停在港内的甲铁靠近，等到距离接近后，突然降下美国旗，换上箱馆政府的日章旗，同时瞄准甲铁舰猛烈开炮。当时新政府军舰队水兵们还在蒙头大睡，哪里想得到敌人会千里迢迢跑来偷袭，许多军舰连锅炉都没烧热，顿时乱成一团。回天舰迅速加大马力，冲向甲铁，准备接舷，但这时候却发现了一个无法解决的大问题。由于回天舰的舰身左右各有一个驱动用的巨大外轮，实际上无法和敌舰并排接舷，而原本用来接舷战的高雄蟠龙二舰又已经无法指望，所以只能靠船头去接甲铁舰的甲板，但甲铁舰的设计非常特殊——甲板极低，与回天高昂的船首一接，竟然出现了近三米的高度落差，这给抢登敌船造成了巨大麻烦。不过事已至此，只有硬着头皮上了。随着司令荒井郁之助一声高喊“冲啊”，海军士官大冢波次郎一马当先，不顾近两层楼的高度差对准甲铁舰甲板飞身一跃而下，彰义队士加藤作太郎、伊藤弥七，新选组队士野村利三郎等随后一拥而上抢登敌船，与甲铁舰水兵展开激烈肉搏，甲铁舰上顿时枪声大作，刀光剑影，杀得不可开交。其余新政府军战舰虽然想来救援，但因为回天舰与甲铁舰紧靠在一起，所以怕误伤友舰而不敢开炮，只能用步枪攻击。而回天舰十九门大炮火力全开，对新政府军舰队尽情倾泻炮火。离回天最近的新政府军运输舰戊辰丸被轰成重伤，无法继续作战，后来只能运载伤员退回了品川。

虽然回天舰一时抵挡住了其余新政府军舰的攻击，但接舷战却进行得极其不顺，狭窄的舰首和两舰间三米的落差使得陆战队兵力无法及时展开，而新政府军方面以房舱为工事，从舱门和窗户内向甲板上毫无遮蔽的箱馆军突击队员开枪射击，并且祭出了当时搭载在船上的一件大杀器——加特林炮。这玩意安装有六个枪管，可轮流开火，是机关枪发明以前火力最强的陆军武器。每分钟发射的一百五十发以上子弹将冲上甲板的突击队员们纷纷撕成碎片，箱馆军在其猛烈的扫射下伤亡极其惨重，大冢、野村等先后战死，法国顾问尼哥尔大腿中了一枪，也被担架抬了下去。回天舰长甲贺源吾却是极其英勇，虽然手腕和腿部中弹，但仍不下火线，站在高处坚持指挥作战，结果被一发子弹击穿了头部，当场阵亡。司令官荒井郁之助眼见己方损兵折将，夺取作战已无法成功，只得下令回天调头向北撤退。甲铁、春日等舰随后追来，虽然没赶上回天，但截住了姗姗来迟的高雄舰。

二十六日，回天与在路上遇到了的蟠龙舰一起撤回箱馆，宫古湾奇袭战以箱馆政府方面的失败而告终。此战前后不过短短三十分钟，箱馆政府舰队战死十九人，受伤三十余人，新政府方面死亡十二人，受伤及失踪者亦有数十人，虽然可谓惨烈，但笔者认为，作战计划本身并非全无胜算，从新政府军遭受突袭时的手足无措表现看，在海军军事素质方面确实是经过荷兰法国等专业训练的箱馆政府军更有优势，但最关键的接弦战竟然由于两艘负责接弦的战舰再次遇到风暴而功亏一篑。对此笔者曾略作计算，榎本军自从离开品川起，包括旗舰开阳在内直接或间接丧失于风暴的船只达到六艘之多，日本海域固然多风，但几乎每逢重大军事活动都必遇风暴那也只能叹一声榎本先生命苦不能怨政府了。

宫古海战既败，箱馆政府依靠海军御敌于国门之外的策略也成了泡影，虾夷遭到新政府军的全力进攻只是时间问题，在不知道新政府军具体登陆地点的情况下，箱馆政府方面只得分兵驻守各主要据点。按照榎本武扬的部署，海军剩余的回天、蟠龙、千代田形三艘战舰在箱馆港附近日夜巡逻以备敌军直接攻击箱馆，陆军方面三百余名最精锐的传习步兵队被派遣防守从有川到知内的南部海岸线，游击队、陆军队、炮兵队总

◇ 宫古湾海战复原图

◇ 旧幕府海军千代田形舰

共四百余人把守松前城，西部沿海的江差、室兰两地各驻扎二百五十余人。而东部海岸要地鹫之木，也就是榎本军当时自己登陆的地点则派驻冲锋队、炮兵队为主的一百余人防守。传习士官队与新选组合兵共三百余人驻守箱馆城，而榎本武扬亲自率领彰义队、神木队、炮兵队等总共精兵七百余人坐镇老巢五稜郭。在这山雨欲来风满楼的形势下，箱馆政府的各要员们个个绷紧了神经，惶惶不可终日，只不知这场暴风雨最终将在哪里发生。

新政府的虾夷征服与箱馆战争的结束

明治二年（1869）四月八日，箱馆政府方面接到急报，发现敌军登陆迹象，而登陆地点出乎所有人的意料，既不是箱馆政府的行政中枢箱馆城，也不是离本州岛最近的据点松前城，而是在虾夷西北海岸，比江差还要靠北的乙部。新政府军第一军约两千余人在海军参谋山田市之允的亲自指挥下搭乘八艘军舰和数艘运输舰以迅雷不及掩耳之势夺取乙部，轻松击退了前来阻截的三小队箱馆政府军，而第二、第三军也在数日后陆续登陆，总兵力迅速膨胀到了六千余人。关于这场巧妙而成功的登陆战，双方大将榎本武扬和黑田了介曾在战后有过如此的对话。

黑田：子揣官军当从何地上陆？

榎本：必由吉冈，然官军竟自乙部上陆，何也？

黑田：官军众而子军寡，我兵纵丧百人亦可补足，而子兵丧一人则减一人，故我必不肯履险也。唯徐徐鼓行，制全局之胜耳。

这段对话充分说明了新政府军方面的战略意图，如果直接在接近南部要地松前城的吉冈登陆，虽然直线距离确实比较接近，但必然会遭到箱馆政府海陆军主力的猛烈抵抗，甚至有被从箱馆和松前两路而来的敌军前后夹击的危险，在单兵战斗力未必占优的情况下，胜负实难预料。而跑到鸟不拉屎的乙部去登陆，虽然看似绕了个大圈子，但由于并非敌军防守重点，登陆成功几率大大增加，只要新政府军能在虾夷获得立足点，那么兵力、军火和补给就能源源不断地向前线输送。而且乙部村虽然荒僻，却是虾夷北部的交通要枢，由此只要南下拿下江差，就可从二股口、木谷内口和松前口三路威胁箱馆。到时候全军只需由这三个口子慢慢向前平推，将敌军拖入消耗战，那么只有虾夷一荒岛的箱馆政府是绝对耗不过坐拥整个日本国的明治新政府的，一旦任何一个口子不慎决口，箱馆失陷就只是时间问题而已了。总而言之一句话，哪怕不打死你，耗也耗死你。

四月十日，成功登陆的新政府军从乙部挥兵南下攻打江差。海军五艘军舰同时出动，猛烈炮击江差的箱馆军阵地，箱馆方面虽然之前已经开始在江差海岸修筑炮台，但当时仍未落成，部分炮位甚至还未安上大炮，其余炮位也没有安装射程远命中度高的线膛炮。于是新政府军战舰舒适地在敌炮火射程外将箱馆军的阵地轰成了一片废墟。夺取江差后，新政府军兵分三路大举推进，第一路萨摩、长州、备后藩兵六百余人取道木间内东进，计划翻越天狗岳经二股口、大野村向箱馆进发，这一路路线基本与当初松冈四郎次郎攻打馆城相同。第二路由长州、福山、

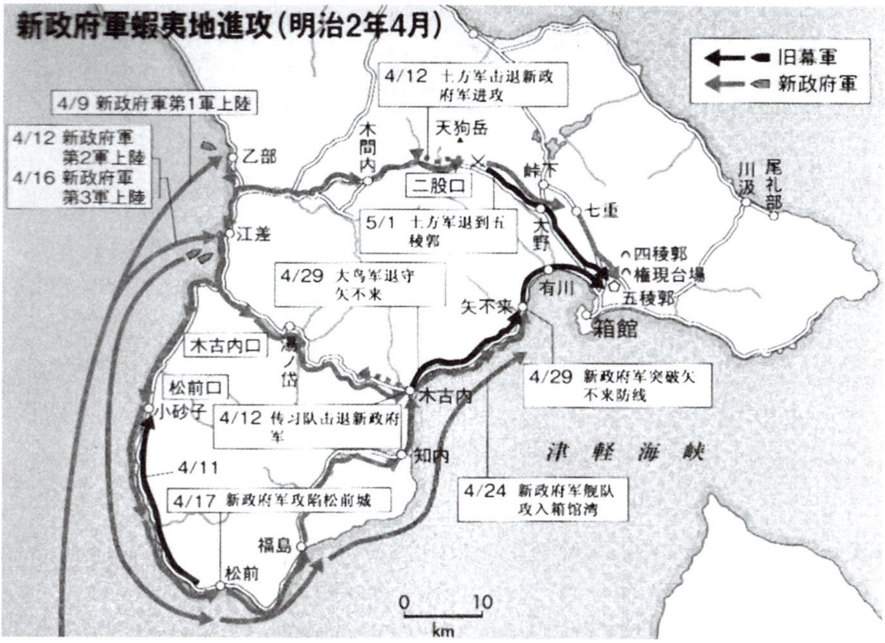

◇ 新政府军进攻箱馆路线图

◇ 画家落合芳畿描绘的伊庭八郎画像。伊庭曾任幕府大御番士与讲武所剑术教头，在对抗新政府东征军时失去左手，遂成为独臂剑客

大野、松前、弘前藩兵翻越汤之岱，斜插往虾夷南海岸要地木古内，对松前的敌军挥出一记左勾拳。第三路则由长州、弘前、松前、水户、德山等藩兵组成的主力部队沿海岸南下，在海军的配合下进攻松前城。而箱馆政府方面在终于摸清敌军动向之后，也相应调整部署，陆军奉行并土方岁三率领冲锋队、传习队各二小队从箱馆出发，越过大野村北上扼守二股口天险，对阵新政府第一路军。大鸟圭介、本多幸七郎等率领传习队四小队驰援木古内，抵挡新政府第二路军。而原松前城守军则北上出击，迎击新政府第三路军。

四月十一日，战斗首先在松前城以北的札前村爆发，以游击队为主力的箱馆政府军在松冈四郎次郎率领下对屯扎在札前村的约二小队半松前藩兵发动猛攻。外号小天狗的游击队队长伊庭八郎当先冲入敌阵，一柄长剑使得风雨不透，敌兵几乎无人能在这位心形刀流绝顶高手前走上三个回合。其余箱馆军在四斤线膛炮的火力掩护下一齐杀入敌阵，松前兵一如既往地不堪一击，很快就开始崩溃，向茂草，赤神等村逃散。箱馆军乘胜连夜追击，连战连捷，驻守茂草、赤神等地的长州、水户藩兵也立脚不住，放火烧毁阵地后向北撤退。箱馆军一口气打到了小砂子村以南的江良町，此战新政府军惨败，死伤据说高达一百余人，着着实实挨了当头一闷棍。幸好敌军因为木古内、二股口两路遭袭，亦不敢穷追，鸣金收兵而去。

次日，二股口、木古内两路也爆发激战。二股口方向新政府军虽然旗开得胜，箱馆军三处前沿壁垒都被攻破，天狗岳失守，但土方岁三早已在二股口的要害之处台场山构筑好包括大炮台和十六处胸墙的坚固防御阵地，该阵地选择的地势极其险要，因为台场山本身标高便有一百九十三米，且从西边的来路只有一条羊肠小道，左侧是高岭绝壁，右侧是悬崖深谷，进攻方根本没法展开兵力。四小队箱馆军依托防御工事对挤在小路上的新政府军轮番排枪齐射，打得敌军人仰马翻，当天爆豆般的枪声在二股口响了整整十六个小时，强攻不成的新政府军最终被迫撤退。此战据说光是土方岁三方面便耗费弹药三万五千余发，可见枪战之激烈。

◇ 古屋佐久左卫门诞生地

同日，大鸟圭介、星恂太郎也率军自木古内出发，与新政府军前锋接战，由于新政府军已抢先占据有利地形，大鸟当机立断率军回撤，退守木古内村，以引蛇出洞。果然，十四日早八时，新政府军自知内道来攻木古内村，守军吹起集合号，迅速出动迎击。星恂太郎率领额兵队首先进入村外山上早已构筑好的工事，居高临下向敌军猛烈开火，传习步兵队则沿河岸摆开散兵线，双方激战约一小时，新政府军仍是无法攻破占据地利的箱馆军阵地，反而被传习步兵队及赶来增援的彰义队打败，向汤之岱方向退去，亏得当日一场大雾阻挡住了敌军的追击，所以损失并不惨重，算是不幸中的大幸。

三路进攻都碰了钉子的新政府军只得收缩防线，以待援兵。而新政府方面援兵未到，箱馆政府军方面却出乎意料地得到了一支生力军的增援，原来之前三月时东北地区不知道哪里出来了流言，说原奥羽越列藩同盟盟主仙台藩有一批佐幕派妄图谋反，于是新政府方面派大纳言久我建通前去调查，这事原本不过是桩街头巷尾路边社新闻，新政府方面也未必当真。不料仙台藩主伊达庆邦却先吓破了胆，以为京都方面要借此机会收拾他来了，居然不管三七二十一把藩内当时抗战派玉虫左太夫、若生文十郎等七名重臣统统砍了脑袋，当作“反贼”送给久我大纳言顶缸。但这下原本就不信任新政府的仙台藩抗战派炸了营，以为秋后算账来了，立马揭竿而起，啸聚了四百多人，号称见国队，雇了英国船于四月十三日逃到箱馆。榎本正愁前线吃紧兵力不敷使用，来了这批带枪投靠的生力军直如天上掉馅饼，赶忙派往前线加强防守。

四月十六日，新政府军望穿秋水的第三军终于在参谋黑田了介的率领下于江

◇ 法国顾问卡兹诺夫（Andre Cazeneuve）

差登陆，得到增援的新政府军方面开始重新组织进攻，由于二股口、木古内口方面敌军已经占据有利地形，强攻天险实在是得不偿失，所以决定这两路暂缓攻势，而主要突破口放在松前口方向。因为这路地形一马平川，敌军无险可守，且由于沿海岸行军，可以得到海军的有力支援。四月十七日，新政府军在松前口一路再次发动攻势，这次除了陆军外，还出动海军包括甲铁舰在内的五艘战舰，水陆并进，在夺取清部、江良等松前守军外围据点后，直薄松前城下，海军甲铁、春日、朝阳等舰排炮齐鸣，开花弹如雨点般向城内砸去，松前城城下町顿时火光冲天，立石的炮台也被很快轰平，这时箱馆政府海军力不足的劣势显露无遗，守军面对对方的舰炮轰击几乎是束手无策，真正亲身体验了一把去年松前藩吃的苦头，最后只得弃城而逃。新政府海军舰队随后赶来，一路跟在敌军屁股后头穷追猛打，箱馆军招架不住，连弃福岛、吉冈等多处海岸要地，一口气退到了知内方才依托天险和海军的掩护勉强站住了脚跟。此战箱馆军损失极其惨重，陆军奉行添役唯内二郎、一联队差图役头取杉山敬次郎等数十名精兵猛将战死，包括法国顾问卡兹诺夫在内大批人员负伤。而新政府军方面则一扫连战连败的阴影，开始转入主动。

二十日，得知松前口大胜的新政府木古内口方面军也不甘示弱，以福山藩兵与大野藩兵各一个中队为中路，而萨摩、长州藩兵各一小队为左右翼再次对木古内发动袭击。早五时，萨摩兵趁着大雾偷偷摸到箱馆军阵地前，杀死了哨兵，一口气连破数垒。木古内守军约四五百人急忙来援，但这次新政府军已抢得先手，三路夹攻，箱馆政府军抵敌不住，游击队长伊庭八郎被流弹击成重伤，后来伤重自尽而死，年仅二十六岁。其余将士伤亡甚重，新政府军乘胜进逼，攻入木古内村。离胜利似乎已经只有一步之遥了，但正在这节骨眼上，突然背后喊声大振，一彪军马杀出。原来松前、江差等地败下来的箱馆军刚到知内，屁股还没坐稳，就得报木古内危急，木古内一失，知内守军便有后路被切断的危险。于是一咬牙一跺脚，干脆弃了知内，挥兵回援，结果却正好把打进木古内村的新政府军给包了饺子。被前后夹击的新政府军眼睁睁看着煮熟的鸭子飞了去，只得垂头丧气地打道回府。两路箱馆军在木古内合兵一处，又接着了赶来增援的大鸟圭介等人，诸将召开军议，会上大鸟认为敌军虽然已暂退，但松前、知内既失，木古内两路受敌，终不能保，不如东撤到矢不来，在海军支援下与敌决战，余人皆无异议，于是全军连夜撤出木古内，退守矢不来。

而新政府军则完全不给敌方喘息的机会，四月二十四日清晨，新政府海军八艘军舰一齐杀入箱馆港，与箱馆军海军及沿岸炮台展开炮战，打到下午三时方退，互相交换了近两千发炮弹。二十九日，新政府军再次集结全部海陆军主力对矢不来发动总攻。矢不来是箱馆城外的最后一道防线，如果一破，箱馆就将直接暴露在攻击范围之内，所以大鸟圭介在矢不来也集中了所有精锐，包括彰义队、神木队、游击队、冲锋队、传习队等四百六十余名士兵和四门大炮，各处要地都筑下防御工事。新政府方面鉴于和传习队冲锋队比起来自己的部队打纯陆战实在是不给力（事实上基本没赢几仗），于是故技重施，仍以甲铁、春日、朝阳等五艘战舰为先锋，向箱馆军沿岸阵地与炮台开火，猛烈的炮火轰击打得箱馆军根本抬不起头来，根据大鸟圭介本人回忆说："敌舰弹下如雨，或落入谷中，或轰倒大树，或炸碎胸墙，尘土四散，其势甚猛。"防守海岸的箱馆军大将天野新太郎被一炮炸得粉身碎骨，其余士兵顿时大溃，大鸟大声喝骂但仍是拦阻不住，只得率军后退。新政府陆军

◇ 五稜郭箱馆政府本阵古照片

乘势从沿海和山路分头杀来，连夺两道防御工事，一直追到矢不来以东的有川，箱馆军冲锋队大将永井蠖伸斋战死，弹药武器丢弃无数，幸亏榎本武扬派来的冲锋队二小队和杜陵队一小队士兵及时赶到接应，才避免了全军覆没的下场，缓缓往箱馆方向退去。

矢不来陷落后，新政府军对箱馆已成兵临城下之势，当时箱馆军唯一尚能防守的只有二股口一路。二股口总帅土方岁三自四月十二日以来，屡次与来攻敌军交战，却一直稳稳地守住阵地不失，最激烈的一战是在四月二十三日，当时新政府军组织敢死队对箱馆军阵地发动轮番突袭，土方指挥守军依托胸墙死守，子弹如雨点般向敌军泼洒而去，双方洋枪大炮互相轰了三天两夜连个中场休息都没有，据说箱馆军方面平均每名士兵打掉上千发子弹，打到最后枪管都发烫手里根本拿不住，土方岁三急中生智，派人去打了几桶冰水，枪发烫了就扔进去冷却，冷却完了捞出来再放，新政府军在对方猛烈火力阻击下始终无法前进一步。而五棱郭方面得到二股口吃紧的报告后，立即又派遣泷川充太郎率领二小队传习队士兵来援，土方乘势发动反攻，混战中新政府军军监驹井政五郎中弹战死，余众只得退去。在这几场大战中，土方岁三用骄人的战绩，证明了他不只是当年新选组的一介剑客，而且已经成长为一名优秀的近代军事指挥官，正如新选组队士石井勇次郎在回忆录《戊辰战争见闻略记》中所评价的“敌虽屡攻，我军得其地利，且土方君为将能随机应变而努力防之”，“能以寡敌众而不动者，土方君之力也”。然而，由于矢不来失守，土方军腹背受敌，无奈之下也只好撤回了五稜郭。

明治二年（1869）五月，夺取了二股口的新政府两路大军会师于箱馆平原，以怒涛之势对箱馆政府最后的老巢箱馆城及五稜郭发动了总攻。而已经陷入绝境的榎本武扬则率领残部背城死守，决心以这场最后的抵抗来证明对德川家的忠诚。五月四日，新政府海军主力当先攻入箱馆湾，箱馆政府海军回天、蟠龙、千代田形三舰齐出，配合弁天炮台迎敌。不料新政府方面早已收买了内奸，将弁天炮台的几门重炮都钉死了火门，新政府海军趁着箱馆军炮手手忙脚乱地修理之机排炮猛射，蟠龙被一炮打中汽罐，只得退回港口修理，千代田形又因操作不当触礁损毁。三天后，新政府海军再度大举进攻，丁卯、阳春两舰先缠住了弁天炮台，甲铁、朝阳、春日三舰围攻箱馆军当时最后一艘有战斗力的军舰回天，回天虽然猛烈开炮还击，但甲铁舰仗着一身钢甲在炮火之下岿然不动。回天在挨了八十多发炮弹后，蒸汽引擎终于轰隆一声炸成了碎片，回天舰上一等士官冢本录助、二等士官田口俊之助等当场阵亡，失去了动力的回天只得靠到岸边当浮动炮台使，箱馆军海军实力遭到重创，幸好他们在箱馆湾内已经预先布下了不少水雷和绳网，新政府海军清除困难，只得暂且收兵而去。

而陆上方面，新政府陆军集中了近十倍的优势兵力从有川、七重两路浩浩荡荡掩杀而来。箱馆军方面大鸟圭介、松冈四郎次郎等率军连日出战，各有胜负。新政府军眼见敌方依托权现、龟田、千代岳等外围炮垒阵地抵抗极是顽强，正面进攻进度甚慢。于是参谋黑田了介再次祭出了一招妙棋。五月十一日凌晨，新政府军一面调遣海陆军主力再度向赤川、龟田、桔梗野等箱馆外围阵地发动猛攻，一面暗中派遣飞龙、丰安两艘运输舰，运送陆战队七百余人，趁着前方打得热火朝天，偷偷绕到箱馆城以南的寒川登陆，也合着榎本先生倒霉，那天箱馆附近正好大雾，所以等到守军发觉时为时已晚。成功登陆的新政府军一路穷追猛打，一举攻破箱馆城，措手不及的新选组与传习队大败，分头往弁天炮台与五稜郭逃去。正在赤川、龟田等地与新政府军死战的大鸟圭介等将万没想到居然后院起火，也只得急忙放弃阵地，率军往五稜郭方向后退，新政府军迅速追来，一面将已被孤立的弁天炮台团团围住，一面分兵向连接五稜郭和弁天炮台的要地一本木关门推进。箱馆军陆军奉行并土方岁三为了再度打通与弁天炮台的联络，亲自率领精兵五十余人从五稜郭出击，在一本木关门与新政府军遭遇，混战中土方岁三被一发流弹击中腰部，当场坠马阵亡，这位当年在京都令维新志士闻风丧胆的新选组魔鬼副长，就这样葬身在了虾夷的风雪之中。

◇ 回天丸

而那天的海战同陆战一样激烈，虽然箱馆军剩下的最后一艘战舰蟠龙号面对的是包括甲铁舰在内的八艘精锐敌舰，但舰长松冈磐吉却毫无惧怯，在回天舰和弁天炮台的火力掩护下越战越勇，一炮命中新政府军军舰朝阳号的弹药库，轰隆一声将它送去了海底龙宫，新政府水兵当场死伤八十余人，舰长中牟田仓之助重伤坠海，差点就此喂鱼，幸好被路过的英国船捞起死里逃生。双方一直战到下午，蟠龙舰和回天舰最终弹药用尽，船员放火将船只烧毁后，分头撤往弁天炮台与五稜郭，威震日本的幕府海军就此迎来了它的谢幕。

◇ 时任朝阳舰舰长的中牟田仓之助（1837—1916），佐贺藩士，此公维新后官运亨通，一路做到海军大学校长、枢密院顾问官，晋升中将军衔，封子爵，可谓大难不死必有后福

彻底歼灭箱馆军的海军力量后，新政府军在海上再无忌惮，甲铁等舰大摇大摆地直接推进到紧邻五稜郭的龟田沿海，直接对五稜郭开始炮击，威力强大的七十斤爆破弹将城内轰得一片狼藉，大鸟圭介在回忆录《南柯纪行》中描述道：“其势猛烈，郭内屋根或土堤当之，则柱折石摧，为害极大。”陆军又在城外筑起封锁线，在数门十二斤到四斤的线膛炮的火力掩护下发动猛攻，守军在这海陆立体打击下死伤惨重，冲锋队长古屋佐久佐卫门被炸成重伤，后不治身亡。虽然五稜郭在配备的二十四斤重炮火力下暂时顶住了敌方攻势，但日暮途穷的箱馆军早已是士气低落，人心涣散，投降逃跑者络绎不绝，连几位法国顾问也见势不好，坐上本国军舰溜了号。鉴于这一形势，新政府军方面判断，敌军的心理已经接近崩溃，只要派出使者劝降，则五稜郭可不战而下。于是，参谋黑田了介先托在箱馆城被俘的箱馆军军医高松凌云携带劝降信进入五稜郭，又派遣萨摩藩士田岛敬藏为特使，先后前往弁天炮台和五稜郭劝降。已决意一死以报德川家的榎本武扬虽然婉言谢绝，但却将自己在荷兰留学时抄录的两本《万国海律全书》送给萨摩藩使者。他在回信中写道：“所付别册二本，乃榎本釜次郎荷兰留学中苦学所得，皇国无二之书也，若遇兵火而化为乌有，实可痛惜，故此相赠以资海军之用也。”收到回信的黑田了介大为对方的骑士精神感动，立马派人送去清酒五樽为谢，约定来日战场相见。

新政府军知榎本既无降意，遂加紧攻势。十四日起，五稜郭、弁天炮台和千岱岳炮台这箱馆军仅剩的三个据点再次同时遭到新政府军猛烈攻击，双方炮火相交，震天动地。战到次日，孤悬箱馆城外的弁天炮台已是弹尽粮绝，守将永井尚志眼见无路，只得听从再次前来劝降的田岛敬藏的建议，率领蟠龙号舰长松冈磐吉、新选组最后的队长相马主计等守军二百五十余人出降。而差不多时日，五稜郭外最后一道屏障千岱岳炮台也迎来了新政府军的劝降使者，炮台守将正是当年培理来航时代表幕府出面交涉的原浦贺奉行与力中岛三郎助，听完对方的说辞后，这位五十岁的倔强老头只苦笑了一声：“宁死不可负德川家君恩。”便将使者礼送出境。十六日，新政府军轰破外墙工事，大军如潮涌一般杀进炮台，中岛三郎助带着儿子中岛恒太郎和中岛英次郎一齐拔刀冲入敌群，为他所毕生效命的德川幕府流尽了最后一滴血。后来当地土人感动于这位老人的忠义死节，将他战死的地方改名为中岛町，年年祭祀不绝。

得知弁天、千岱岳两处失陷，五稜郭已成孤城的榎本武扬知已事不可为，心灰意冷之下，准备拔刀剖腹自尽，彰义队头取大冢鹤之丞见状大惊，急忙扑上去一把拉住，松平太郎等诸将也纷纷来劝。榎本思前想后，实在不忍一起出生入死至今的千百同志与自己同归于尽，最终在一片呜咽悲泣声中决定开城投降，以救全城守军性命。明治二年（1869）五月十八日，箱馆政府总裁榎本武扬、副总裁松平太郎、陆军奉行大鸟圭介、海军奉行荒井郁之助四人率残兵降于新政府军军门，在五稜郭城上飘扬了半年多的箱馆政府旗帜终于缓缓落下，虾夷的大地再次归于沉寂。

结语

作为戊辰战争的最后一战，箱馆战争的结束，宣告了倒幕维新战争彻底画上了句号。明治新政府，这个区别于日本之前任何政权的中央集权政府终于获得了

◇ 箱馆城外的弁天炮台照片

◇ 战死千岱岳炮台的中岛三郎助父子像

◇ 箱馆战争结束后的黑田了介像（左），此公在攻克箱馆时深为榎本赠书义举感动，战争结束后全力为榎本等人乞命，甚至不惜剃了个光头以示决心，最终促成榎本等人获赦

全日本无可辩驳的控制权。旧日本幕藩封建体制的最后一丝幽灵，也随着箱馆政府的灭亡消散在了虾夷的猎猎寒风之中。从此，日本终于甩开了所有包袱，在四民平等、废藩置县等一系列大刀阔斧的改革政策下，开始走上了近代化的路程。三年后的明治五年（1872）三月，榎本武扬再一次踏上了虾夷的土地，但这次的他，身份却已经是明治新政府北海道开拓使，在另一面旗帜下，着手实现他梦寐以求的虾夷开拓大业。而大鸟圭介、松平太郎、荒井郁之助等昔日同志，也纷纷和他一样获得了赦免和任用，并成为明治政府一代名宦，或许在他们心中，对于德川家的累代恩德，已经用在虾夷冰天雪地中那场可歌可泣的英勇奋战做了最好的报偿，而接下来的人生，则是要为一个新世界而奋斗了。

参考文献

[1] 维新史料编纂会编：《维新史》全六卷，文部省 1938—1941 年（吉川弘文馆复刻本）。

[2] 半田门吉：《大和日记》，田中治兵卫私版 1897 年。

[3] 久保田辰彦：《所谓天诛组大和举义的研究》，大阪每日新闻社 1931 年。

[4] 岩崎英重编：《会津藩厅记录》，日本史籍协会 1926 年。

[5] 小野利教编：《赠从四位伴林光平全集》，汤川文明堂 1919 年。

[6] 井上清著：《日本的军国主义》第一卷，姜晚成译，商务印书馆 1985 年。

[7] 田中彰：《高杉晋作与奇兵队》，岩波新书 1981 年。

[8] 田中彰著，何源湖译：《明治维新》，玉山社出版事业有限公司 2012 年。

[9] 一坂太郎：《高杉晋作》，文春新书 2002 年。

[10] 一坂太郎：《长州奇兵队》，中公新书 2002 年。

[11] 一坂太郎：《山县有朋与奇兵队战记》，洋泉社 2013 年。

[12] 一坂太郎：《高杉晋作与长州》，吉川弘文馆 2014 年。

[13] 石井孝：《维新的内乱》，至诚堂 1968 年。

[14] 佐佐木克：《戊辰战争》，中公新书 1977 年。

[15] 平尾道雄：《戊辰战争》，新人物往来社 1978 年。

[16] 石井孝：《戊辰战争论》，吉川弘文馆 1984 年。

[17] 星亮一：《会津战争全史》，讲谈社 2006 年。

[18] 历史群像编辑部编：《历史群像系列特集 决定版 图说幕末戊辰西南战争》，学习研究社 2006 年。

[19] 保谷彻：《战争的日本史 18　戊辰战争》，吉川弘文馆 2007 年。

[20] 历史群像编辑部编：《历史群像 ARCHIVE VOL12 幕末战史》，学习研究社 2010 年。

[21] 大鸟圭介：《幕末实战史附冲锋队战史》，宝文馆 1911 年。

[22]《幕末维新史料丛书 4》，人物往来社 1968 年。

[23] 藤原相之助：《仙台戊辰史》，荒井活版制造所 1911 年。

[24] 末松谦澄：《防长回天史》（全六册），末松春彦 1921 年。

[25] 小杉雅之进：《麦从录》，小雅堂 1874 年。
[26] 中村彰彦：《新选组全史》，角川文库 2001 年。
[27] 元纲数道：《幕末の蒸汽船物语》，成山堂书店 2004 年。